横田真一

4スタンスゴルフ

4スタンス理論～これがゴルフレッスンの常識になる!

The 4 Stance Theory of Golf

横田真一

監修＝廣戸聡一

監修者のことば

こんにちは。廣戸聡一です。私は、整体師、フィジカルアドバイザーとして長年にわたり、一般の方々からアスリートまで幅広く接しながらヒトの身体について徹底的に研究してきました。その結果、ヒトの身体は、誰にでも共通の特性と、個性の源とでもいうべき各々の特性を有していることと、さらには同じ個人であっても年齢や健康状態によって施すべきコンディショニング方法は一様ではない、という結論に至りました。それを「レッシュ理論」として体系づけましたが、その中に「４スタンス理論」というものがあります。

ヒトの身体動作の特性は、４タイプに分類されます。すべての個人がそのいずれかに属し、そのタイプの特性を活かすことがもっとも自然であり、過剰な負荷もかけずケガの危険も遠ざけることができます。そして各人の能力を最大限に発揮することができるようになります。ケガに悩んだり、思うようなパフォーマンスが発揮できないと悩んでいる人の動きは、そもそも自分のタイプに適っていないという可能性が高いのです。

このたび横田真一プロの手によって、４スタンス理論をゴルフに活用する見事なメソッドが誕生しました。これを参考にしていただければ、末永くよりいっそう楽しいゴルフライフが送れることと確信しています。

廣戸聡一

はじめに

廣戸先生の４スタンス理論に衝撃を受けたボクは、自分のスイングに理論をあてはめるだけではこと足らず、ゴルフに特化した４スタンス理論の構築を試みました。レッシュ理論に根ざした４スタンス理論は、スポーツや日常生活全般に大きなメリットをもたらす優れた理論ですが、プロゴルファーとして積み上げてきたボクの経験を反映させることで、世のゴルファーにとってこのうえなく役立つものになると思ったからです。そんなボクのわがままを受け入れてくれた廣戸先生の協力のもとで完成したのが本書です。

まず序編の前章で４スタンス理論の考え方を理解し、１～３章で自分がどのタイプに属するのかを判別してください。誰もがＡ１、Ａ２、Ｂ１、

Ｂ２のどれかに属します。それがわかったら本編に進み、自分のタイプのグリップ、スタンス、アドレス、スイングなどを写真でチェックし、実践してみてください。タイプに合った握り方、立ち方、振り方をすることで驚くほど自然に、そして楽に動けることがわかると思います。

　自分本来のゴルフに導くという意味からすると「４スタンスゴルフ」はレッスンブックというよりはコーチングブックという感じになるかと思います。タイプに合った動きがわかれば、グリップも、スタンス幅も、テークバックする方向も、インパクトも、無理に意識しなくても自然に決まってくるからです。今までとはひと味もふた味も違ったテキストを存分に楽しんでください

横田真一

横田真一
4スタンスゴルフ

〈 4スタンス理論～これがゴルフレッスンの常識になる 〉

C o n t e n t s

［装幀］中村総子（mozudesign）
［デザイン］鈴木事務所
［写真］前田俊二　相田克己
［イラスト］久我修一
［構成］岸和也

序編

4スタンスゴルフの基本

5ポイント理論

4スタンスゴルフを学ぶ前に

4スタンスゴルフを正しく理解し
適用するために知っておくべき基本。
それが5ポイント理論だ。
ゴルフのみならずスポーツ全般、
さらに日常生活にも深くかかわる、
カラダの動かし方を知るうえで
不可欠となるものである。

5ポイント理論とは

5ポイント理論とは4スタンスゴルフの核となる万人に共通する理論であるとともに、4スタンス理論を合理的に説明するうえで欠かせないもの。

カラダに存在する**5つのポイントのうち、3つ以上を直線上に揃える**ことにより、人間のカラダはもっとも安定。高いパフォーマンスを発揮することができるという理論である。

軸とはなにか？

ゴルフや他のスポーツ、あるいは日常生活においても、**5ポイントが直線上に揃うとカラダに「軸」ができて安定する。**だが、これまでは「軸とはなにか？」という問いに対する答えがあいまいで、もっぱら、正しく、あるいは美しく動けている結果として「軸」ができているという抽象的なとらえ方をされていた。

5ポイントと軸

5ポイント理論は、これまで**あいまいだった「軸」**の定義を**明確化**するものである。すなわち、カラダに存在する5つのポイントのうち3つ以上が直線上に揃うことでカラダに「軸」ができ、スムーズで安定した動きができるということになる。

キーワードは「安定」

5ポイントのうち**5分の3以上が揃うと**人のカラダは**安定し、**

- 柔軟性
- パワー
- スピード
- コントロール
- イマジネーション
- その他

といった、**すべてのパフォーマンスが向上する。**

5ポイント

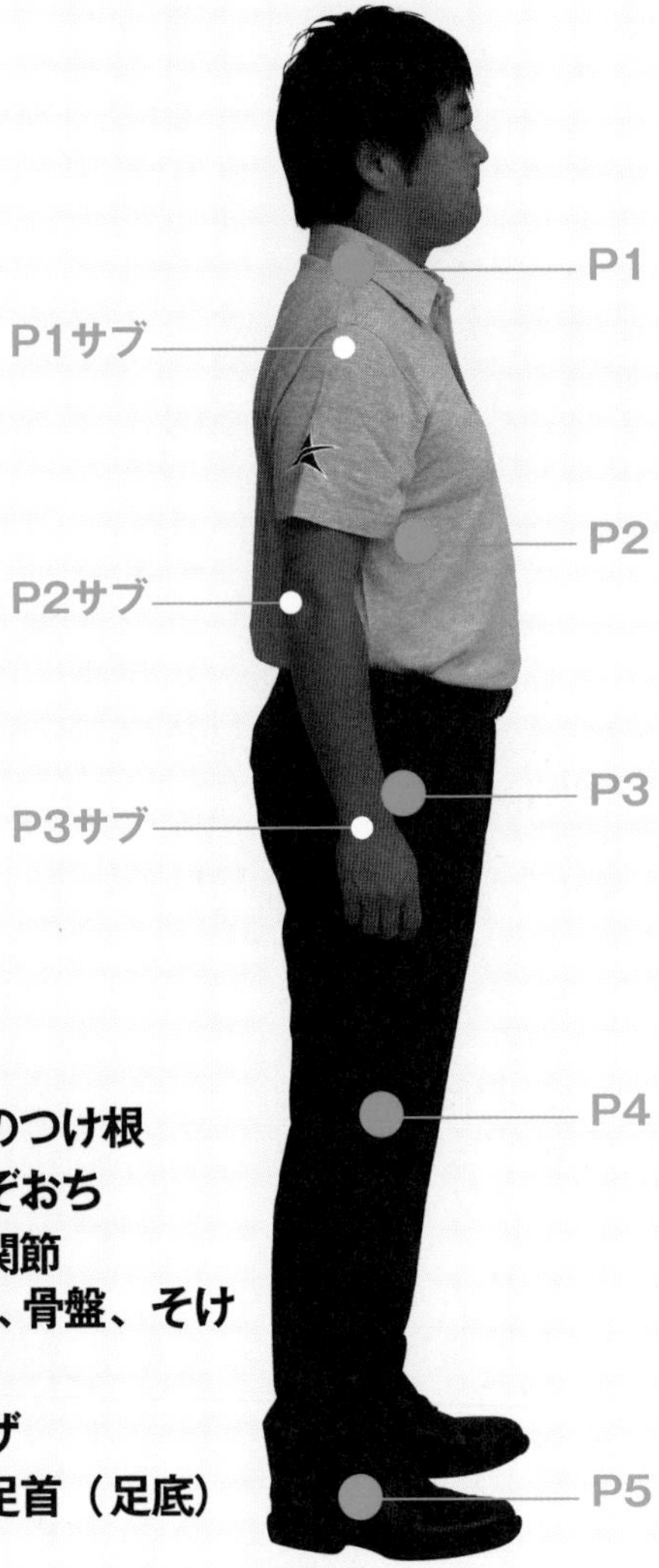

軸を形成する5つのポイントは以下の通り。

1　首のつけ根
2　みぞおち
3　股関節
（腰、骨盤、そけい部）
4　ヒザ
5　下足首（足底）

4スタンスゴルフでは1から順にＰ１、Ｐ２、Ｐ３、Ｐ４、Ｐ５と呼ぶ。

このページの写真上に示したこれら5つのポイントのうち、3つ以上が直線上に揃えばカラダに軸が形成されて安定し、あらゆるパフォーマンスが向上する。

Ｐ１＝首のつけ根
Ｐ２＝みぞおち
Ｐ３＝股関節
（腰、骨盤、そけい部）
Ｐ４＝ヒザ
Ｐ５＝下足首（足底）

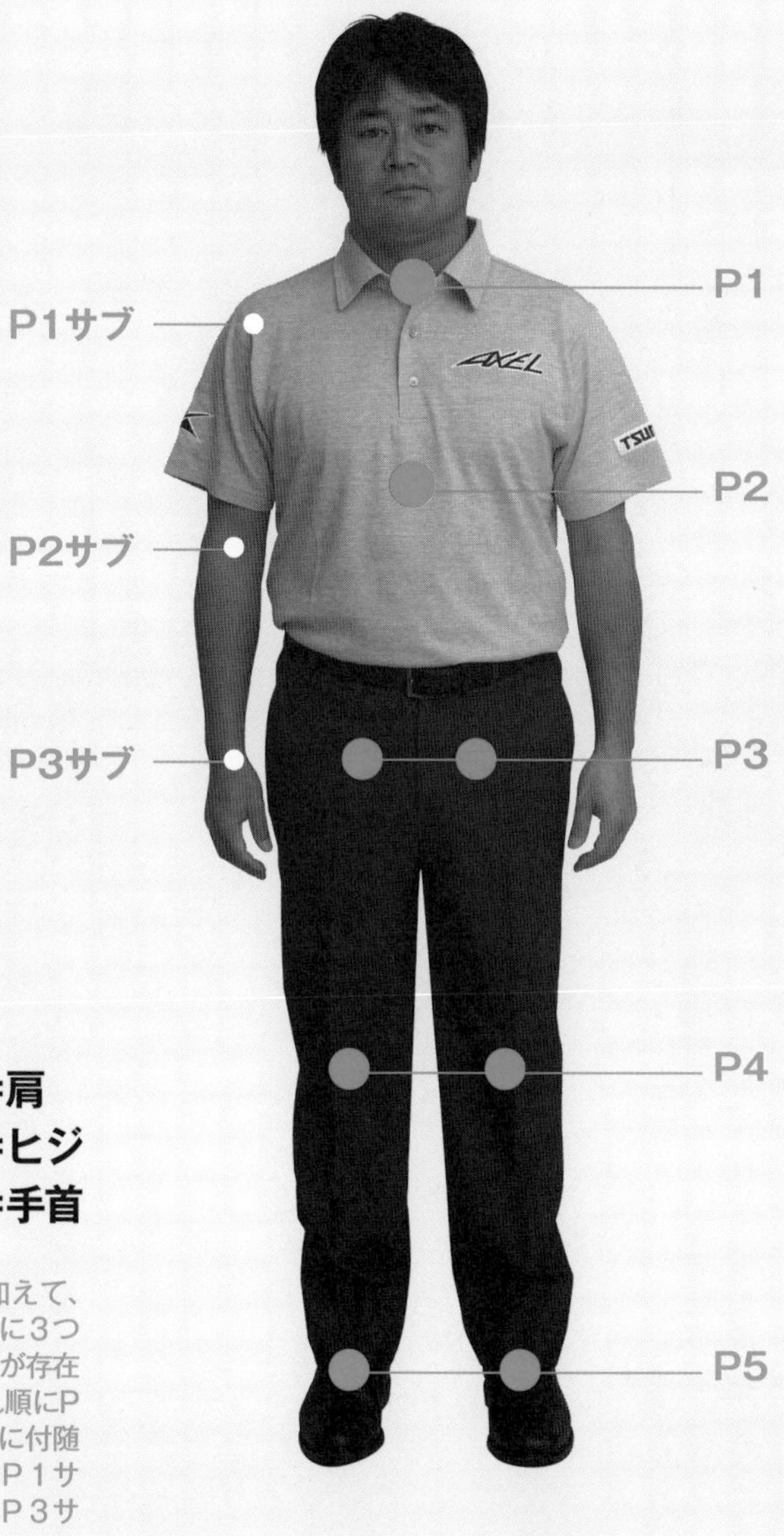

P 1サブ=肩
P 2サブ=ヒジ
P 3サブ=手首

５ポイントに加えて、肩、ヒジ、手首に3つのサブポイントが存在する。それぞれ順にP１、P２、P３に付随するポイントでP１サブ、P２サブ、P３サブと呼ぶ

5ポイント理論に基づくパフォーマンス向上の例

1 柔軟性の向上

軸あり

カラダが回る

P1、P2、P3を揃えるとカラダに軸ができるため、上体が90度近くまで回るようになる

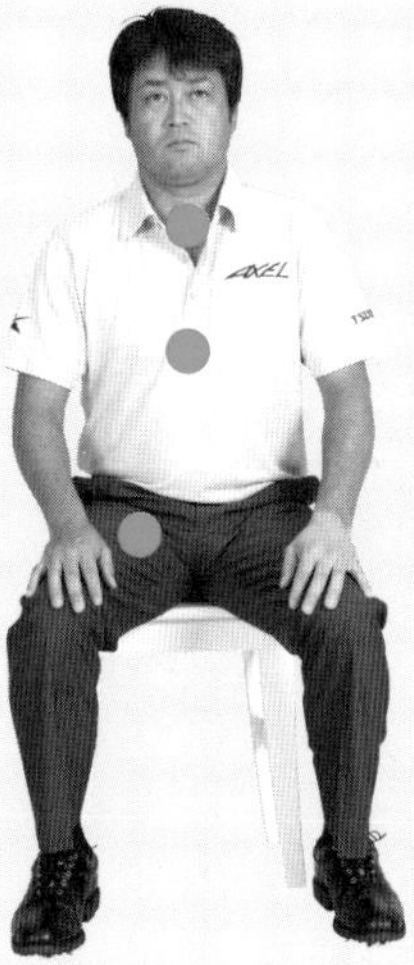

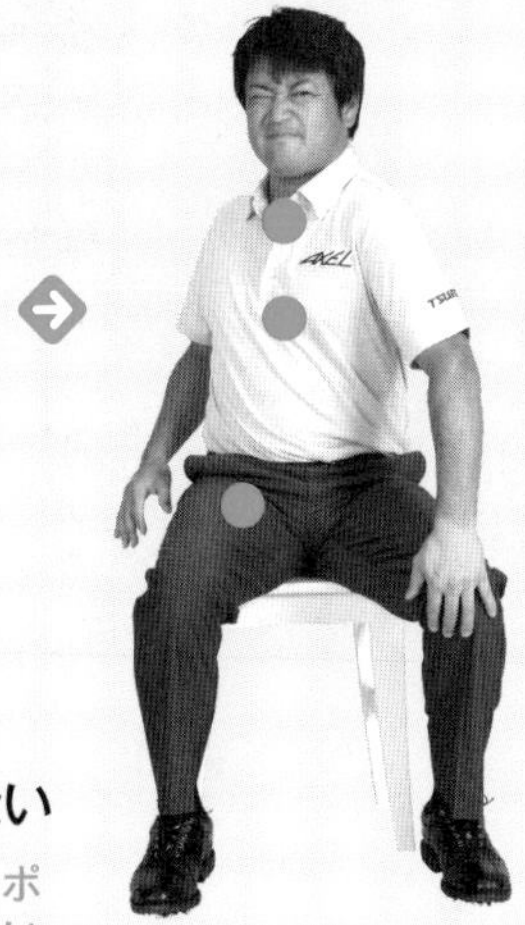

軸なし

軸がないとカラダが回らない

P1、P2、２つのポイントしか揃っていないため上体が45度ほどしか回らない

P1、P2、P3を揃えただけで上げた腕を、より後方までもっていくことができる

[ゴルフのバックスイング]

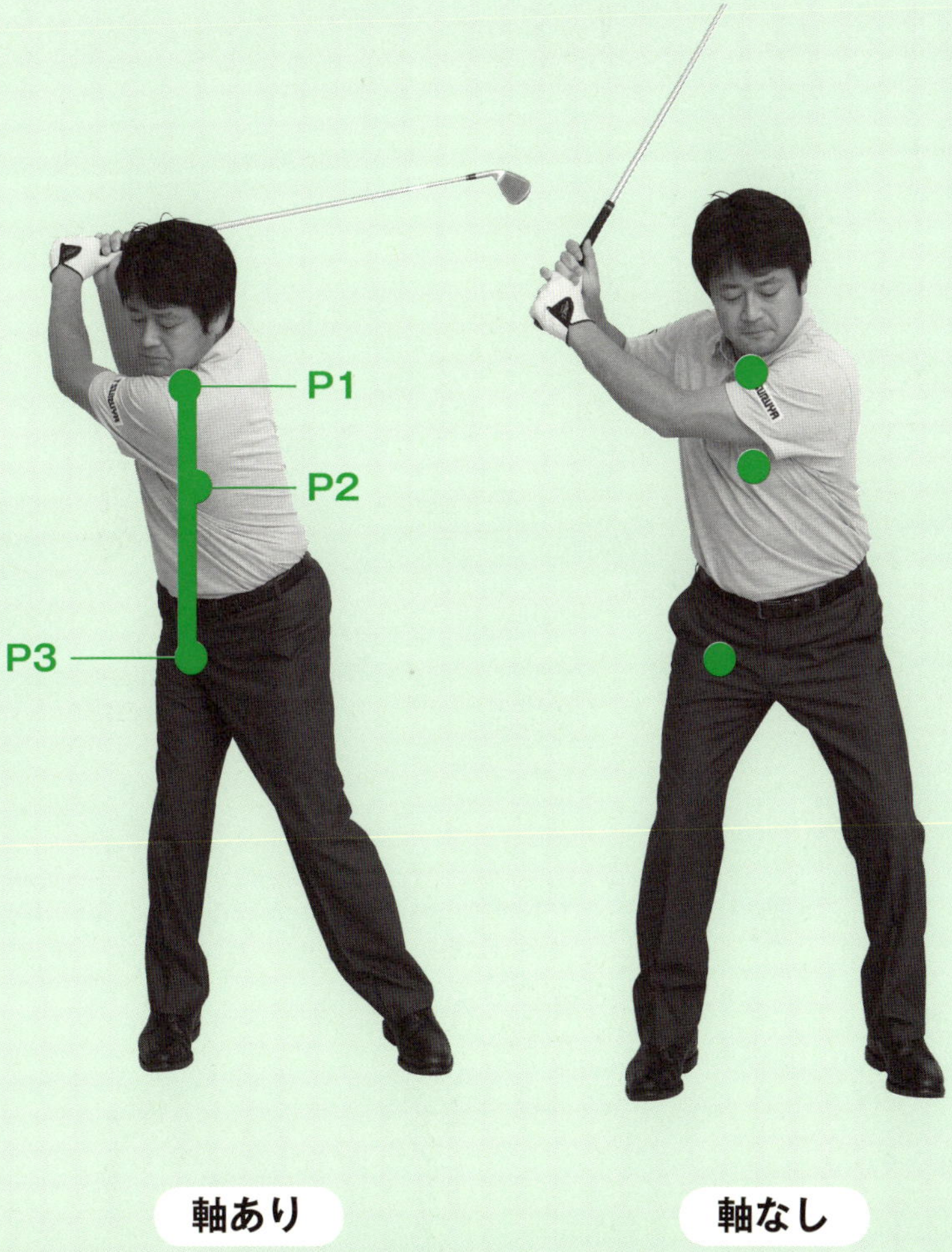

ゴルフのバックスイング。Ｐ１～Ｐ５が揃った左はカラダがきれいに回っているが、Ｐ１とＰ２しか揃っていない右はカラダが回っていない

5ポイント理論に基づくパフォーマンス向上の例

② パワー、スピード、コントロール、バランスの向上

【野球のバッティングフォーム】

軸あり

5ポイントのうち、P１～P５がほぼ直線上に揃っているため軸ができてバランスがとれている。このためパワー、スピード、コントロール性、バランスなど全てに優れたフォームになっている

軸なし

5ポイントのうち、P１、P２の２つしか揃っていないためカラダに軸が形成されず、パワー、スピード、コントロール性、バランスなどが乏しいフォームになっている

【テニスのレシーブ】

軸あり

ポイントが直線上に揃い、打ち返す体勢ができている

軸なし

ポイントが揃わずパワフルな感じがしない体勢となっている

サブポイントとの関係

【立ち姿勢】

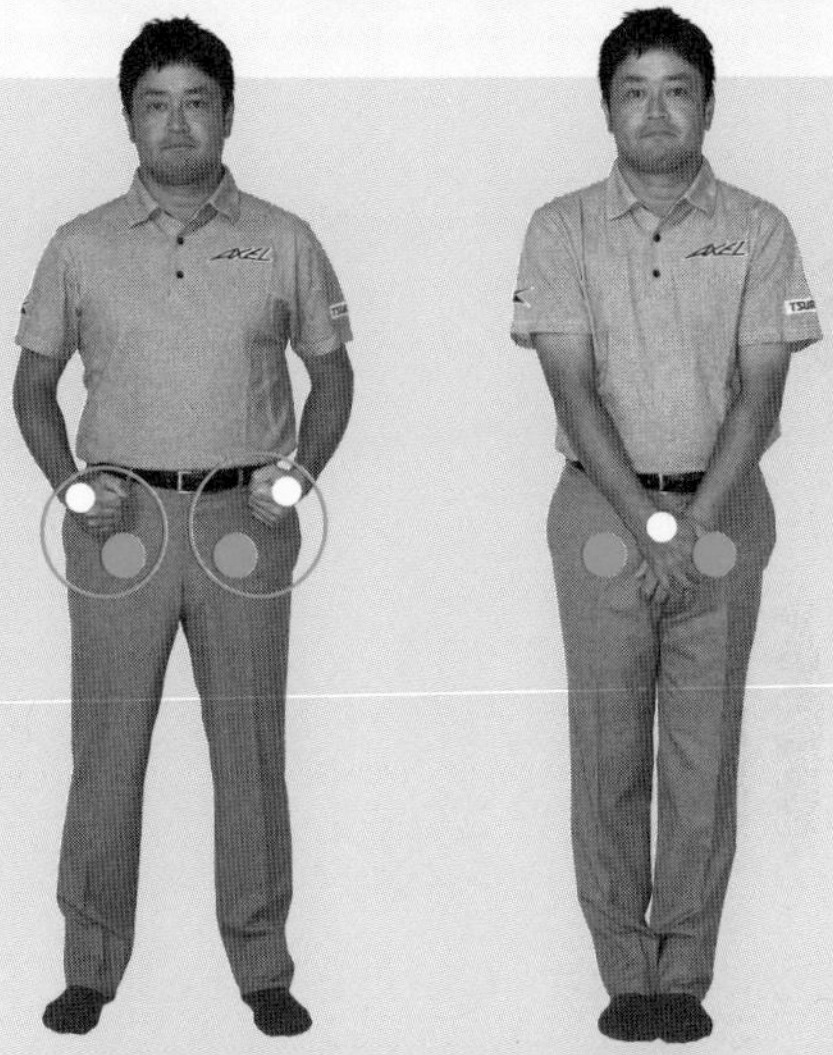

軸あり

Ｐ３サブをＰ３に近づけ、さらにＰ３～Ｐ５が直線上に揃っている。空手などで見られる基本姿勢で、いつでも攻められる体勢

軸なし

無防備な感じ。人に警戒感を与えない。たとえば店員が客を迎える体勢

【お辞儀】

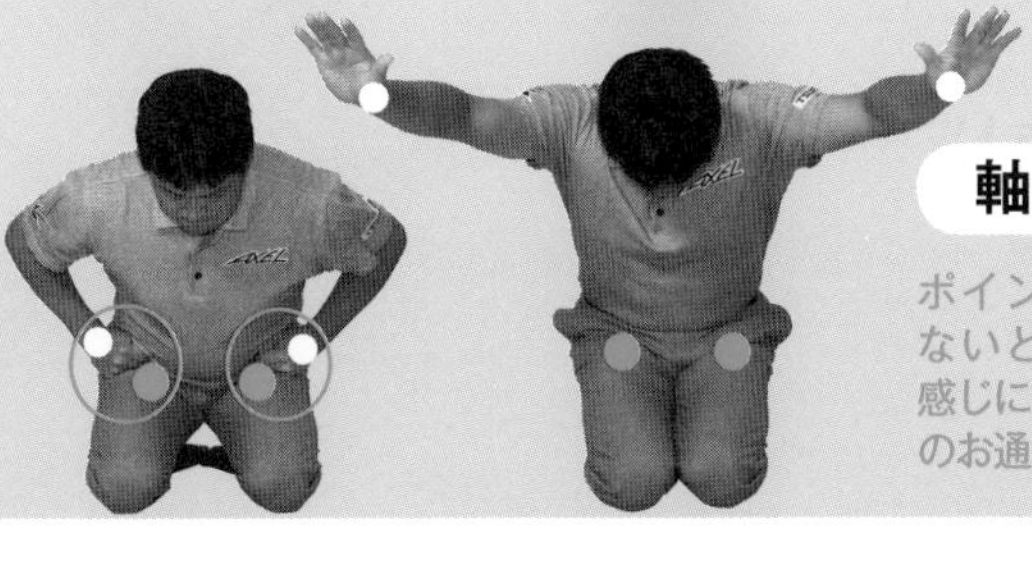

軸あり

ポイントが集まると攻める感じになる（武道のお辞儀）

軸なし

ポイントが揃わないと無防備な感じになる（大名のお通り！）

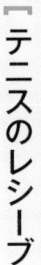

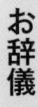

5ポイント理論に基づくパフォーマンス向上の例

3 イマジネーション能力の向上

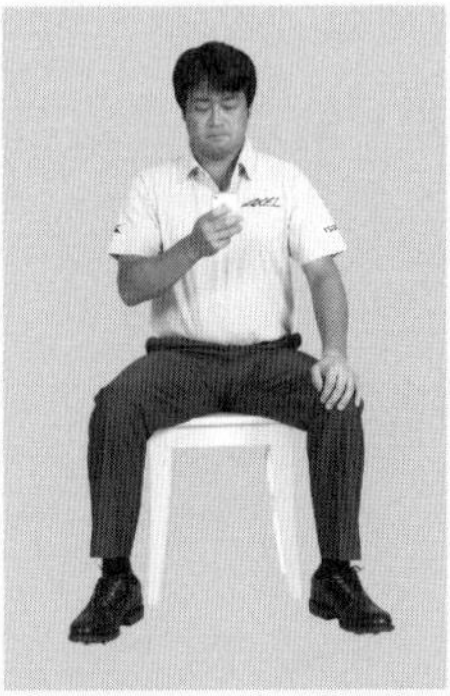

スマートフォンでメールを打つとき、5ポイントが3つ以上揃っていないときは、事務的な内容

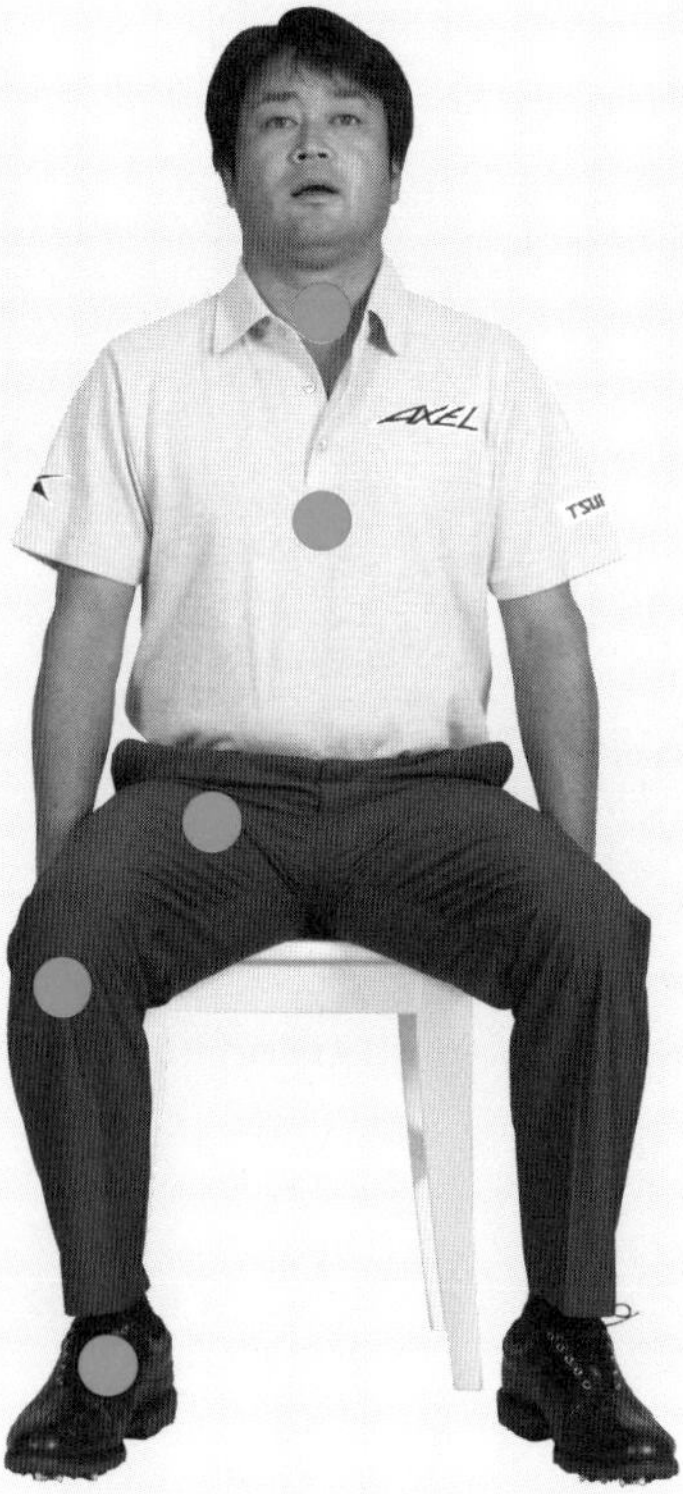

軸が揃っていない（考えていない）

5ポイントのうち、P1、P2の2つしか揃っていない。軸がないことで物事を考える態勢にならない。もちろんいいアイデアも浮かばない

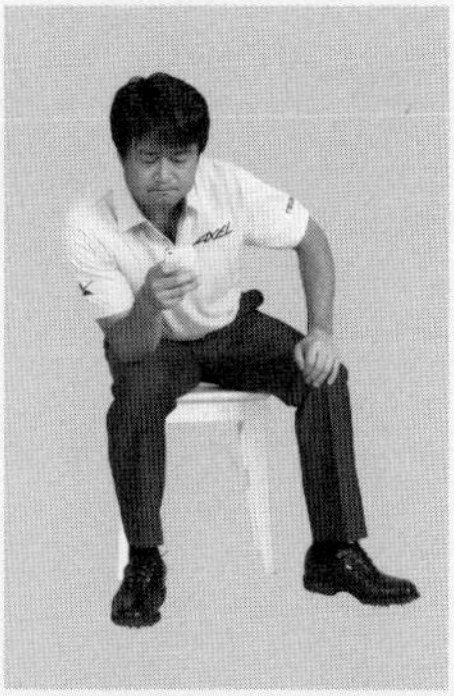

5ポイントのうち3つ以上を直線上に揃えた態勢でメールを打つときは、むずかしい内容

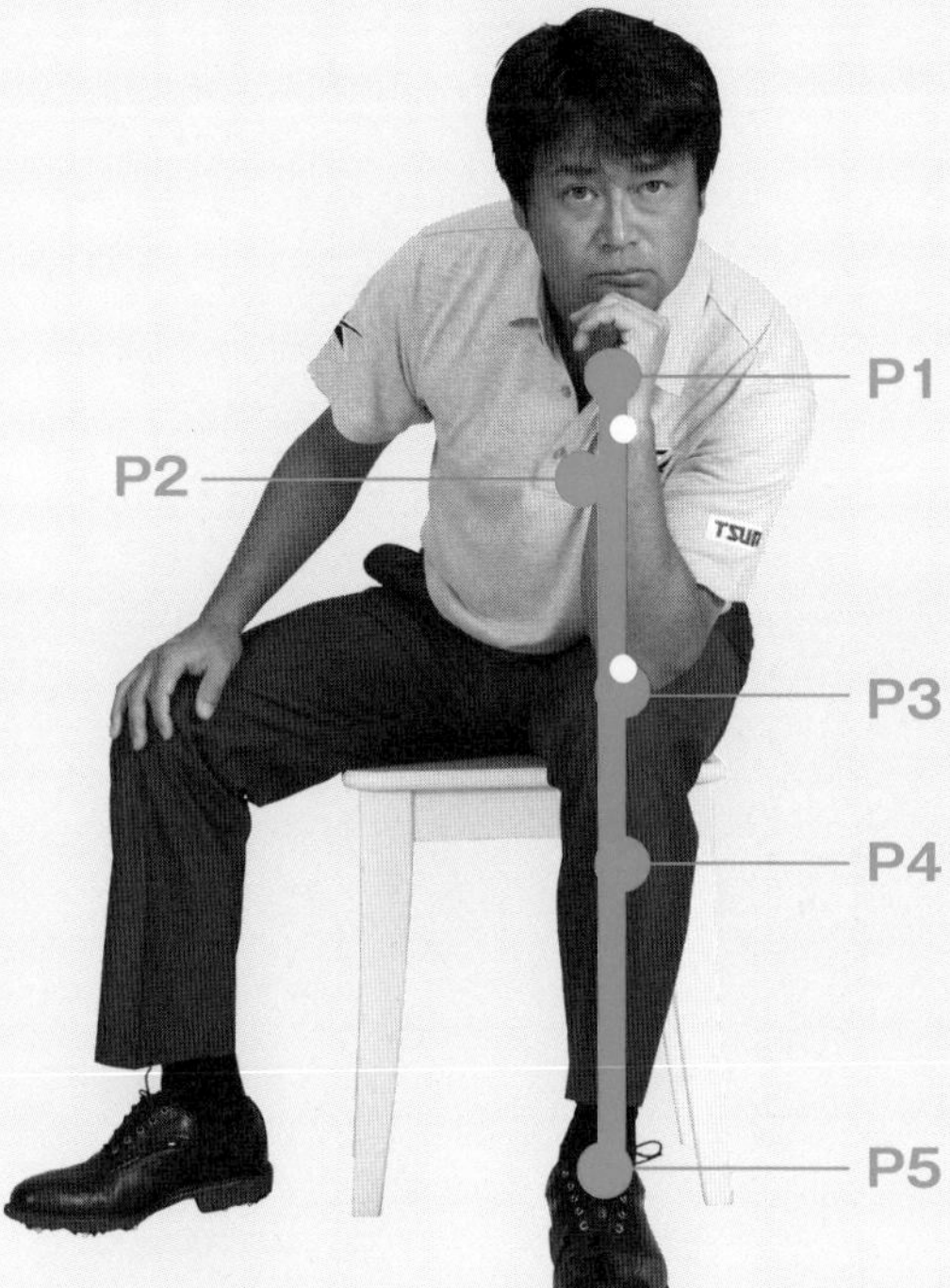

軸が揃っている（考えている）

5ポイントのうち、P 1～P 5がほぼ直線上に揃ってカラダに軸ができている。このカタチだと、いいアイデアが浮かびやすくなる

第1章

Aタイプの人間 Bタイプの人間

ここからは4スタンス理論に基づいて、
自分が4つのうちのどのタイプに属するかを
判断する作業に入る。
その第一段階はAタイプ、Bタイプ、
どちらの人間なのかを知ること。
AタイプかBタイプかは
生まれたときから決まっている。
スポーツ歴や生活習慣によるものではなく、
年を経てもトレーニングを積んでも
一生変わることはない。
また、AっぽいB、BっぽいAといった
あいまいな人間も存在しない。

Aタイプの人間

指先派

伸びる派

出力側に対して前軸

P2、P4、P5が基準

P2、P4の安定

P2サブの安定

P2、P4、P5を近づけたり直線上に揃える

腕の位置が高い

B タイプの人間

1 手のひら派

2 縮み派

3 出力側に対して後軸

4 P1、P3、P5が基準

(1) P1、P3の安定

(2) P1サブの安定

(3) P1、P3、P5を近づけたり直線上に揃える

5 腕の位置が低い

指先派の

Aタイプ

①「指先派」か「手のひら派」か

指で握るAタイプ

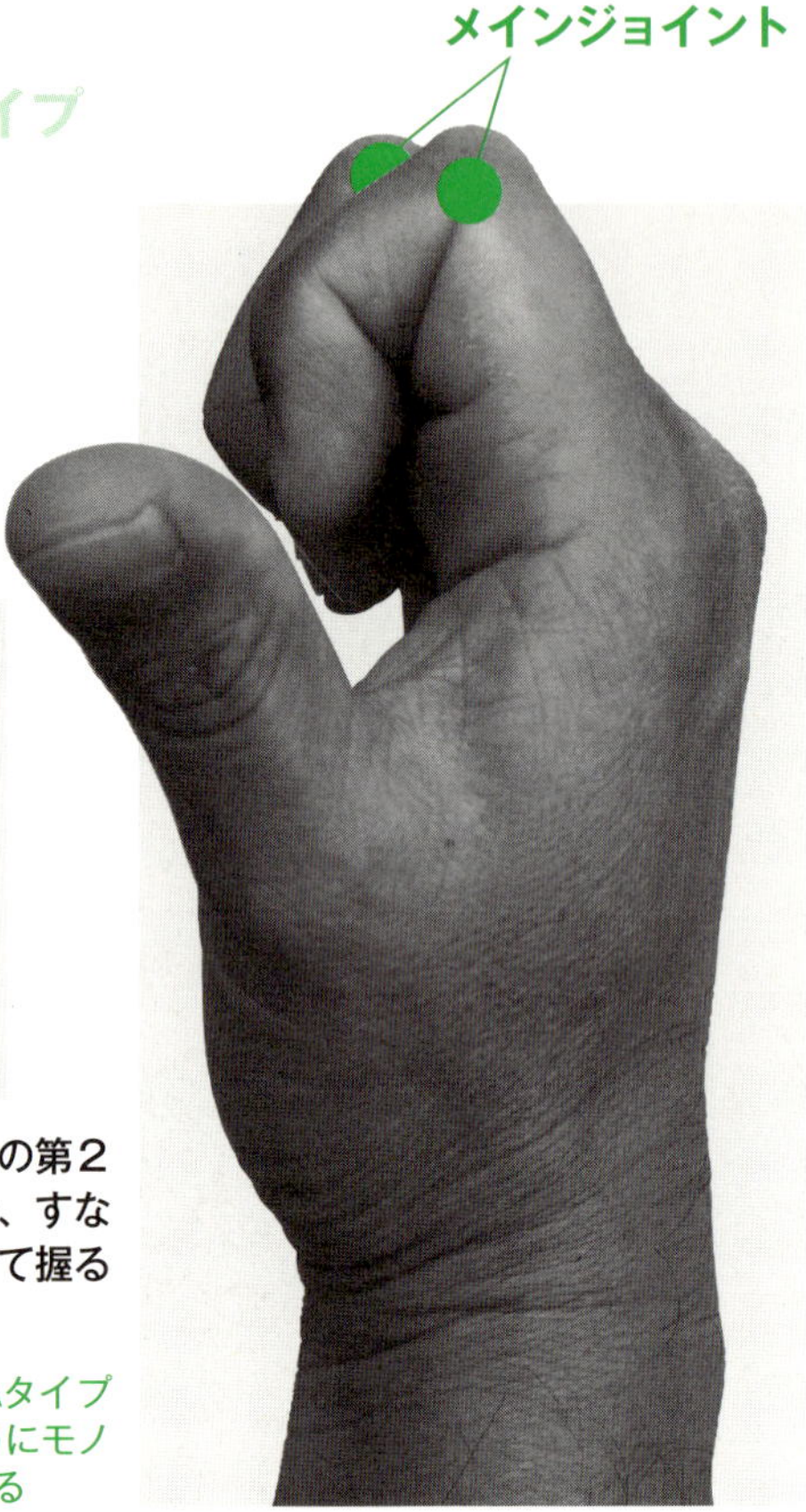

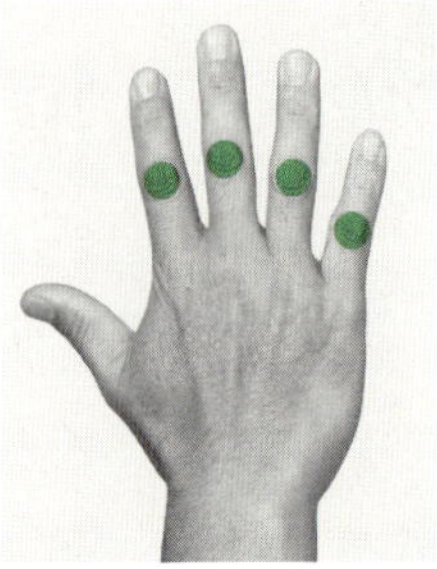

なにかを握るとき、指の第２関節を折って握り込む、すなわち指をメインに使って握る「指先派」がAタイプ

右手、左手を問わず、Aタイプは指先でひっかけるようにモノをつかんだり持ったりする

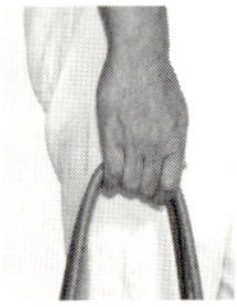

［ カバンの持ち方 ］

Aタイプは指の第２関節を曲げ、指先でひっかけるようにぶら下げる

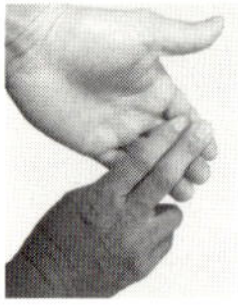

［ すしの握り方 ］

Aタイプの職人は指で握る

［ 腕立て伏せ ］

手をつくとき、Aタイプは指先側から手全体をつける

［ グリップ ］

グーパーしたときに指から巻き込むAタイプは、第２関節がメインジョイントのフィンガーグリップになる

手のひら派の

Bタイプ

手のひらで握るBタイプ

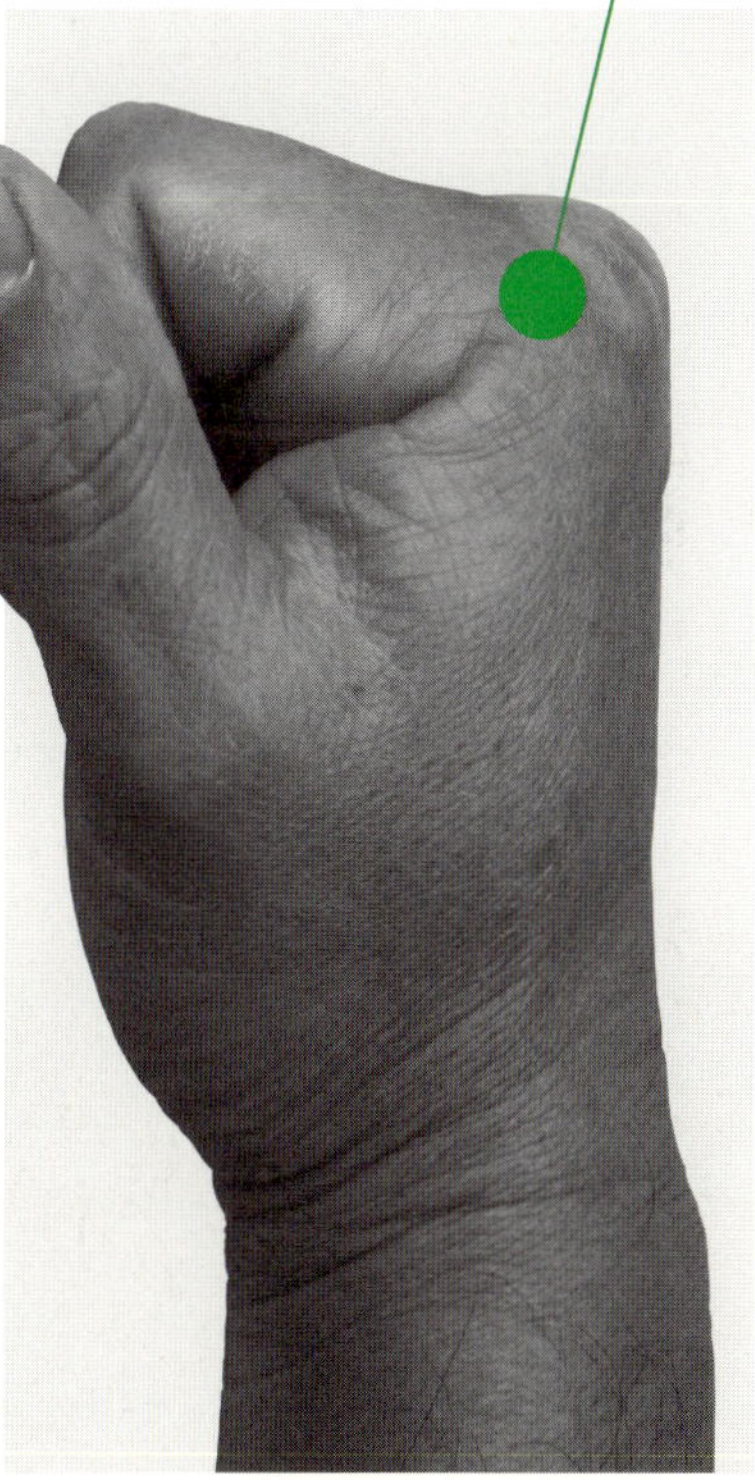

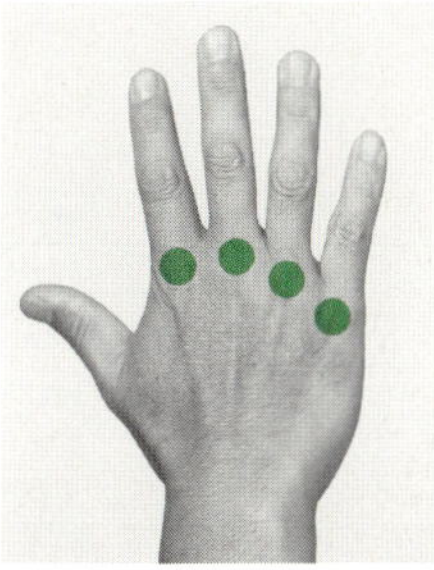

なにかを握るとき、指のつけ根から折って握る、すなわち手のひらをメインに使って握る「手のひら派」がBタイプ

右手、左手を問わず、Bタイプは手のひらで包み込むようにモノをつかんだり持ったりする

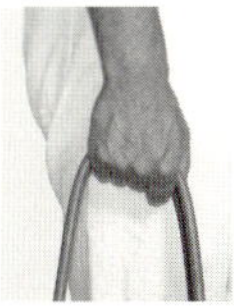

[カバンの持ち方]

Bタイプは取っ手を深く持ち、手のひらでつかむようにして下げる

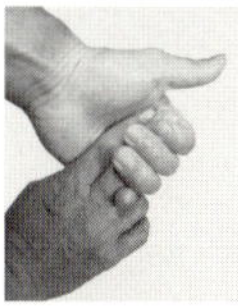

[すしの握り方]

Bタイプの職人は最後に手のひらで握る

[腕立て伏せ]

手をつくとき、Bタイプは手のひら側からつく。指先はあまり必要ない

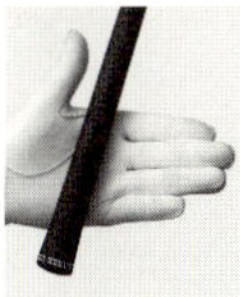

[グリップ]

指のつけ根のナックルの部分の関節をおもに使うBタイプはパームグリップで握る

※メインジョイント…… 物をつかんだりするとき主に使ったり、はじめに折り曲げる関節のこと。

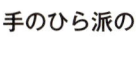

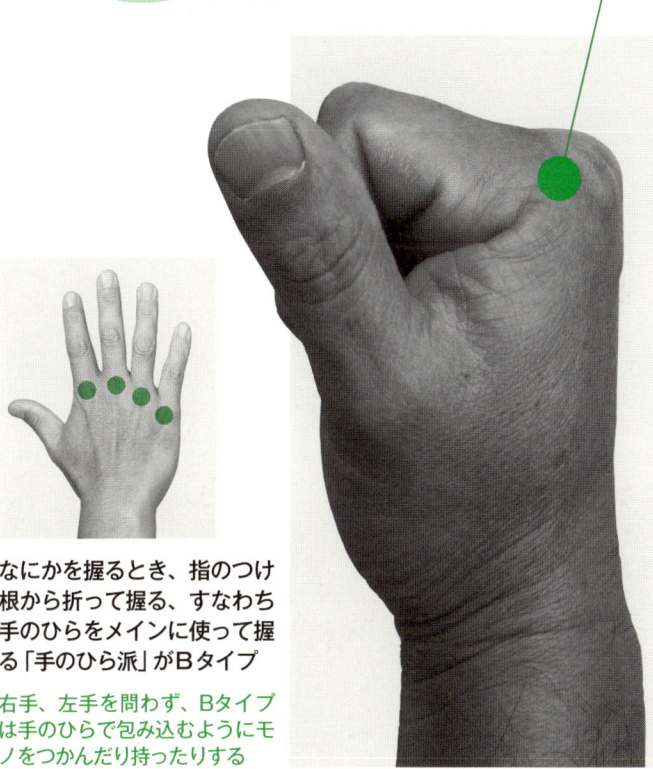

伸ばしたほうが
力が出る

Aタイプ

2

「伸びる派」か「縮む派」か

Aタイプは「伸びる派」

パワーを発揮するとき、カラダを伸ばして使ったり、そのままで縮まないほうが、より力が出ればAタイプ。力を出すだけでなく、タイミングをとったりするときにもカラダを伸ばしたりする

握力計測をした場合、Aタイプは伸びながら握ることで、より力を出すことができる

[バッティング]

Aタイプはカラダを伸ばして打つタイミングをとる

[ガッツポーズ]

Aタイプは下から上にコブシを突き上げ、カラダを伸ばしながらガッツポーズ

[歌唱]

Aタイプは上に向かって伸びると声が出やすい

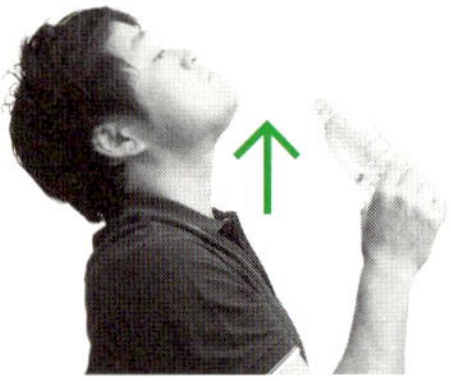

[薬を飲む]

Aタイプが上を向きノドを伸ばして薬を“ごっくん”の瞬間

縮んだほうが力が出る

Bタイプ

Bタイプは「縮む派」

パワーを発揮するとき、カラダを一度沈めるように使ったほうが力を出せるのがBタイプ。カラダを縮めてパワーをためたり、タイミングをとったりする

握力計測をした場合、Bタイプは縮みながらこぶしを握ると、より力が出せる

［バッティング］
Bタイプはカラダを縮めて（沈んで）打つタイミングをとる

［ガッツポーズ］
Bタイプは上から下へとコブシを下ろし、カラダを縮ませながらガッツポーズ

［歌唱］
Bタイプは下に向かって縮むと声が出やすい

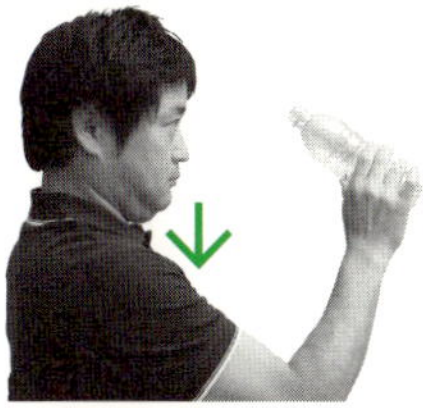

［薬を飲む］
Bタイプが下向きかげんでノドを縮めて薬を“ごっくん”の瞬間

Aタイプかタイプかは、子どもの時から決まっている。

3 出力側に対して「前軸」か「後軸」か

Aタイプは前足が主軸

前軸の
イチロータイプ

Aタイプ

[テニスのサービス]

Aタイプは打つ方向にある左足を軸（前軸）にしてトス&サーブすると力が出る

[ゴロの捕球]

Aタイプは捕球後に前軸で投げるので前に出した側の足元でキャッチ

[インパクト]

Aタイプはカラダの左サイドで（前軸）インパクト

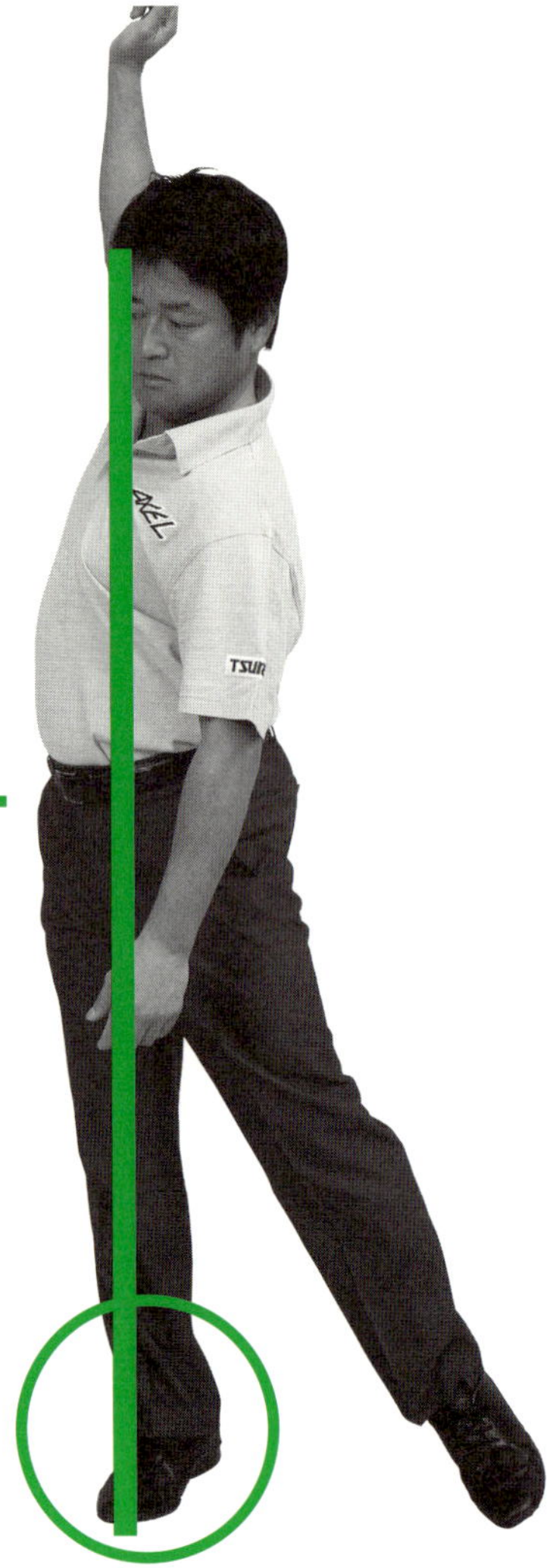

左利きのイチローは、打つ方向にある右足を前軸として使うのでAタイプ

Aタイプは力を出すとき、力を出すべき方向に対して前側の足に軸がある。スイングでいえば、打つ方向にある左足を軸にするのがAタイプになる

後軸の
松井タイプ

Bタイプ

※注意＝A、Bともにメインの軸足はあるが、5ポイントの移動により2本の足を使うことは忘れずに！

Bタイプは後足が主軸

［ テニスのサービス ］

Bタイプは打つ方向とは逆の右足を軸（後軸）にしてトス&サーブすると力が出る

［ ゴロの捕球 ］

Bタイプは捕球後に後軸を作って投げるので後ろで捕る。ゆるいゴロの場合、投げるまでに時間がかかるが、強いボールで差し込まれれば、後足軸のまま投げられるから速い

［ インパクト ］

Bタイプはカラダの右サイド（後軸）でインパクト

左利きの松井秀喜は、打つ方向から遠い左足を後軸として使うのでBタイプ

Bタイプは力を出すとき、力を出す方向に対して後側の足に一度沈むため軸ができる。ゴルフでいえば、打つ方向に対して遠いほうにある右足を軸にするのがBタイプになる

P2、P4で
安定感を出す

Aタイプ

4 「P2、P4、P5が基準」か「P1、P3、P5が基準」か

Aタイプは P２とP４が 安定すると動きやすい

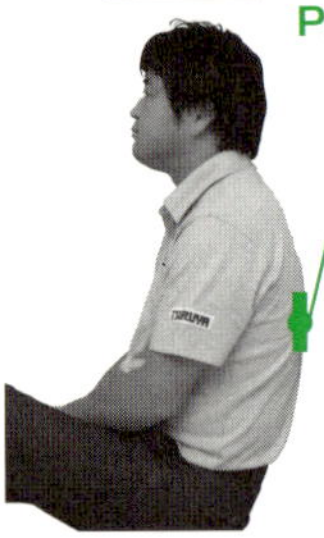

Aタイプは P２（みぞおち）の裏あたりを壁にあてて寄りかかるとリラックスできる

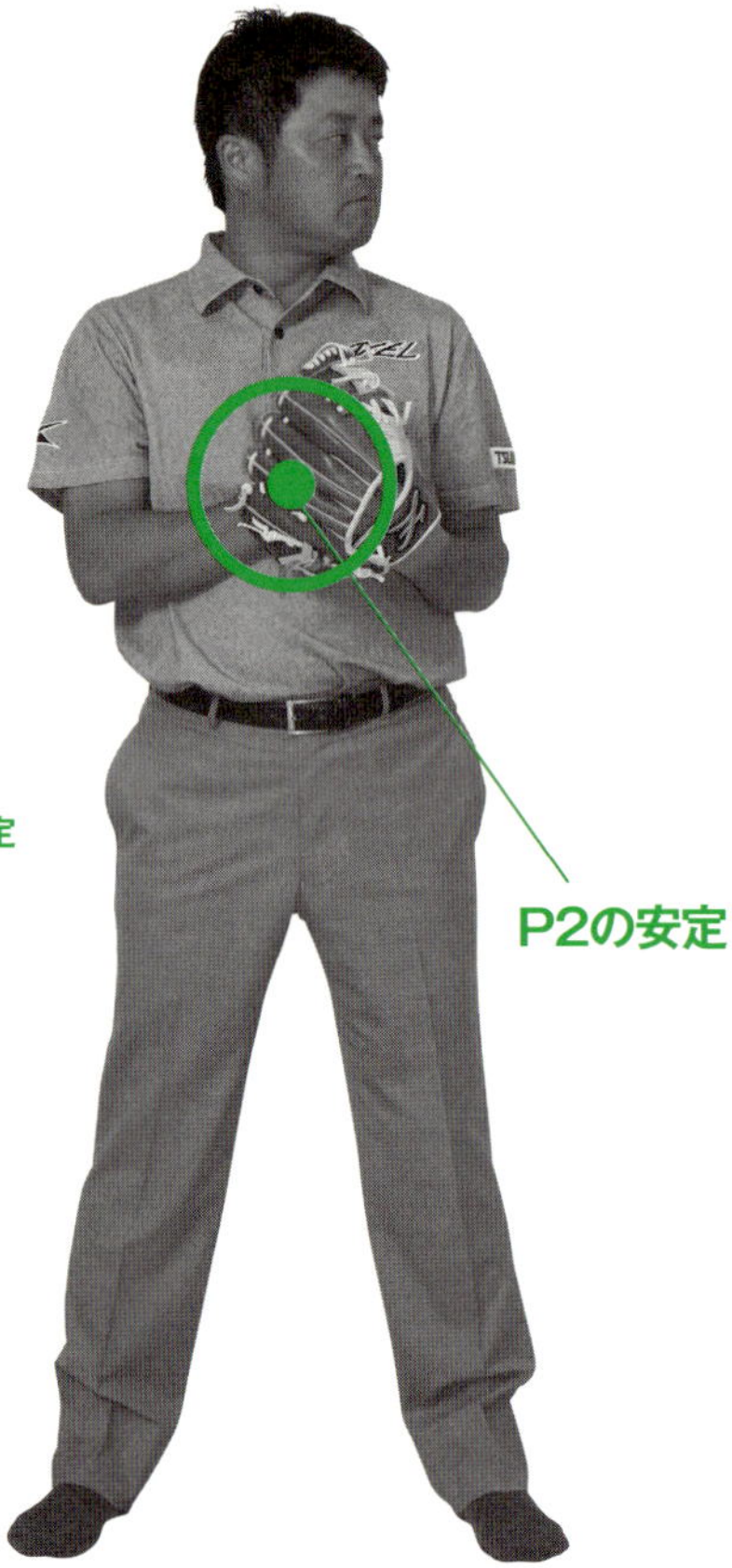

Aタイプは、P２（みぞおちあたり）でボールをセットすると、スムーズに投球動作に移ることができる

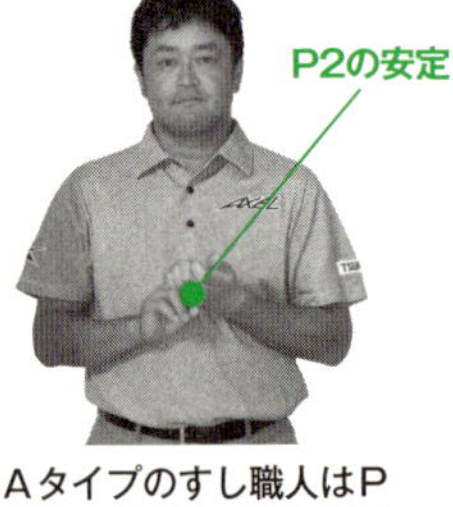

Aタイプのすし職人はP２（みぞおち）のあたりで手を動かして握る。ちなみに高めのテーブルが好き

Aタイプは P２（みぞおち）あたりに手を置いたほうがスムーズに動き出せる

P1、P3で
安定感を出す

Bタイプ

BタイプはP1とP3が安定すると動きやすい

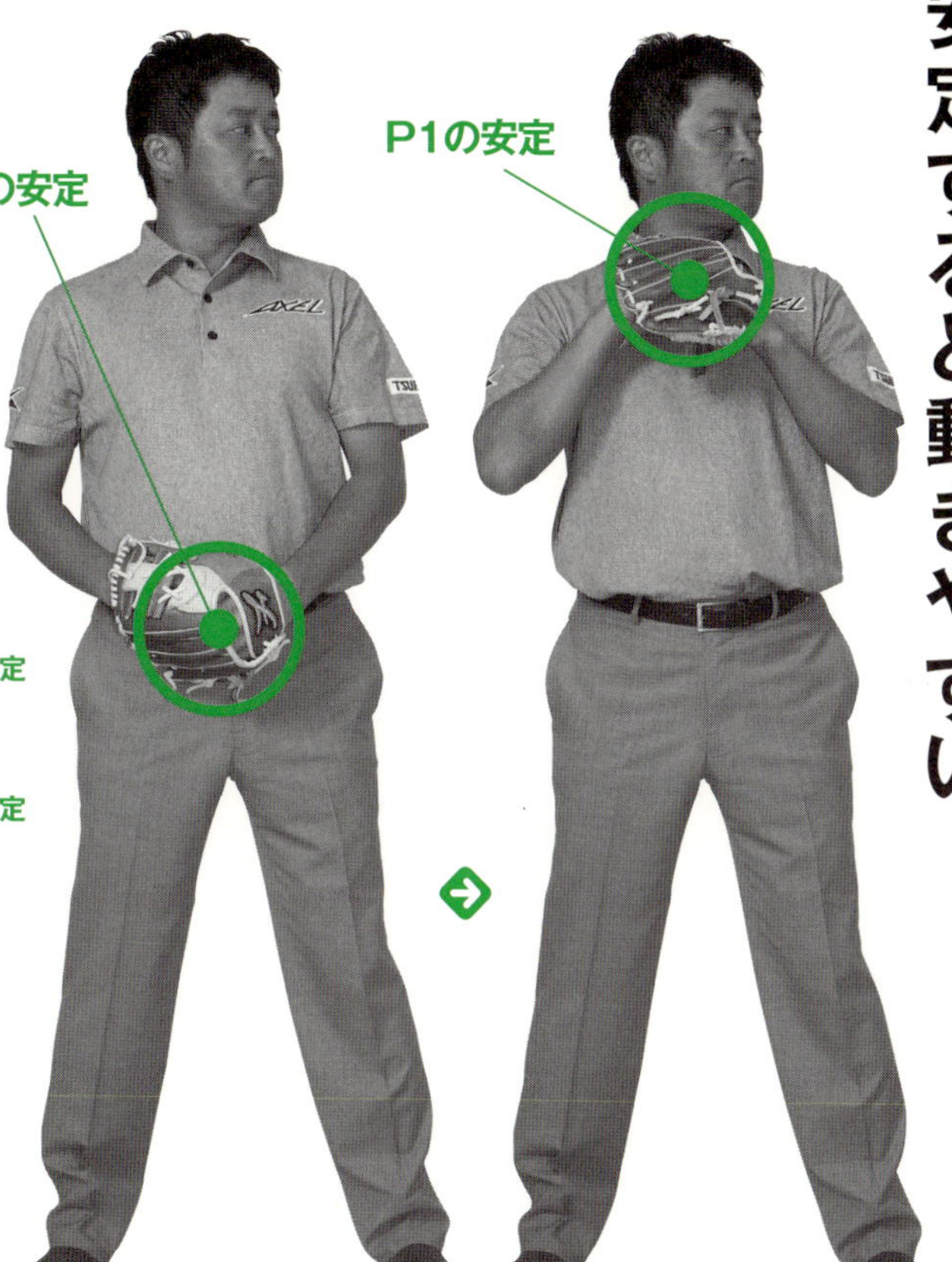
P3の安定
P1の安定

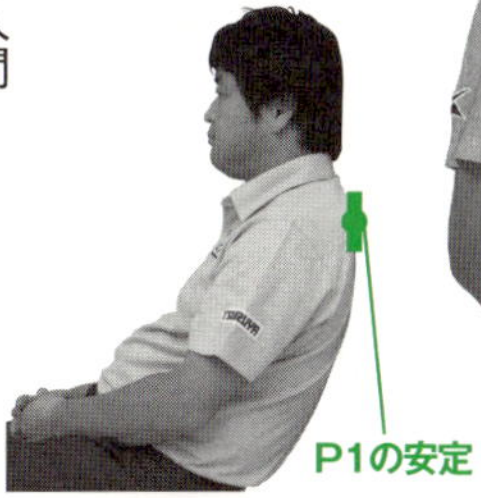
P1の安定

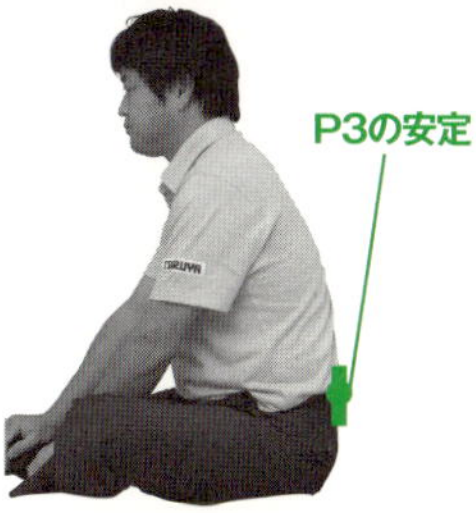
P3の安定

授業中や会議中にふんぞりかえっていることに気づき、あわてて座り直すとき、腰まで深く座るBタイプ

P3の安定

Bタイプのすし職人はP３（腰のあたり）で手を動かして握る。ちなみに低めのテーブルが好き

Bタイプは、Ｐ１（首のつけ根）やＰ３（腰のあたり）でボールをセットすると、スムーズに投球動作へと移ることができる。また、Ｐ３からＰ１へと動かしてから投げることも多い

BタイプはＰ３（腰のあたり）に手を置いたほうがスムーズに動き出せる

P4（ヒザ）に
重心がくる

Aタイプ

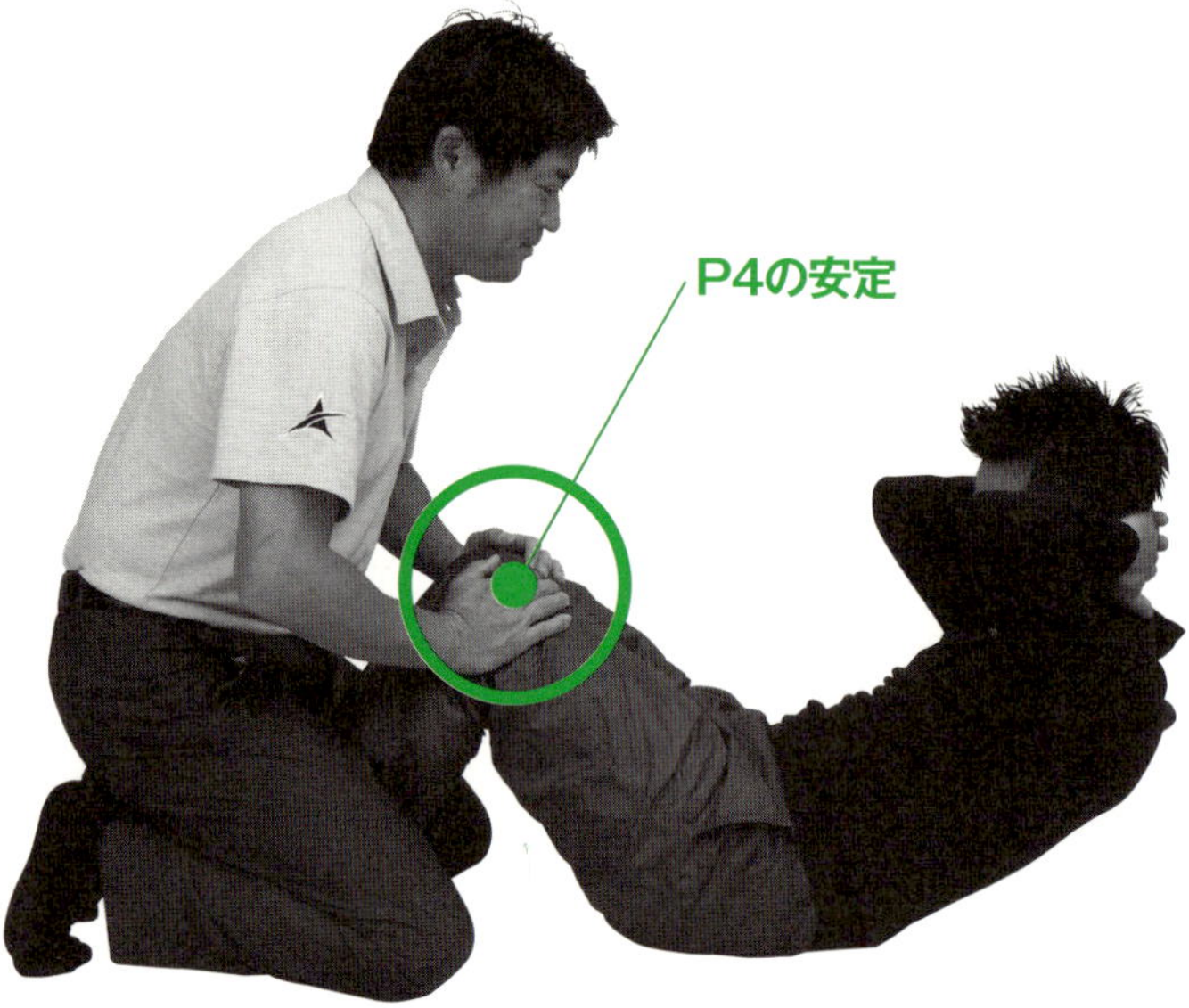
P4の安定

Aタイプは、P4（ヒザ）に重心ができると動きやすくなるため、P4を固定してもらう（5ポイントが崩れるので両ヒザをつけないこと）と効果的な腹筋運動ができる

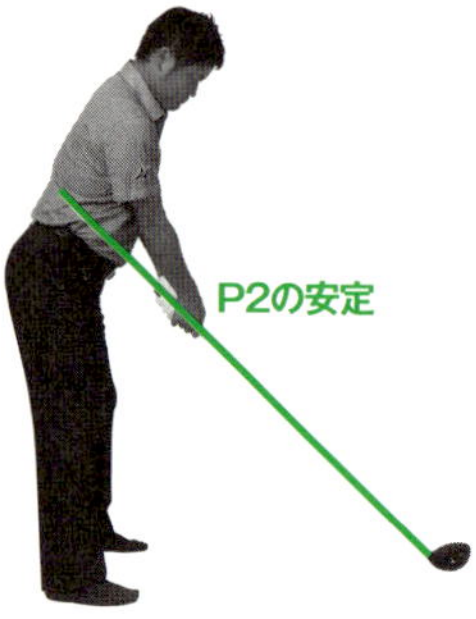
P2の安定

Aタイプは P２（みぞおち）に軸があるのでスッと立った標準的なアドレスになりやすい

P2が基点や軸

AタイプはP２できれいにプレーン

P3（腰）に
重心がくる

Bタイプ

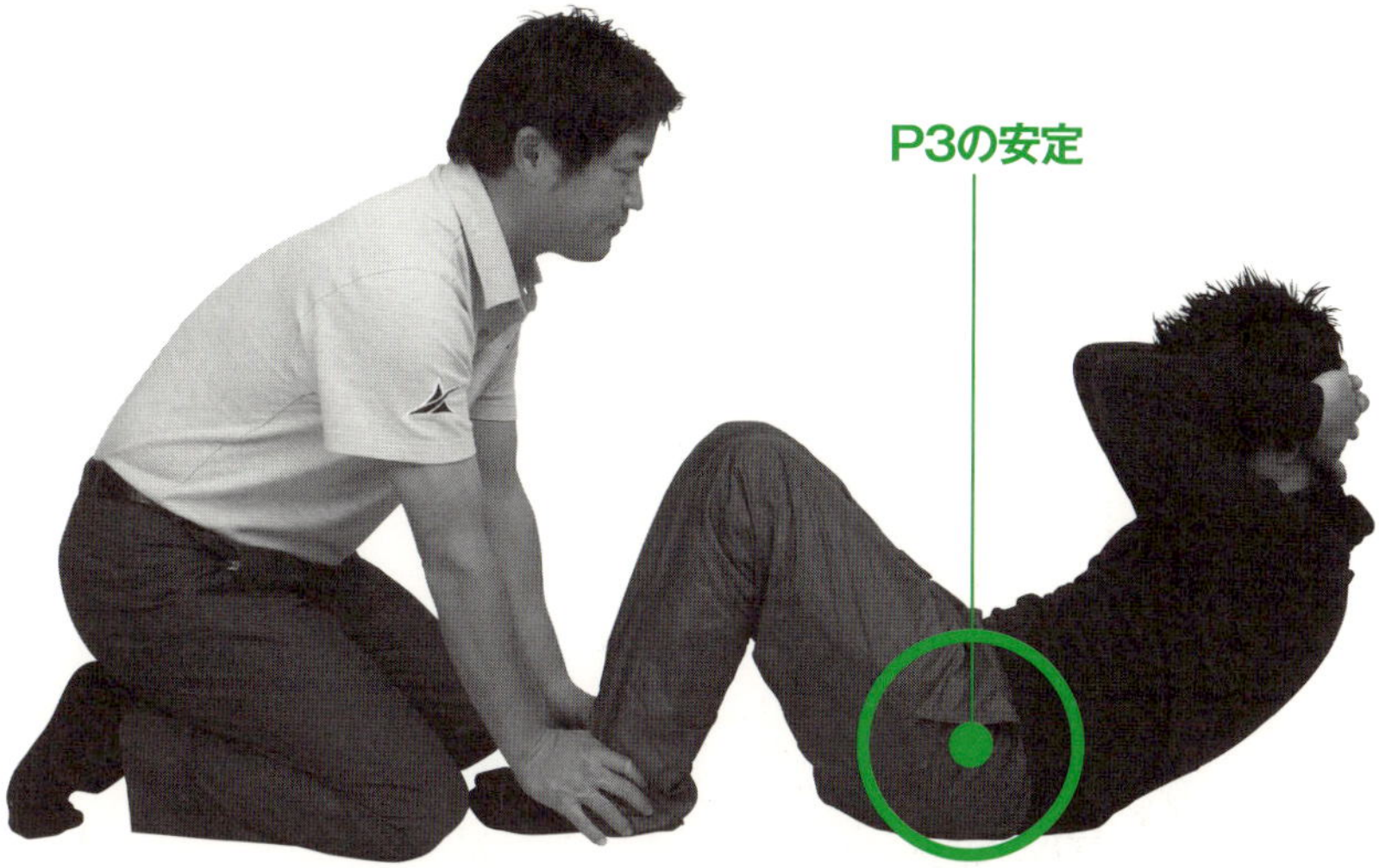
P3の安定

Bタイプは、P3（腰）に重心がくると動きやすくなるため、P3（腰）を固定すると効果的な腹筋運動ができる

P3の安定

BタイプはP3（腰）に軸があるのでハンドダウンしたアドレスになる

P1が基点や軸
P3が基点や軸

BタイプはP1やP3の方向にテークバックしやすい

AタイプはP2サブ（ヒジ）が基点

P2サブ（ヒジ）が
基点

Aタイプ

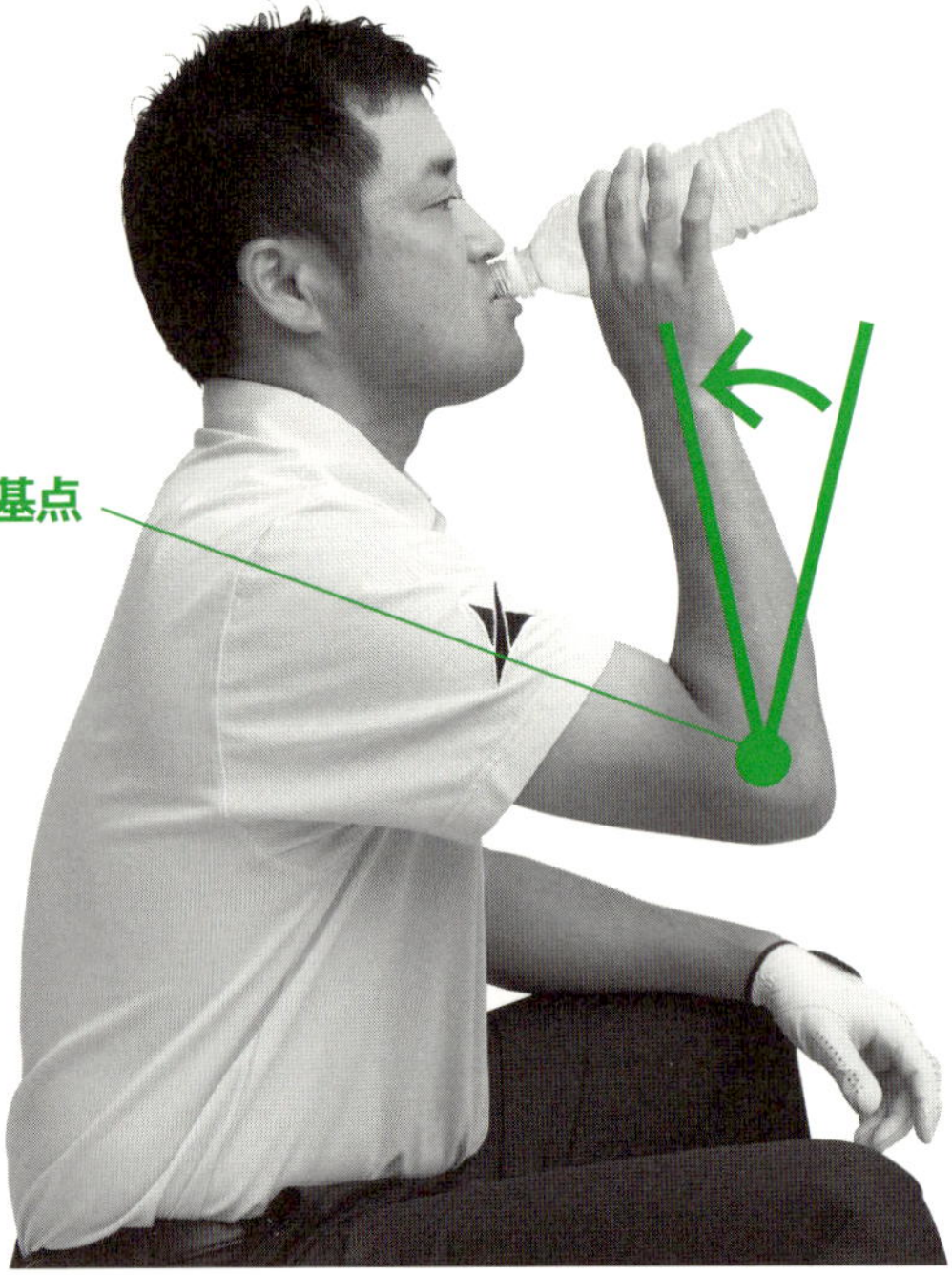

Aタイプはサ２サブ（ヒジ）を基点にして、そこから先を動かす特性をもつ。これはヒジを安定させることで、より動きやすくなることを意味している。ペットボトルから水を飲む場合、ヒジを基点にそこから先だけ動かす

［ 指揮 ］

Aタイプの指揮者はＰ２サブ（ヒジ）を支点にタクトを振る

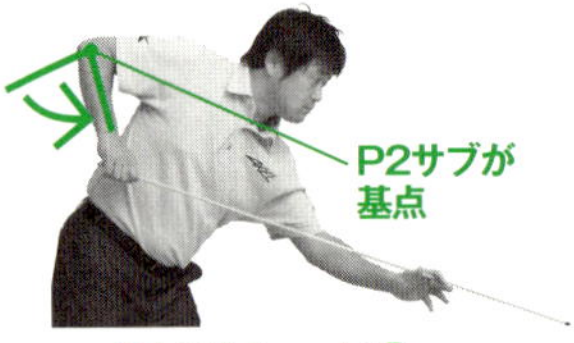

［ ビリヤード ］

Aタイプのハスラーはサ２（ヒジ）を基点にキューを操作

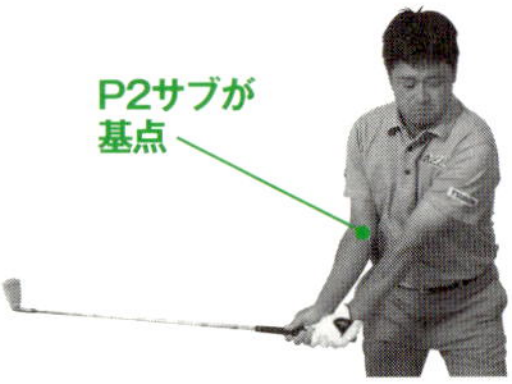

AタイプはＰ２（ヒジ）を支点にクラブを動かす

P1サブ（肩）が基点

Bタイプ

BタイプはP1サブ（肩）が基点

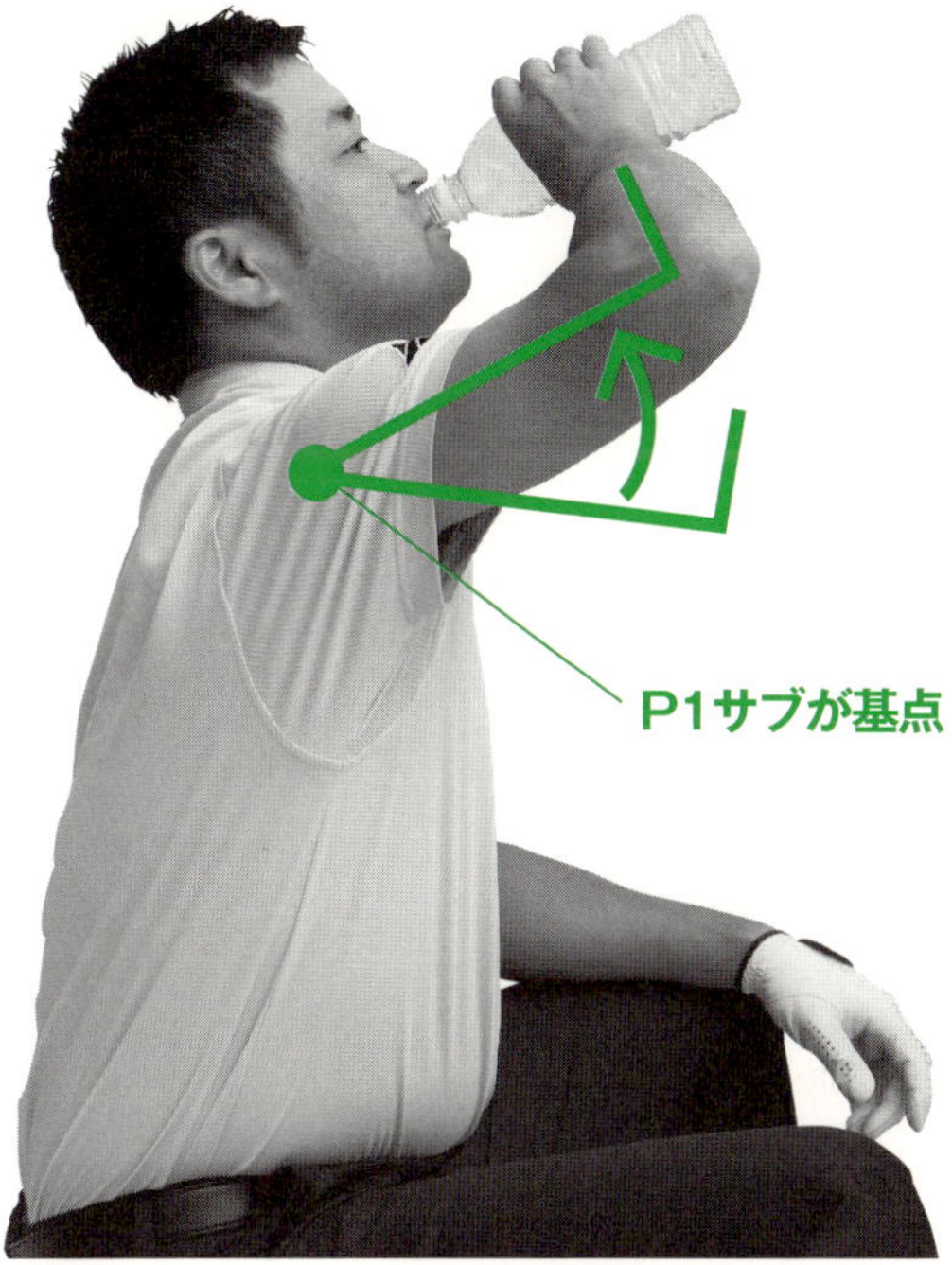
P1サブが基点

BタイプはP1サブ（肩）を基点にして、そこから先を動かす特性をもつ。これは肩を安定させることで、より動きやすくなることを意味している。ペットボトルから水を飲む場合、肩を基点にし、そこから先だけ動かす

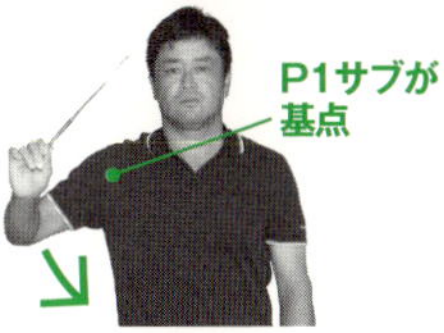
P1サブが基点

［指揮］

Bタイプの指揮者はP1サブ（肩）を支点にタクトを振る

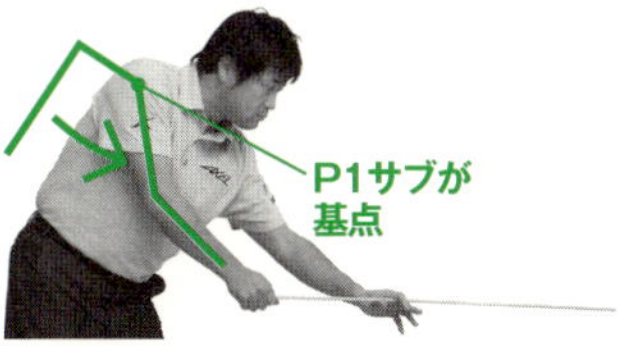
P1サブが基点

［ビリヤード］

BタイプのハスラーはP1（肩）を基点にキューを操作

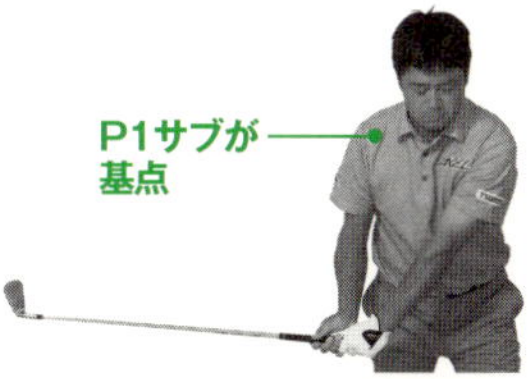
P1サブが基点

BタイプはP1（肩）を支点にクラブを動かす

P4（ヒザ）と
P2（みぞおち）を
近づける

Aタイプ

ＡタイプはＰ２、Ｐ４、Ｐ５を近づけたり直線上に揃える

着物の裾の前を払うＡ
（Ｐ２、４、５を近づける）

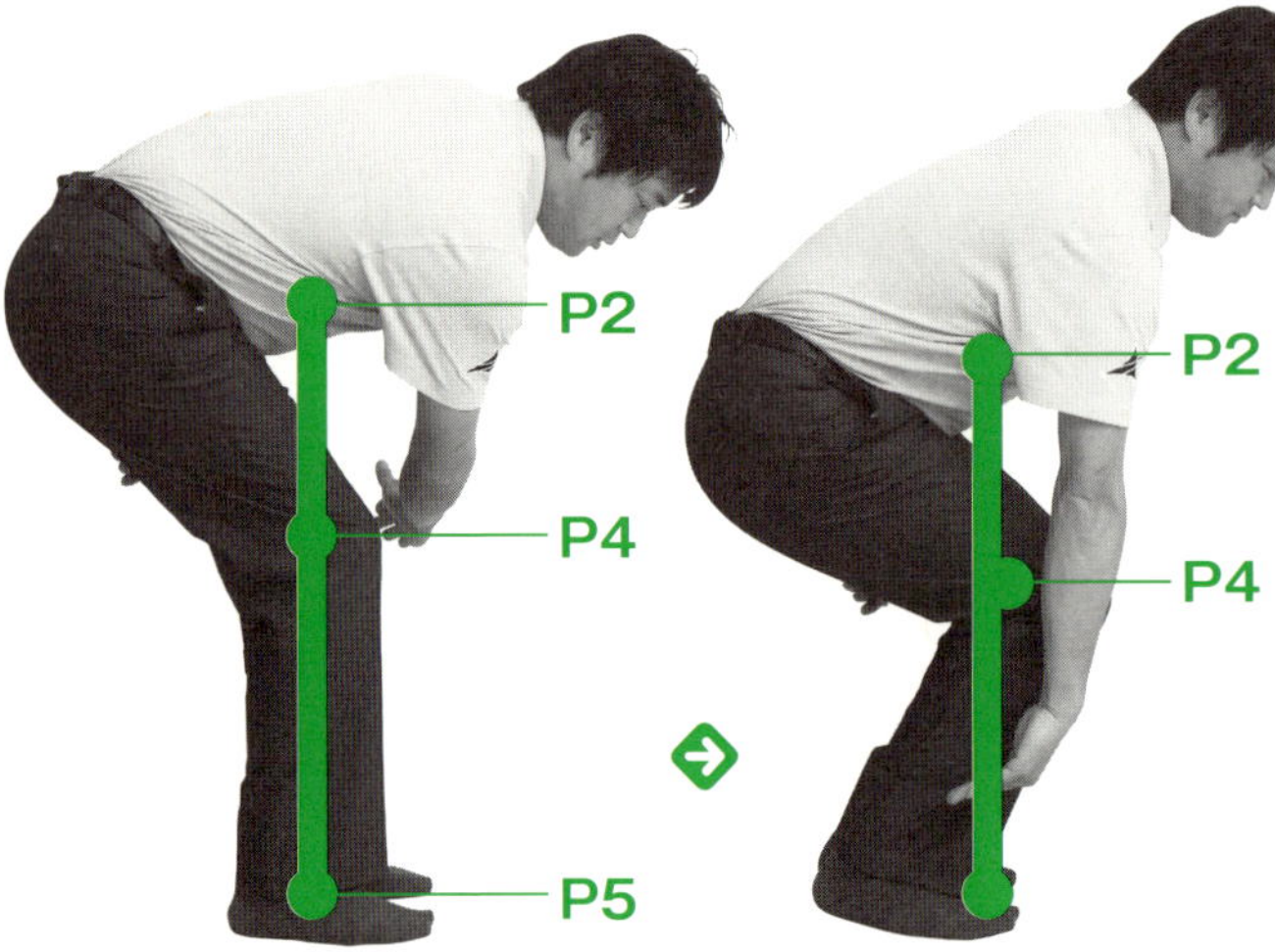

Ａタイプは、Ｐ４（ヒザ）とＰ２（みぞおち）を近づけると安定する。ヒザは前に出ず、腰を引くカタチが楽。たとえばきものでしゃがむときＰ２、４、５（足下）を近づけたほうが動きやすい。このため裾の前を払ったほうがじゃがみやすくなる

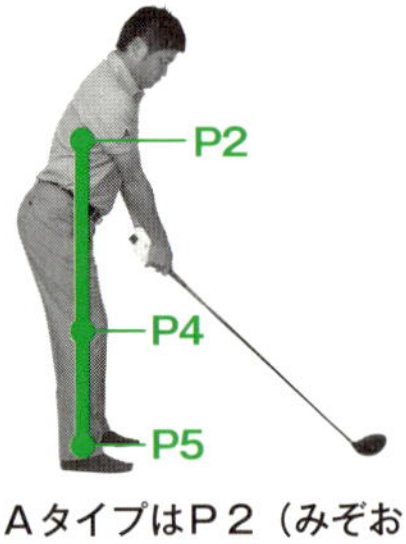

ＡタイプはＰ２（みぞおち）とＰ４（ヒザ）を直線上におき、仲良く近づけるイメージで構える。ヒザはあまり前に出ず、お尻が後ろに出る

P3（骨盤）と
P5（カカト）を
近づける

Bタイプ

BタイプはＰ１、Ｐ３、Ｐ５を近づけたり直線上に揃える

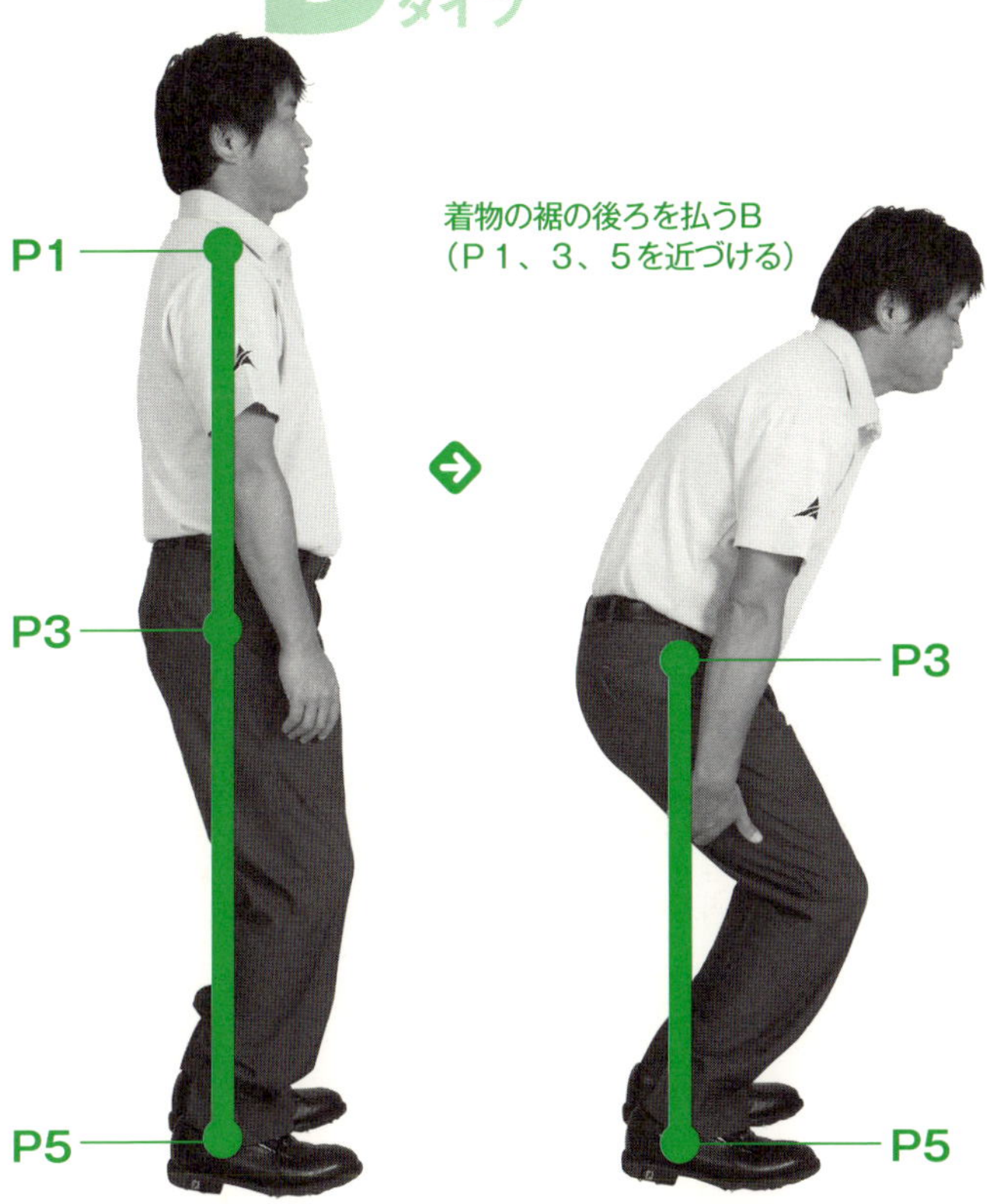

着物の裾の後ろを払うB
（Ｐ１、３、５を近づける）

Ｂタイプは、Ｐ３（骨盤）とＰ５（カカト）を近づけると安定するのでヒザを前に出す。きものでしゃがむときＰ１、３、５を近づけたほうが動きやすい。このため裾の後ろ側を払ったほうがしゃがみやすくなる

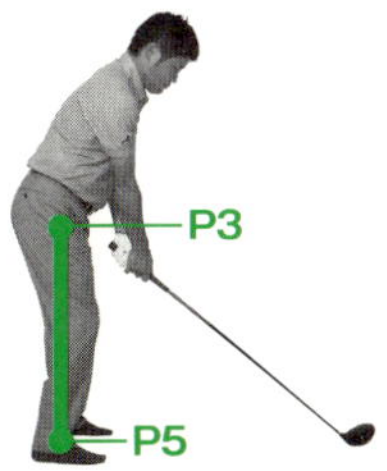

ＢタイプはＰ２（腰）とＰ５（足底）を直線上にいったん揃えるイメージで構える。その結果ヒザがやや前に出てくる。ただし、前傾すると結果的にお尻が後方に引けるので、P3とP5を無理に合わせることはない

P3（骨盤）と
P5（カカト）を
近づける、揃える

Bタイプ

P4（ヒザ）と
P2（みぞおち）を
近づける、揃える

Aタイプ

どちらが動きやすいか?

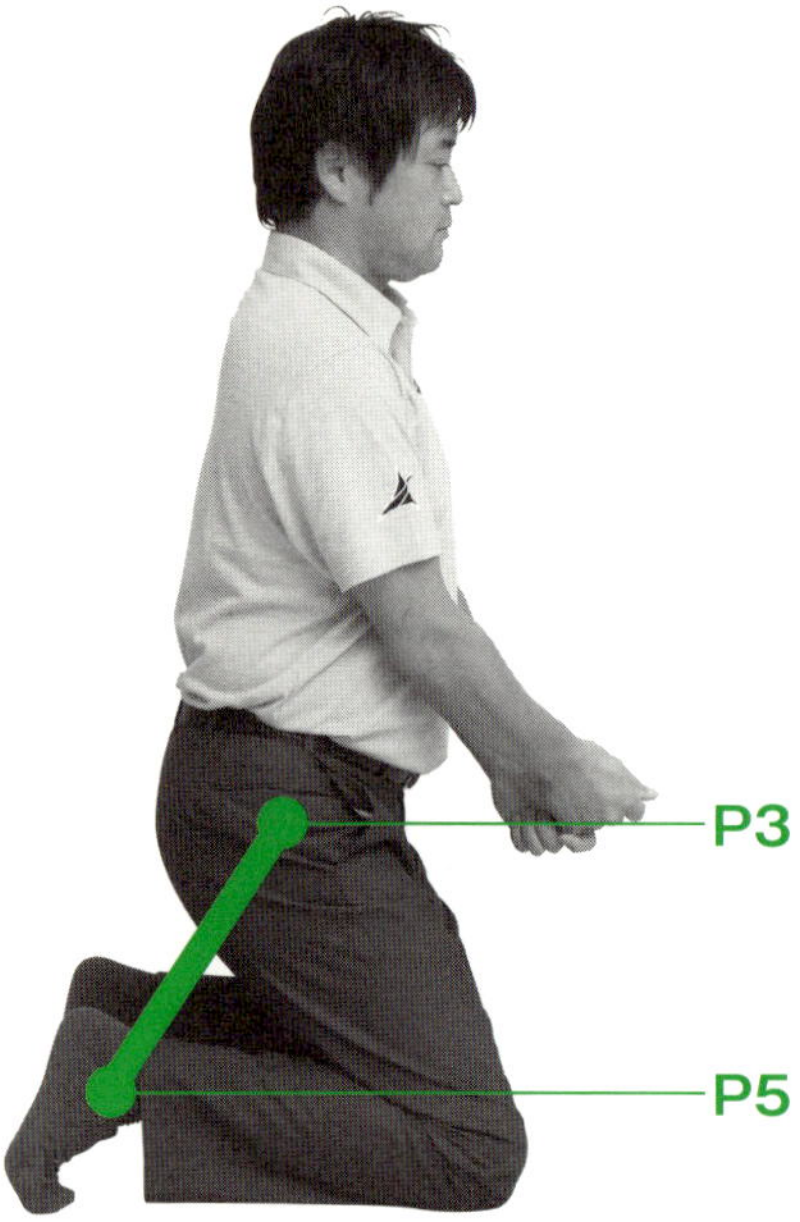

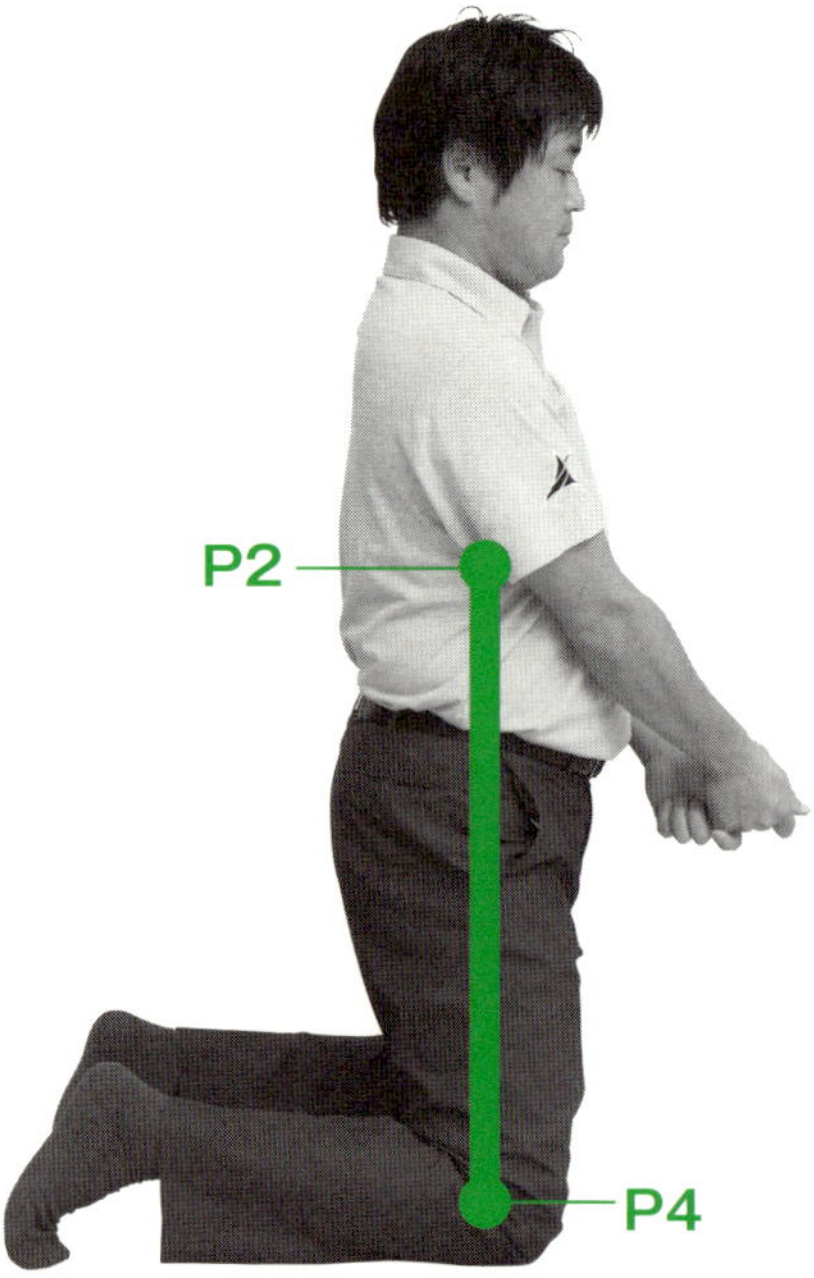

Bタイプは P３と P５を近づけたこの体勢が動きやすい

Aタイプは P２と P４を直線上に揃えたこの体勢が動きやすい

ヒザ立ちスイングでチェック!

ヒザ立ちでボールを投げる場合も、それぞれのタイプに合わせたほうが投げやすい

ヒザ立ちでスイング、もしくはシャドウスイングをしてみるとAタイプか、Bタイプかがわかりやすい。前項で紹介したようにＰ２（みぞおち）、Ｐ４（ヒザ）、Ｐ５（カカト）を直線上に揃えたときに可動範囲が広がればAタイプ。Ｐ１（首のつけ根）、Ｐ３（腰）、Ｐ５（カカト）を直線上に揃えたほうが可動範囲が広くなるならBタイプである

P4（ヒザ）と
P2（みぞおち）を
近づける

Aタイプ

スクワットをする場合、Aタイプ
はＰ２（みぞおち）、Ｐ４（ヒザ）
を近づけるようにしながら直線上
に揃えると力が出しやすい

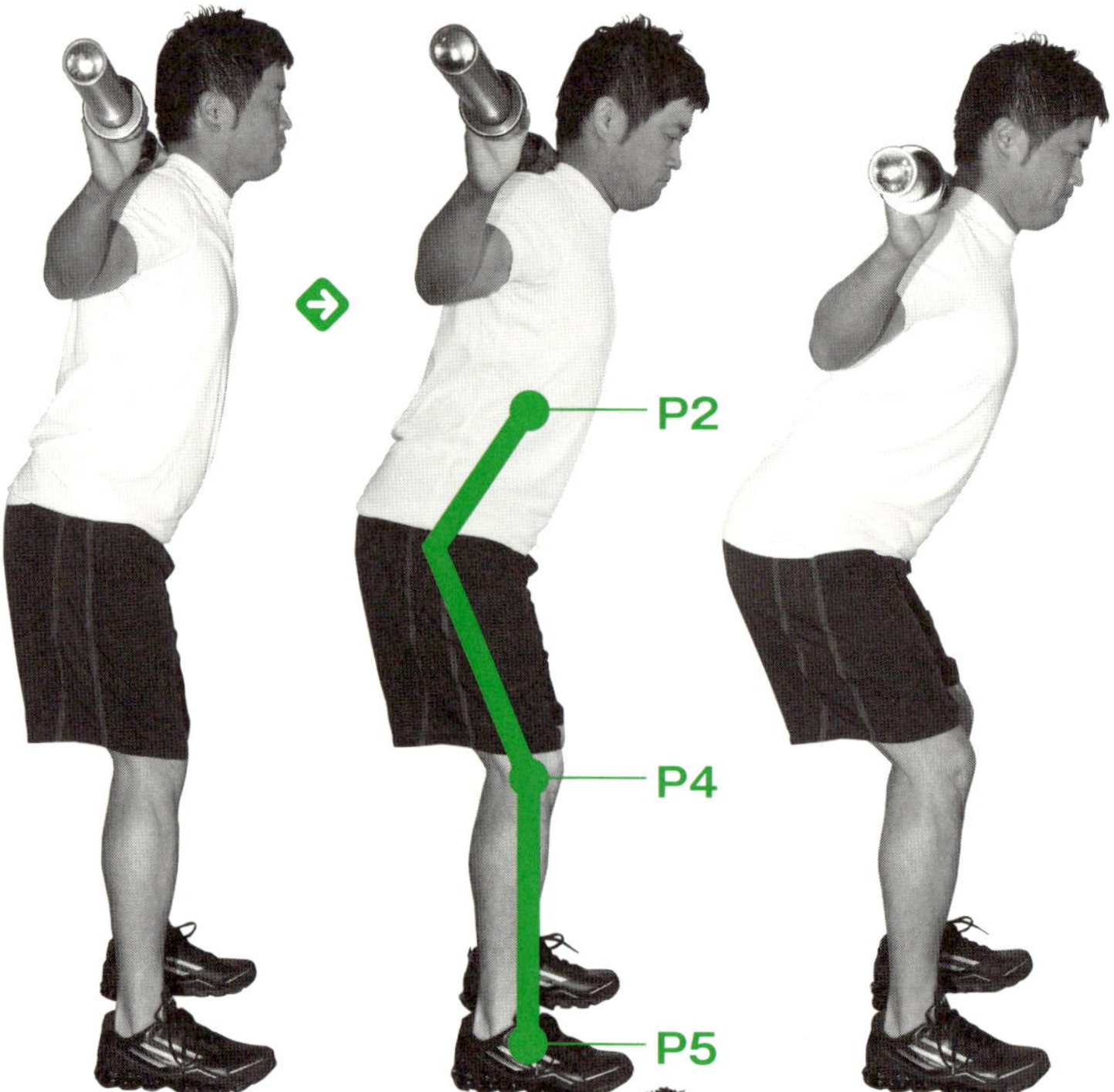

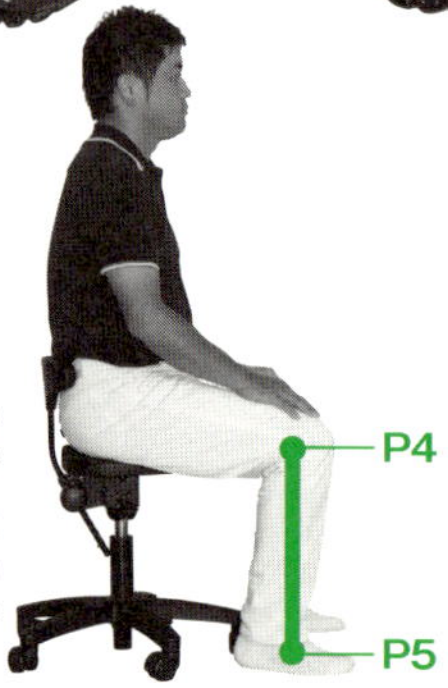

イスに腰掛けるとき、
AタイプはＰ２、Ｐ４、
Ｐ５が揃うと落ち着
く。ただし、Aタイプ
でもカカトを入れると
５ポイントが増えるの
で、カカトを入れ込む
場合もある

P3（骨盤）と
P5（カカト）を
近づける

Bタイプ

スクワットをする場合、BタイプはP１（首のつけ根）、P３（腰）、P５（カカト）を近づけるようにしながら直線上に揃えると力が出しやすい

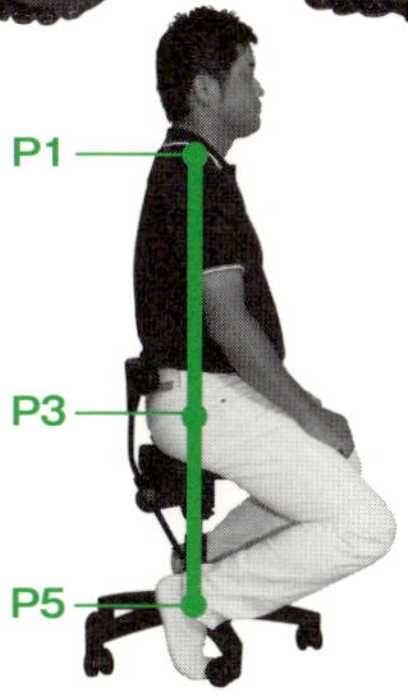

イスに腰かけるとき、BタイプはP１、P３、P５が揃うと落ち着く。カカトを入れるとさらに落ち着く

腕を上げると
回転しやすい

Aタイプ

5 腕の位置

Aタイプは
腕の位置が高い

腕を上げると回転しやすいA

真っすぐに立ち、その場でカラダを左右に回転してみる。Aタイプは腕を上げると回転しやすい。腕を下げて体幹が縮むとロックがかかる

　まず真っすぐに立ち、両腕を横に広げて地面と平行になるポジションまで上げる。この態勢でカラダを左右に回転させる。

　次に手を腰の高さあたりまで下げ、その位置で同じようにカラダを左右に回転させる。前者のように、腕が高い位置にあるほうがカラダを回しやすければAタイプ。腕を下げたほうが回転しやすければBタイプになる。

腕を下げると
回転しやすい

Bタイプ

Bタイプは腕の位置が低い

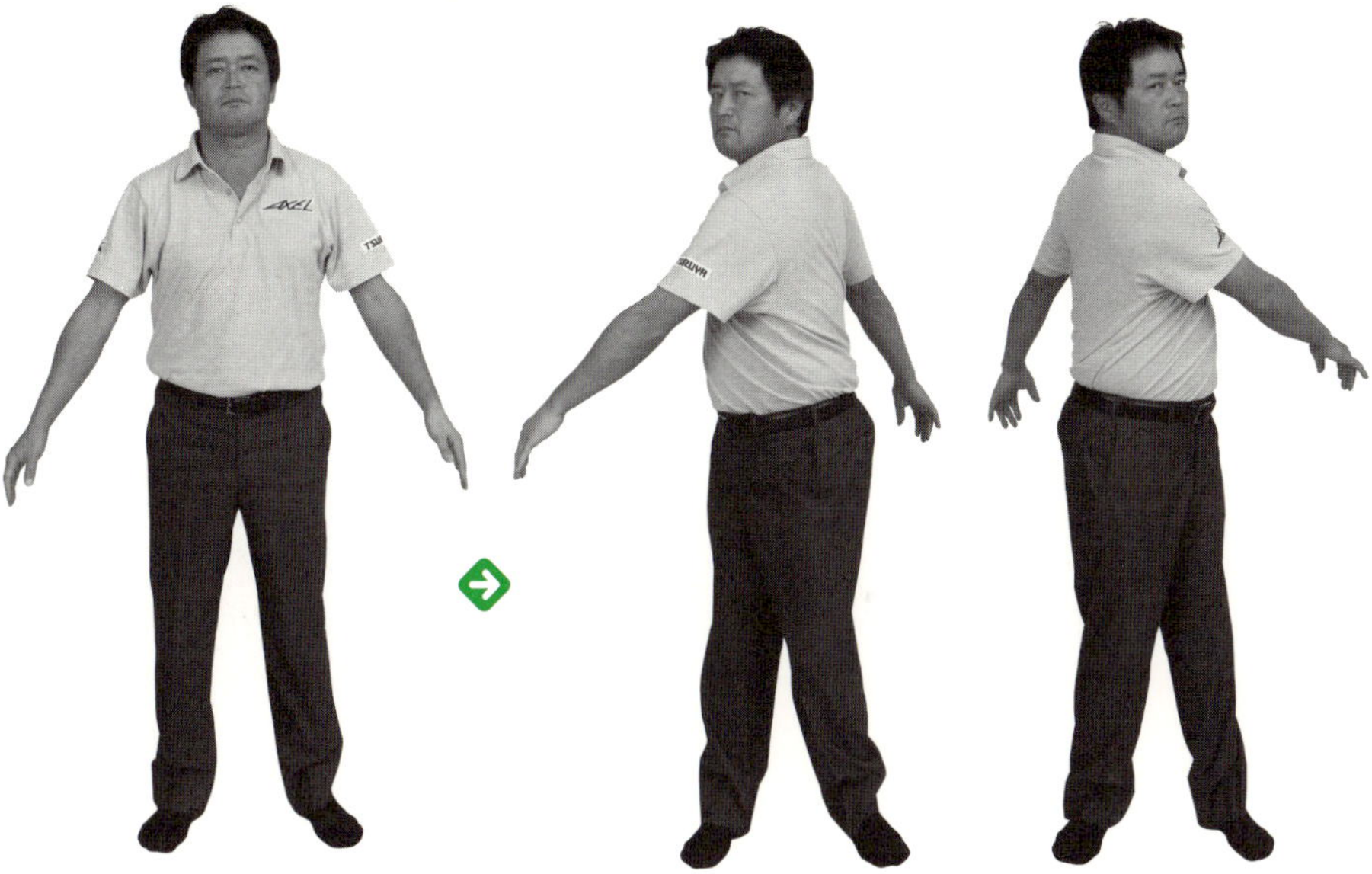

腕を下げると回転しやすいB

真っすぐに立ち、その場でカラダを左右に回転してみる。Bタイプは腕を下げると回転しやすい。P1サブの肩が上がって体幹が伸びるとロックがかかってしまう

第2章

1タイプの人間
2タイプの人間

Aタイプか Bタイプかが判別できたら、
1タイプの人間か2タイプの人間かを判別する。
これにより、それぞれの
組み合わせからなる4つのタイプ、
すなわちA1、A2、B1、B2の
いずれに属するかが決まる。

1タイプの人間

人さし指と中指を
メインに使う

太モモの内旋
(重心が内側)

上腕部の内旋

注意：Aタイプのヒジ先、
ヒザ先の反転について
(重心位置は反転しない)

2タイプの人間

1. 薬指と中指をメインに使う
2. 太モモの外旋（重心が外側）
3. 上腕部の外旋
4. 注意：Aタイプのヒジ先、ヒザ先の反転について（重心位置は反転しない）

人さし指と中指が
メイン

1タイプ

① メインに使う指が、人さし指と中指か、薬指と中指か

中指と人さし指がセットになれば1タイプ

人さし指と中指がセット

1タイプは人さし指が中指とセットになると安定する

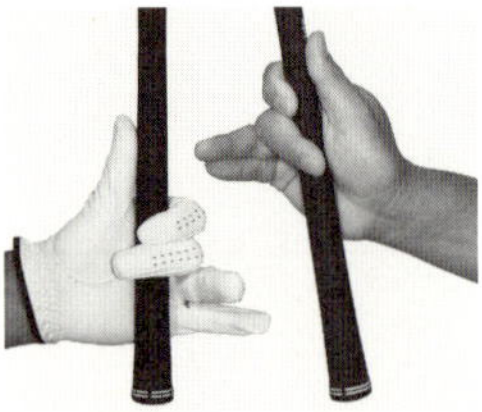

［グリップ］

グリップするとき、1タイプは人さし指と中指を意識する

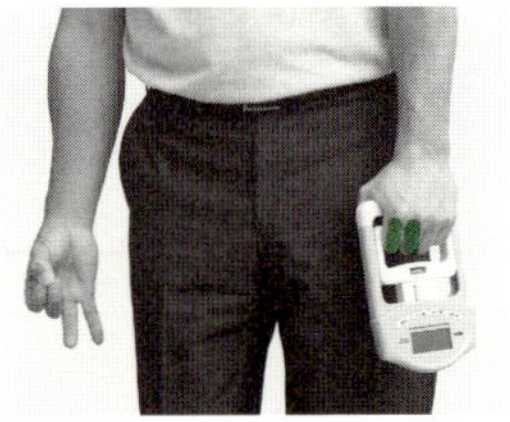

［握力計］

1タイプは片手の人さし指と中指でリングを作ってから握力計を握ると力が出る

中指と薬指が
メイン

2 タイプ

中指と薬指がセットになれば2タイプ

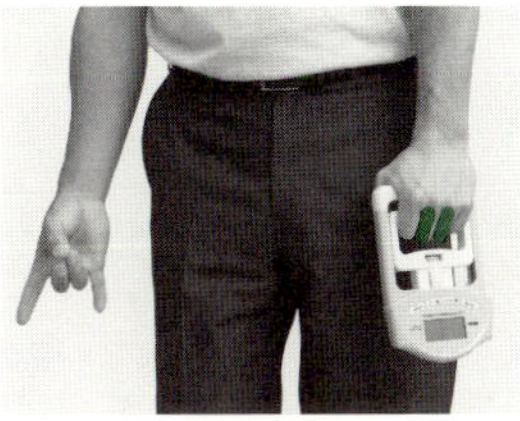

［握力計］

2タイプは片手の薬指と中指でリングを作ってから握力計を握ると力が出る

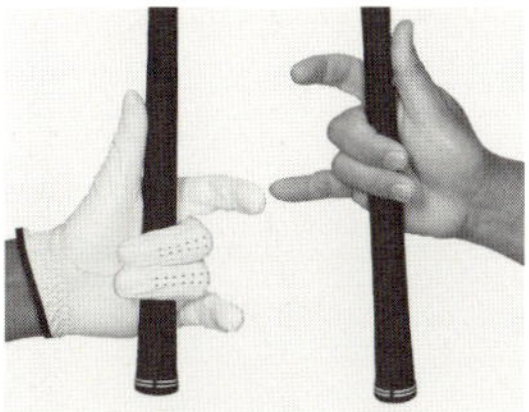

［グリップ］

グリップするとき、2タイプは中指と薬指を意識する

中指と薬指がセット

2タイプは薬指が中指とセットになると安定する

［実感体験］

1
1、2両パターンの指を使って片手でコップを持ち、もう一方の手で10キロほどのダンベルを持ってアームカール。パワーが出るほうが自分のタイプ

2
1、2両パターンの指を使ってコップを持ち、どちらが安定するかをチェック

3
コップの水をばらまくイメージで、スピードが出るかをチェック。自分のタイプでもっと早く動かせ、かつコントロールもいい

4
コップを1、2の両タイプで持ち、前へ習えの状態から胸を完全に固定し、片手をグーッと前に伸ばす。肩甲骨まわりの柔軟性がアップし腕がより前に伸びるほうが自分のタイプ

以上のことからメインの指を使うことによって、1柔軟性、2スピードとコントロール性、3安定感、4パワー。少なくとも5つのパフォーマンスが上がることが実感できる

太モモ
内旋型の
1タイプ

② 太モモの内旋、外旋（重心が内側か外側か）

太モモ内旋型は1タイプ

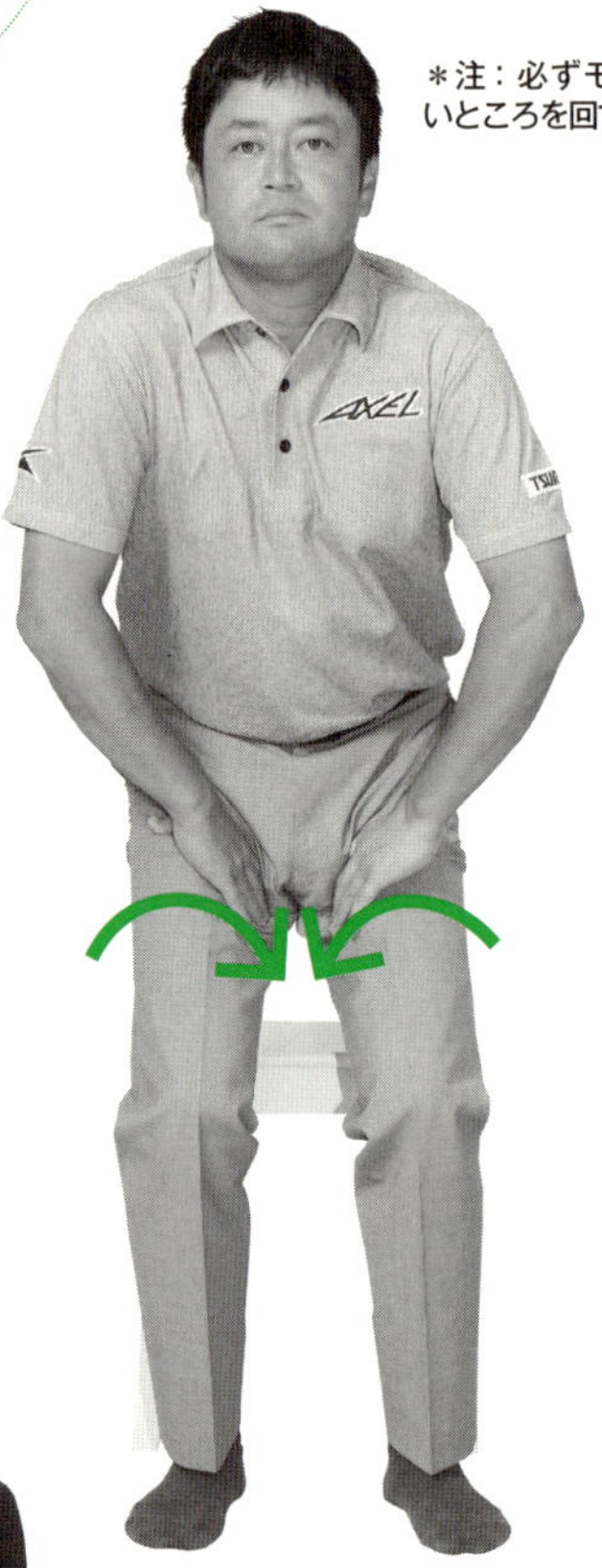

＊注：必ずモモの太いところを回すこと

1タイプはダウンスイングで太モモを寄せてくる

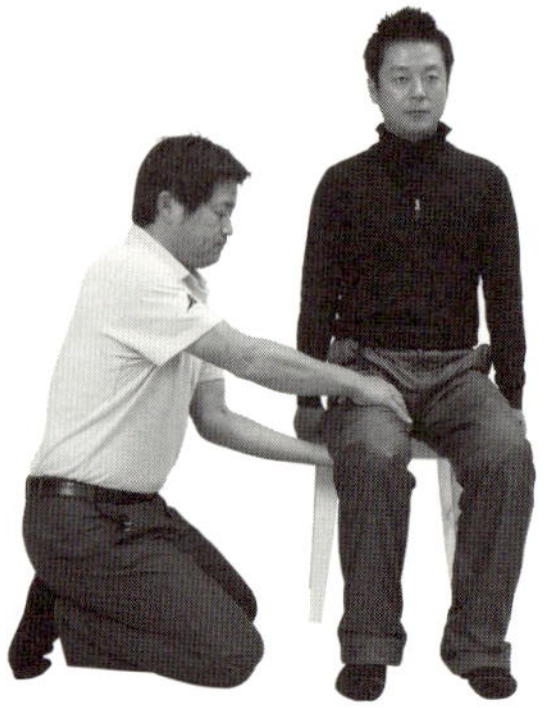

1タイプはイスに座った状態で太モモを内旋（内側に回す）しても立ち上がれるが、外旋（外側に回す）すると立ち上がりづらい

【このチェックの注意点】

1 太モモが回りやすいように浅く座る

2 両ヒザの間は、こぶし1～2個分空ける

3 一度、何もせずに立てる場所で立ち、足場と着座位置を変えずに行なう

4 太モモの力を完全に抜き、筋肉全部が回るようにする

5 太モモのなるべく太い部分を回すこと。ヒザの近くを回さない

6 反動を使って立たないこと

太モモ
外旋型の

2タイプ

太モモ外旋型は2タイプ

2タイプはダウンスイングで太モモを割る

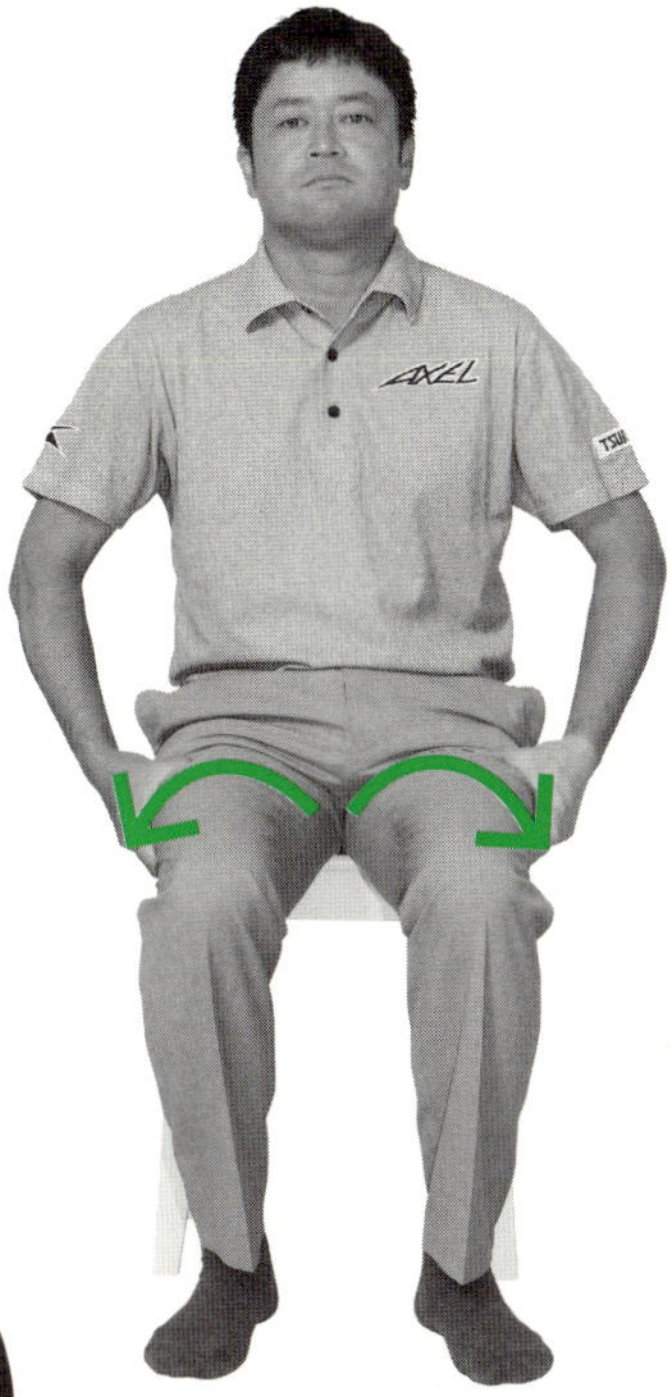

2タイプはイスに座って太モモを外旋しても立ち上がりづらいが、内旋すると立ち上がれない。1、2タイプとも2人で太モモを回してもらうとよくわかる

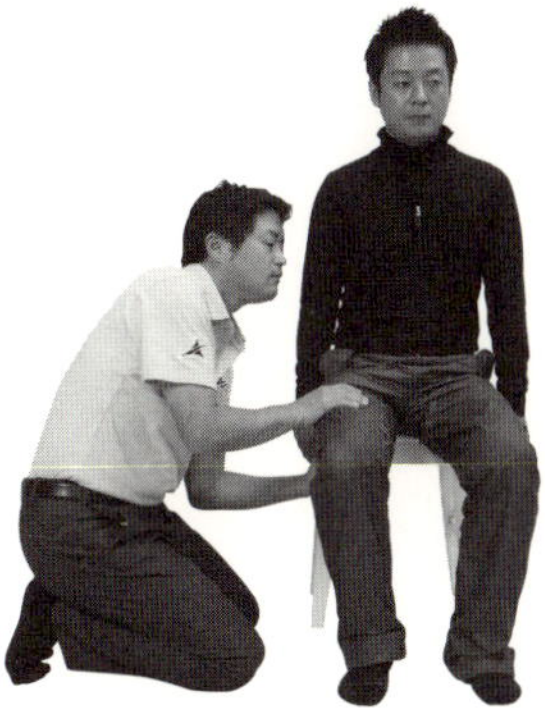

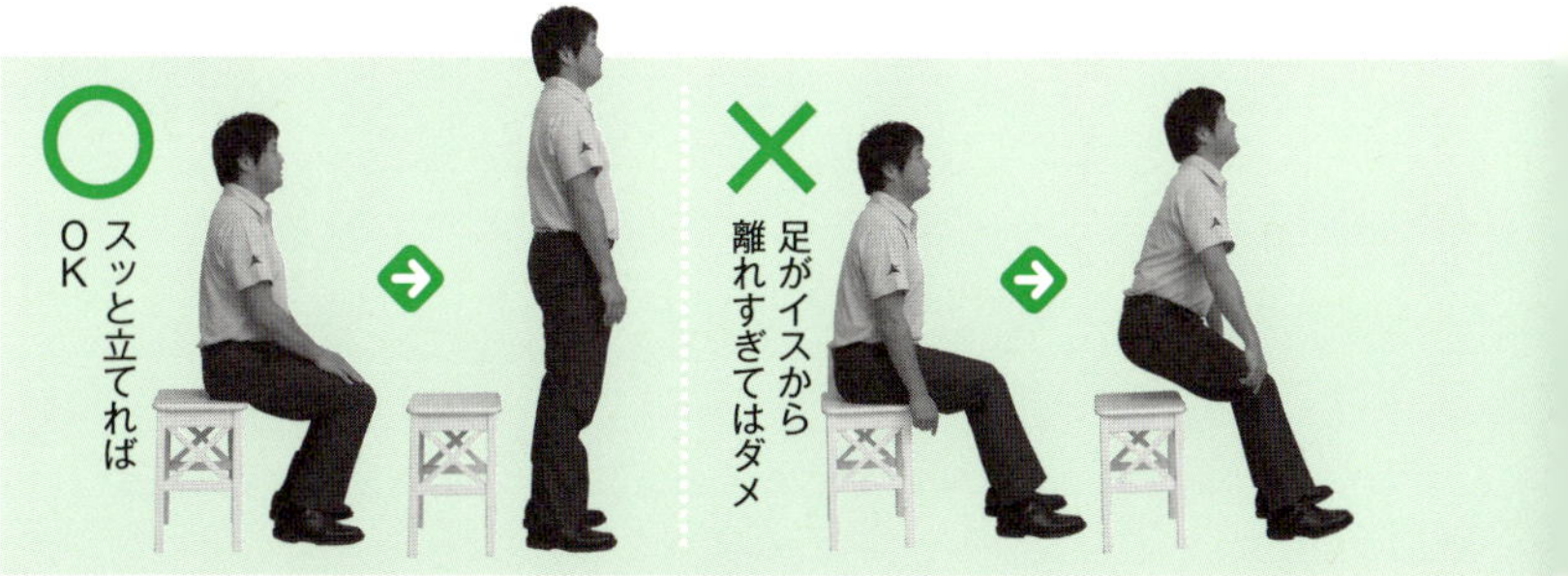
○
スッと立てればOK
✕
足がイスから離れすぎてはダメ

※ヒザよりもカカトが少し後ろにくるように座ること。

内旋型の

1タイプ

重心位置が内側なら1タイプ

内重心だと回る

1タイプは重心が足の内側にあったほうが動きやすい内旋型。アドレスで外側に少しでも力を加えてしまうとカラダがロックして回れなくなる（あえてロックさせる場合もある）

外重心だと回らない

外旋するとロックがかかりバックスイングが深く入らない

外旋型の

2タイプ

重心位置が外側なら2タイプ

外重心だと回る

２タイプは重心が足の外側にあったほうが動きやすい外旋型。アドレスでヒザを内側に少しでも絞り込むとカラダがロックして回らなくなる（あえてロックさせる場合もある）

内重心だと回らない

内旋するとロックがかかりバックスイングが深く入らない

内旋型の

1タイプ

腕を後ろから
前に回したあと
深く前屈できれば1タイプ

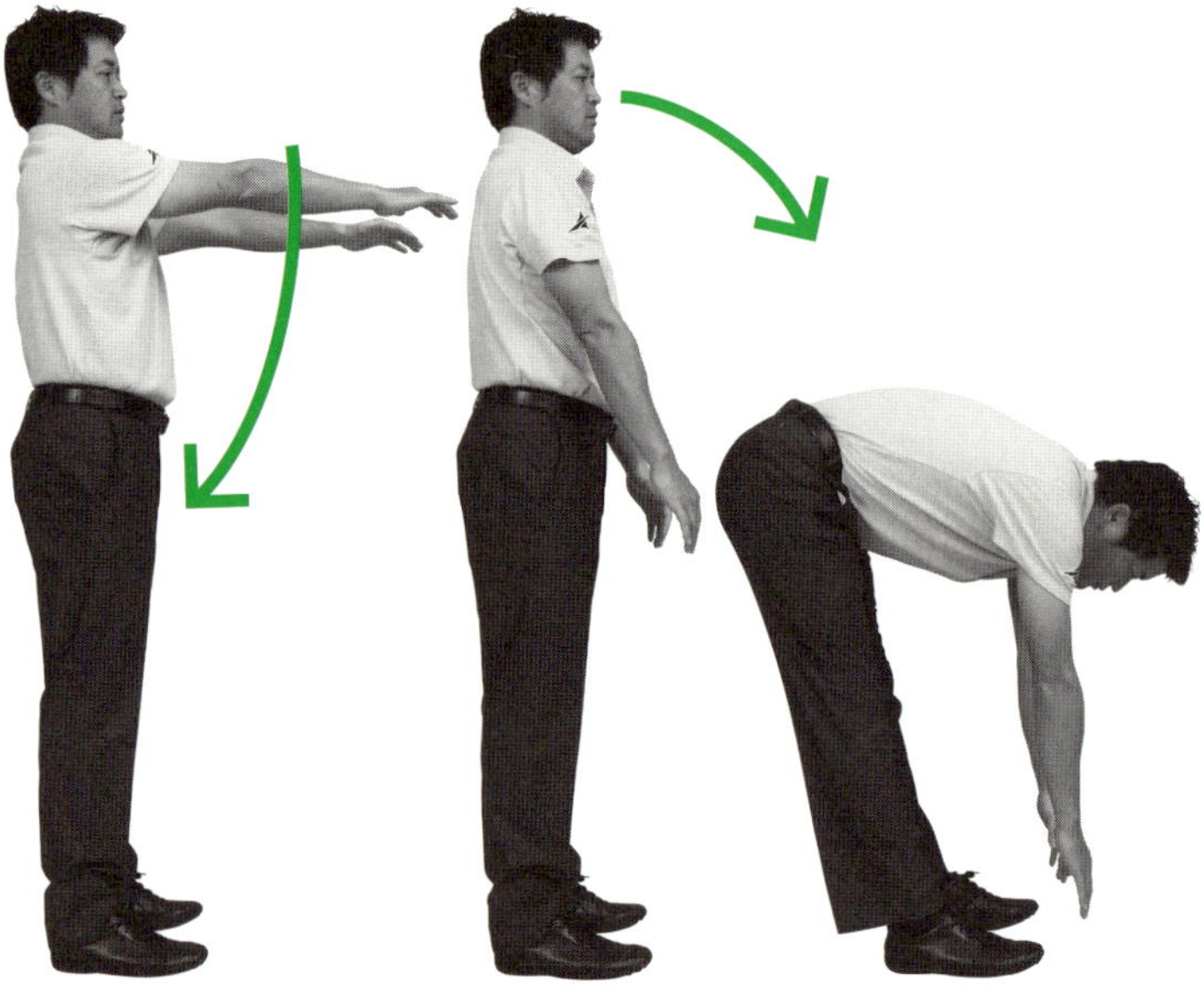

真っすぐに立ち、両腕が伸びた状態で後ろから前に大きく一周回す。そのまま前屈し、深く曲がれば1タイプ。腕を大きく回すとき、上腕（ヒジから上の部分）は内旋している（内側に回っている）

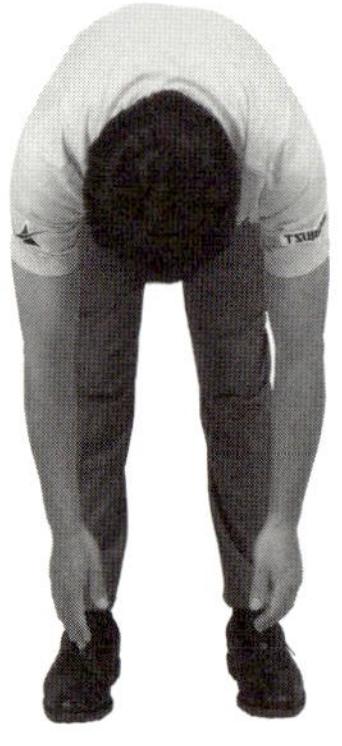

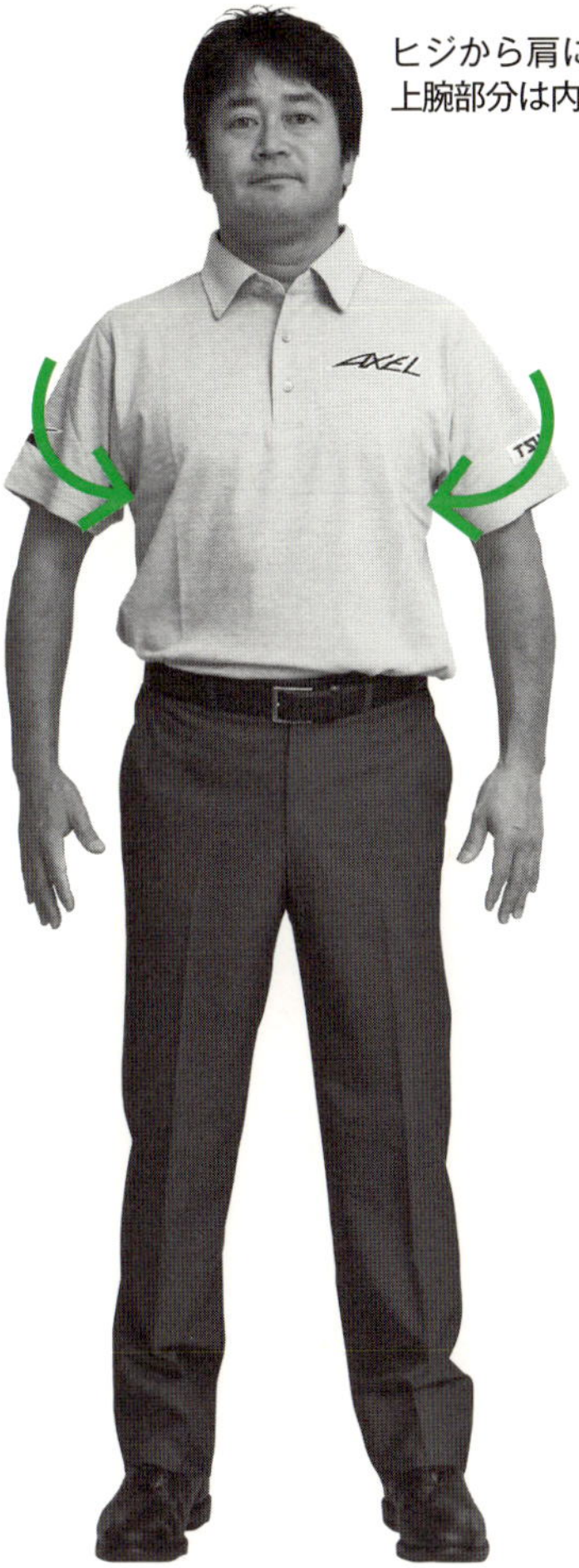

ヒジから肩にかけての
上腕部分は内旋する

腕をグルグル回すとき、後ろから前に回したほうが楽。つっかかりがなく、大きく回せれば1タイプ

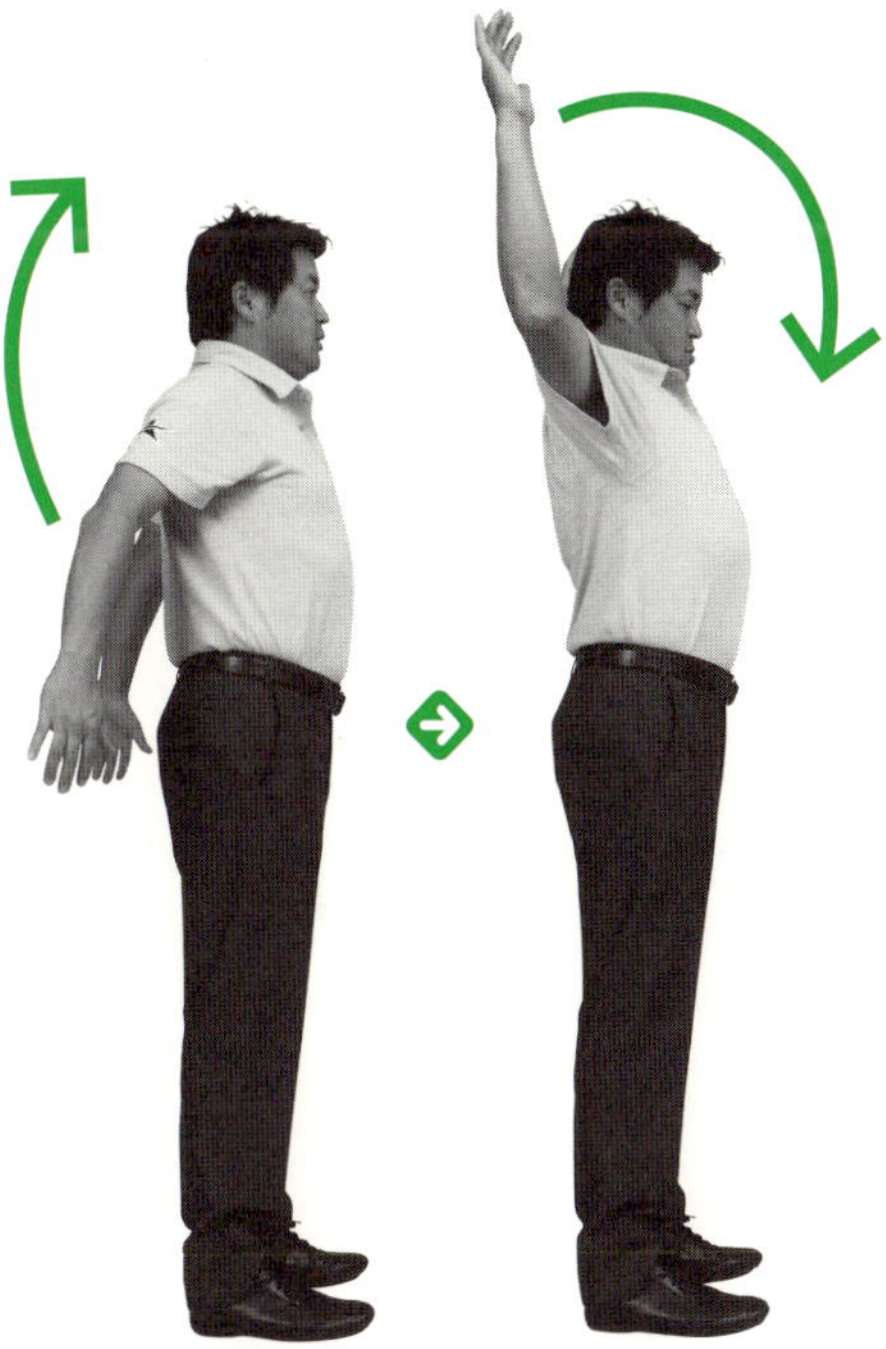

腕が伸びた状態で後ろから前
に回し、そのまま前屈する

※内旋…… ここでは両腕を背中側から前方へ回すこと。また、上腕部が内側に回ることをさす。

外旋型の

2タイプ

腕を前から後ろに回したあと深く前屈できれば2タイプ

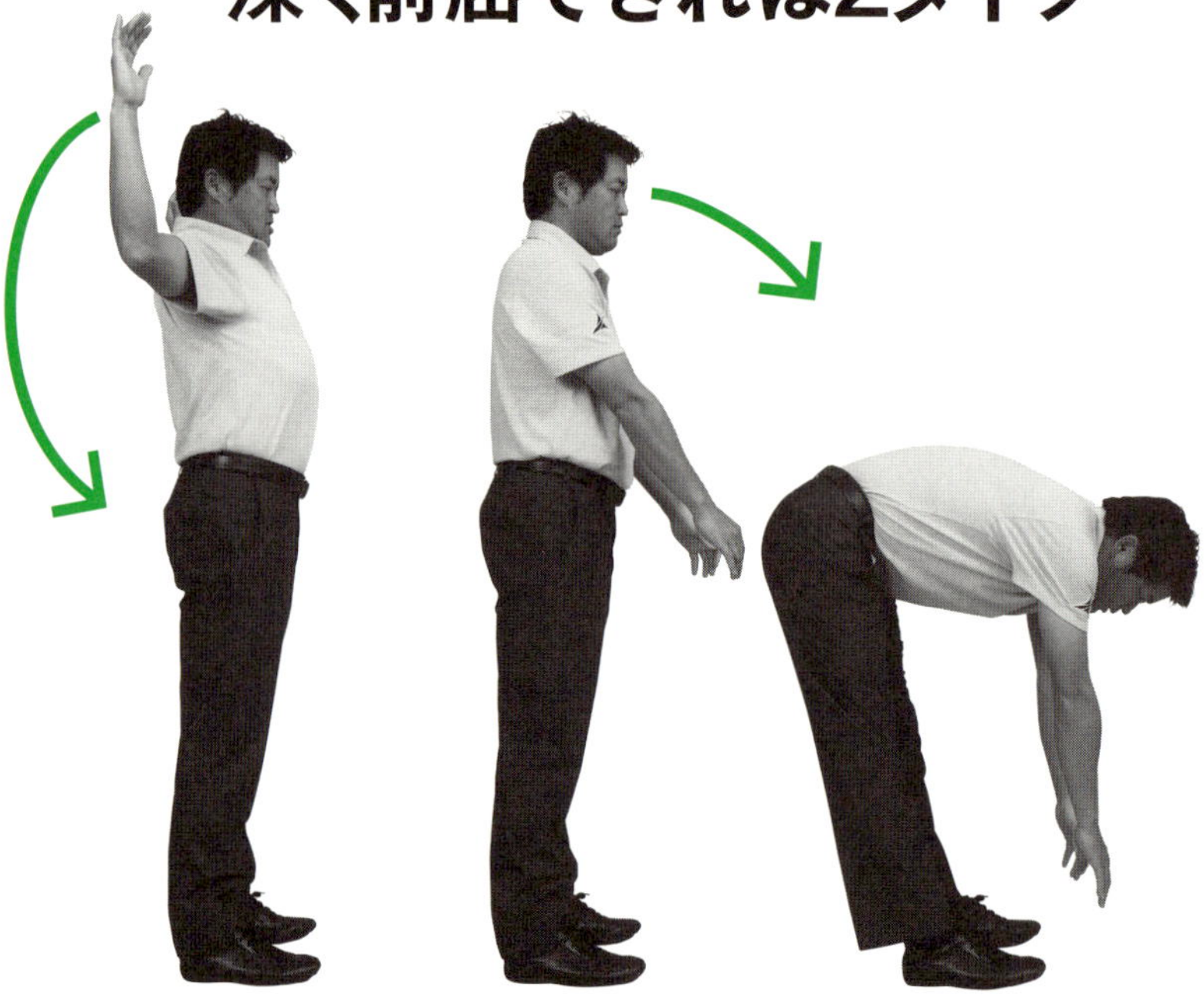

真っすぐに立ち、両腕が伸びた状態で前から後ろに大きく一周回す。そのまま前屈し、深く曲がれば２タイプ。腕を大きく回すとき、上腕（ヒジから上の部分）は外旋している（外側に回っている）

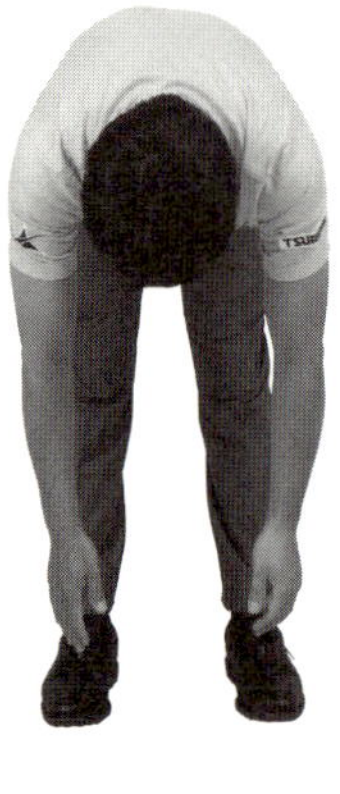

ヒジから肩にかけての
上腕部分は外旋する

腕をグルグル回すとき、前
から後ろに回したほうが
楽。つっかかりがなく、大
きく回れば2タイプ

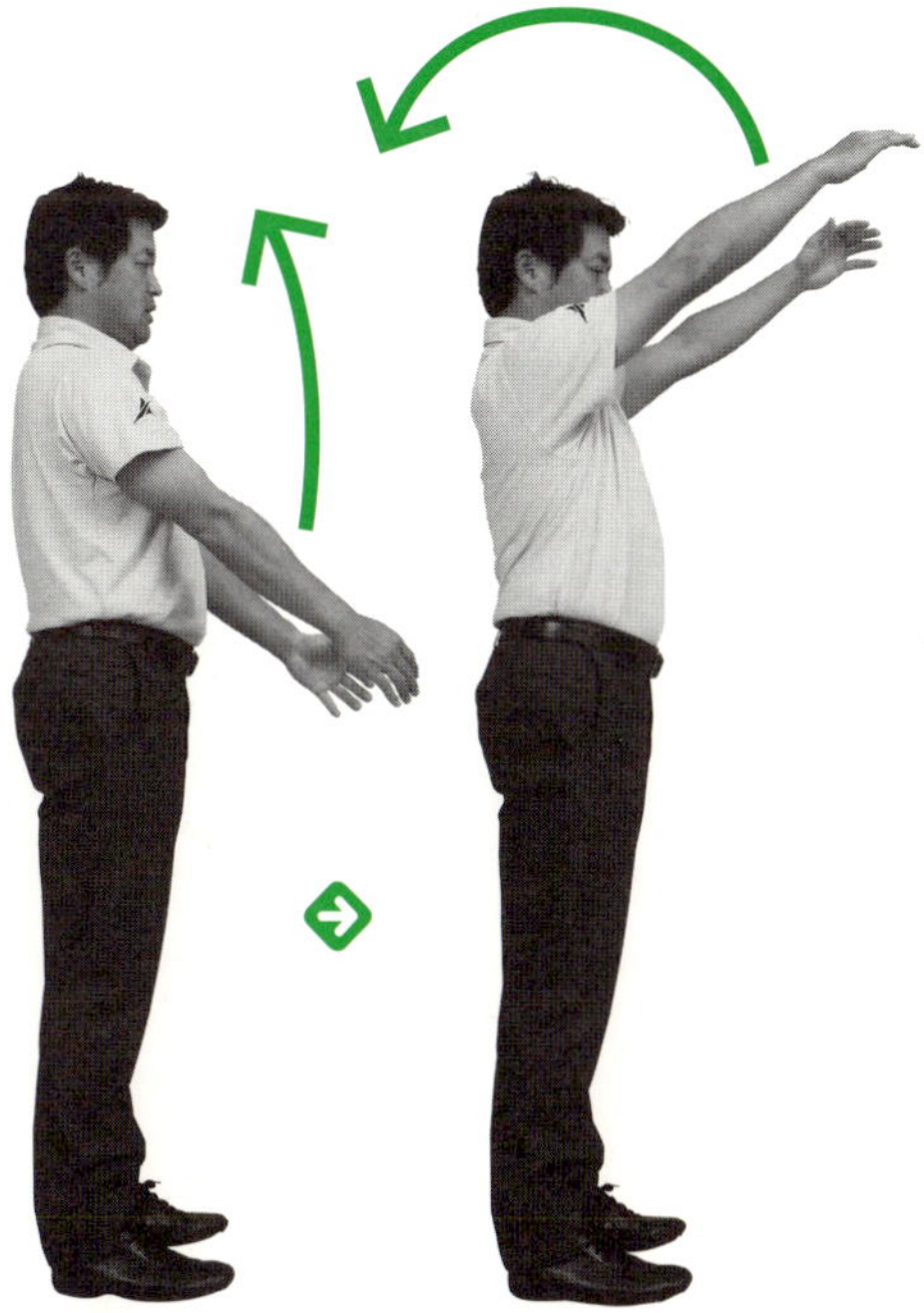

腕が伸びた状態で前から後ろ
に回し、そのまま前屈する

※外旋…… ここでは両腕を前から背中側へ回すこと。また、上腕部が外側に回ることをさす。

④ 注意：Ａタイプのヒジ先、ヒザ先の反転について（重心位置は反転しない）

上腕とヒジ先および大腿部とヒザ先の向き

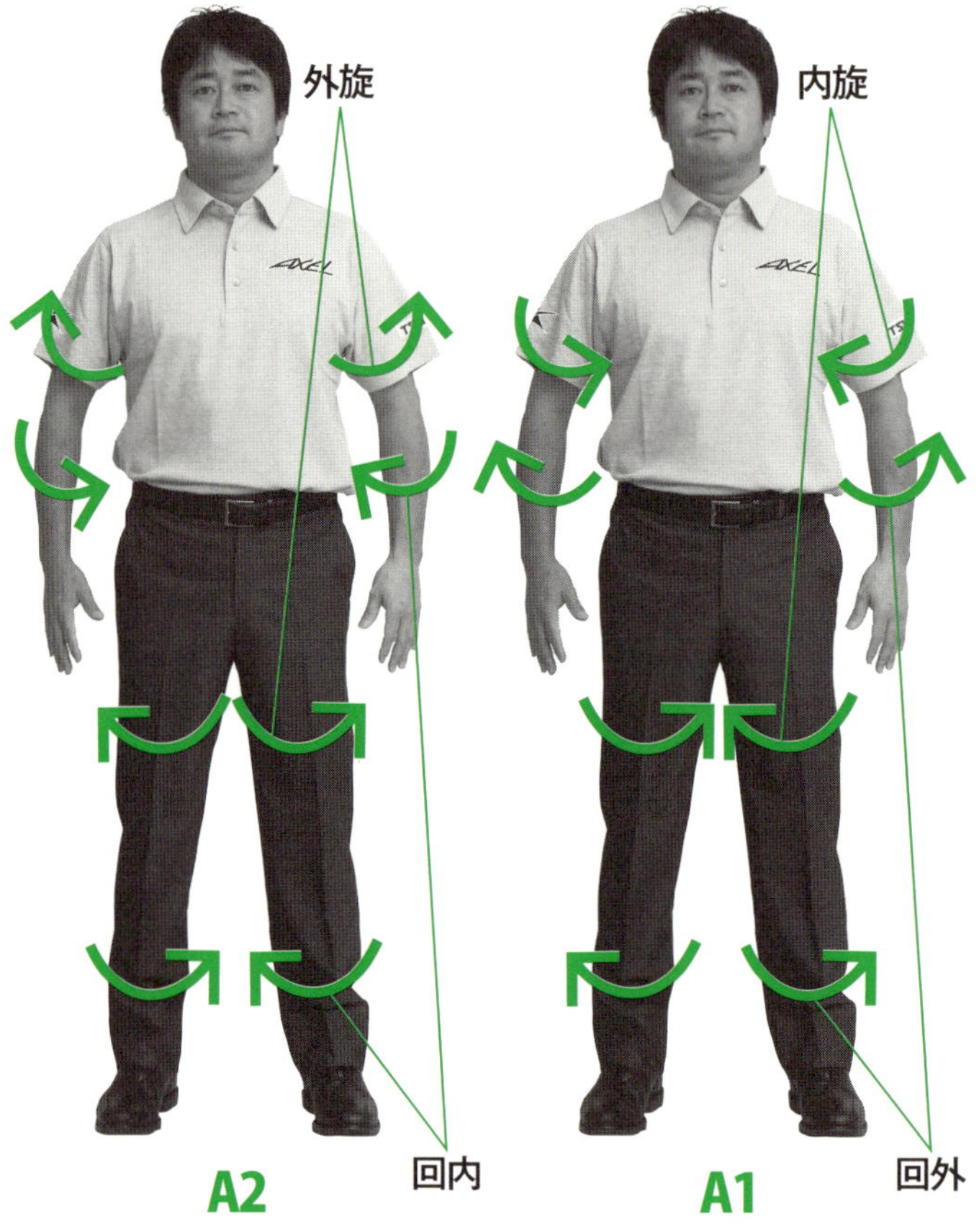

１タイプは内旋型、２タイプは外旋型だが、Ａタイプには注意しておきたいことがある。それは前腕部（ヒジから下）、およびヒザから下が反転することだ。Ａ１の場合、上腕部、大腿部が内旋しても前腕部、ヒザから下は外旋する。また、Ａ２の場合、上腕部、大腿部が外旋しても前腕部とヒザから下は内旋する

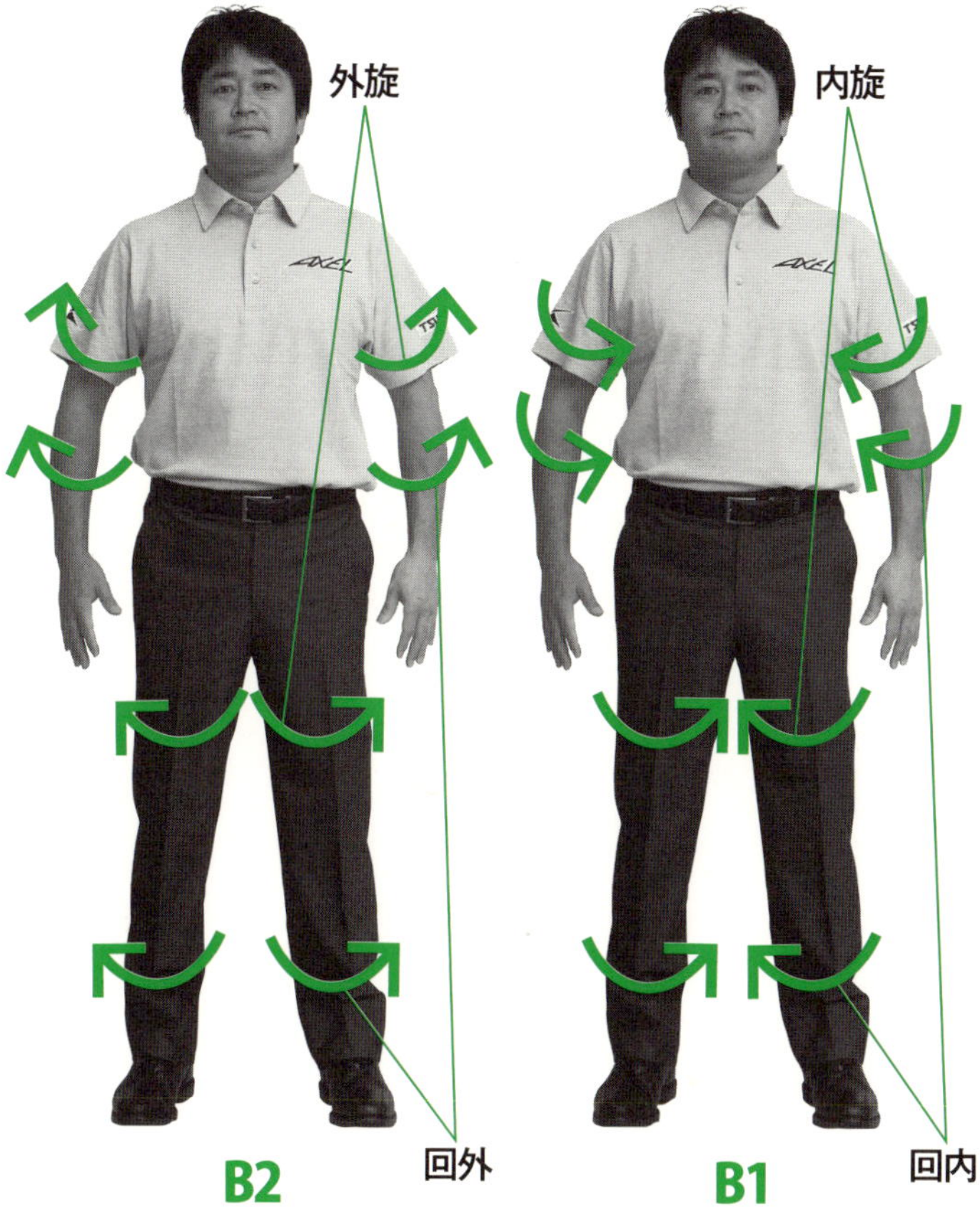

［テーピングの巻き方］

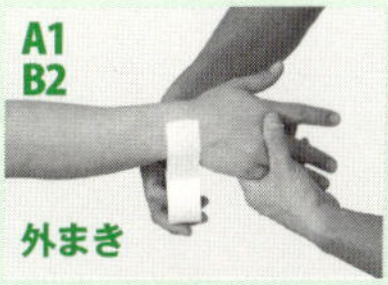

腕にテーピングをする際、腕や足の反転を頭に入れておかないと動きが過度に制約される。たとえば前腕部にテーピングする場合、Ａ１とＢ２は外巻き（写真上）、Ａ２とＢ１は内巻き（写真下）が基本。逆に巻くと動かしづらくなる

Ｂタイプは上腕部（ヒジから上）、前腕部（ヒジから下）および大腿部（ヒザから上）、ヒザから下とも同じ方向に回る。すなわちＢ１は腕と足全てが内旋し、Ｂ２は外旋する

第3章

クロスタイプ（A1、B2）の人間
パラレルタイプ（A2、B1）の人間

A1、A2、B1、B2の4タイプは、
体幹をクロス（＝ねじって）で使うか、
パラレル（＝真っすぐに）で使うかで2分される。
クロスはA1、B2の、
パラレルはA2、B1の動きとなる。

クロスタイプの人間
（A1、B2）

体幹を斜めにねじる（クロス）

斜めに握る

力を出すとき手や足首を
巻き込む［腹筋型］

先端が遅れて動き出す
下半身主導

感覚の神経系が斜めや曲線
（ヨコにゆする）

パラレルタイプの人間
（A2、B1）

1	体幹を真っすぐ使う（同じ側）
2	真っすぐ握る
3	力を出すとき手や足首を 背屈する［背筋型］
4	先端とカラダが同時に動く 上半身主導
5	感覚の神経系が直角や平行 （ヨコにゆすらない）

斜めやヨコに
腕を振れば

クロスタイプ

1 体幹をねじるか真っすぐ使うか

腕を斜めやヨコに振ればクロス

その場で走るイメージで、腕を前後に振ってみる。両手が交差するように斜めに振ったり、腕をヨコに振るようなら体幹をねじるクロスタイプ

[ボールを蹴る]

ボールを蹴るとき、クロスは足を斜め前に蹴り出す

[カラオケ]

カラオケでコブシを入れるとき、クロスは握りコブシを斜めに動かしたり、カラダをヨコに揺すったりする

ほぼ真っすぐに
腕を振れば

パラレルタイプ

ほぼ真っすぐに振ればパラレル

左右の腕が平行に近い関係で、進行方向に向かって真っすぐ振るようなら体幹を真っすぐ使うパラレルタイプ

[ボールを蹴る]

ボールを蹴るとき、パラレルは足を真っすぐ前に蹴り出す

[カラオケ]

カラオケでコブシを入れるとき、パラレルは握りコブシを真っすぐ動かす

投げる手と逆側の
足を踏み出す

クロスタイプ

ボールをトス（スロー）するとき

クロスは投げる手と逆側の足を踏み出す

［キック］

クロスは右手に対して左足を上げると、より高く上がる

［ゴロの捕球］

ゴロを捕球するとき、クロスは斜めに構えたほうが捕球しやすい

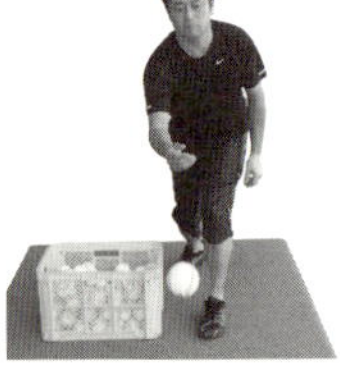

［トス］

ボールをトスするとき、クロスは投げる手と逆側の足を踏み出す

クロスは左足を前に出しながら右手で投げる。体幹をねじって使う

投げる手と同じ側の
足を踏み出す

パラレルタイプ

ボールをトス（スロー）するとき

パラレルは投げる手と同じ側の足を踏み出す

パラレルは右足を前に出しながら右手で投げる。体幹を真っすぐに使う

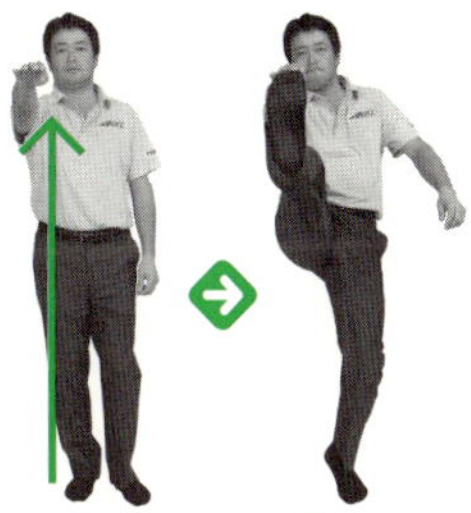

［キック］

パラレルは右手に対して右足は高く上がるが、左足は上がらない

［ゴロの捕球］

ゴロを捕球するとき、パラレルはボールに正対したほうが捕球しやすい

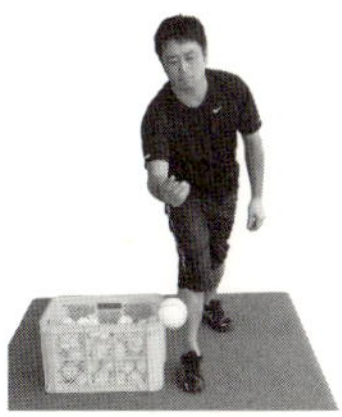

［トス］

ボールをトスするとき、パラレルは投げる手と同じ側の足を踏み出す

クロスタイプ

2 斜めに握るか真っすぐ握るか
クロスは斜めに握る

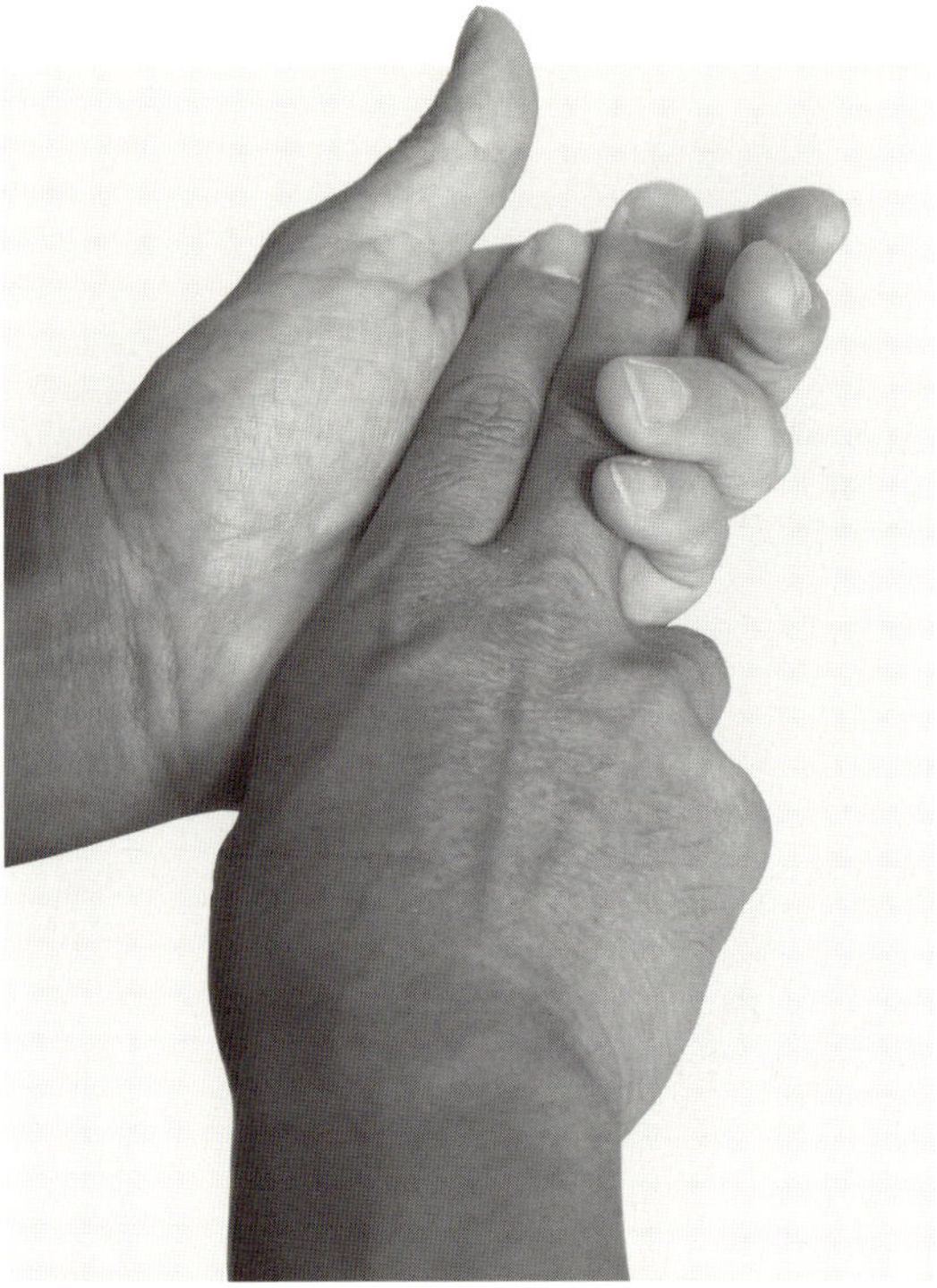

たとえば寿司職人が寿司を握るとき。クロスタイプの職人なら手のひらに対して斜めにシャリをもってネタを合わせる

クロスタイプのすし職人の握り方

[ベンチプレス]

ベンチプレスをするとき、クロスはバーベルを斜めに握ると力が出る。ジムのトレーニング器具でも曲がっている棒が好き

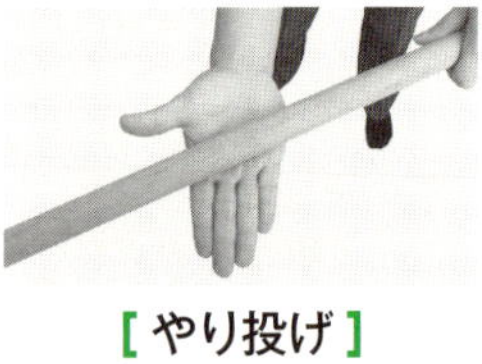

[やり投げ]

やり投げなど棒状のものを投てきするとき、クロスは斜めに握ったほうが投げやすい

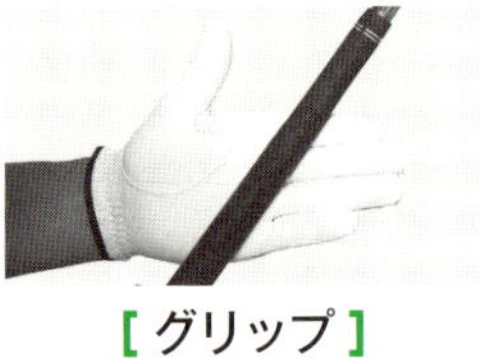

[グリップ]

クロスはグリップを手に対して斜めに握る

真っすぐ握る

パラレルタイプ

パラレルは真っすぐ握る

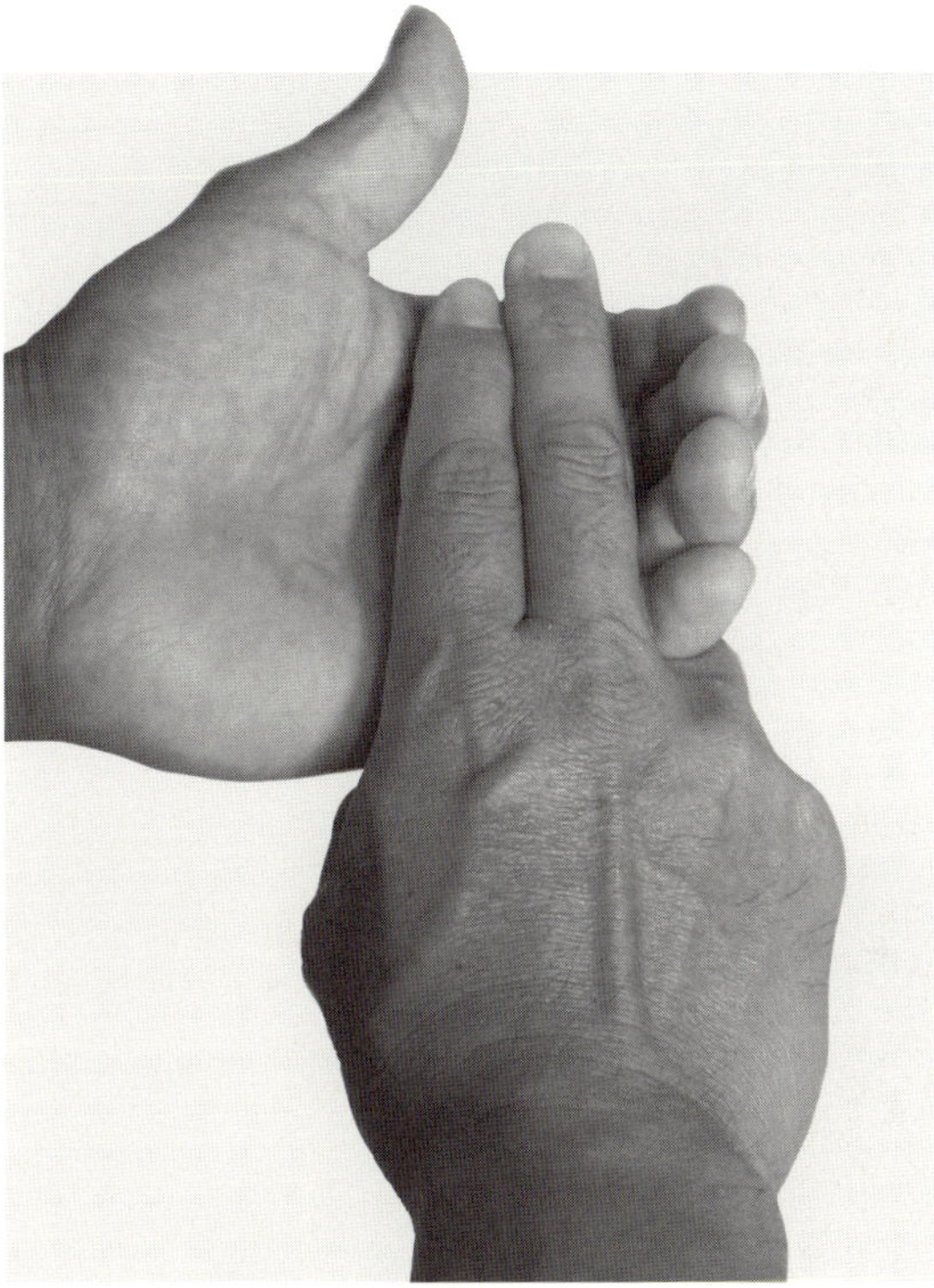

パラレルタイプなら手のひらに対して直角にシャリをもってネタを合わせる

パラレルタイプのすし職人の握り方

[ベンチプレス]

ベンチプレスをするとき、パラレルはバーベルを真っすぐ握ると力が出る。ジムのトレーニング器具でも真っすぐな棒が好き

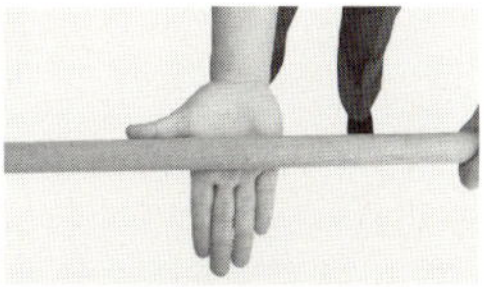

[やり投げ]

やり投げなど棒状のものを投てきするとき、パラレルは真っすぐ握ったほうが投げやすい

[グリップ]

パラレルはグリップを手に対して真っすぐぎみに握る

③ 上半身を巻き込む腹筋型か、手首が背屈する背筋型か

クロスは腹筋型、パラレルは背筋型

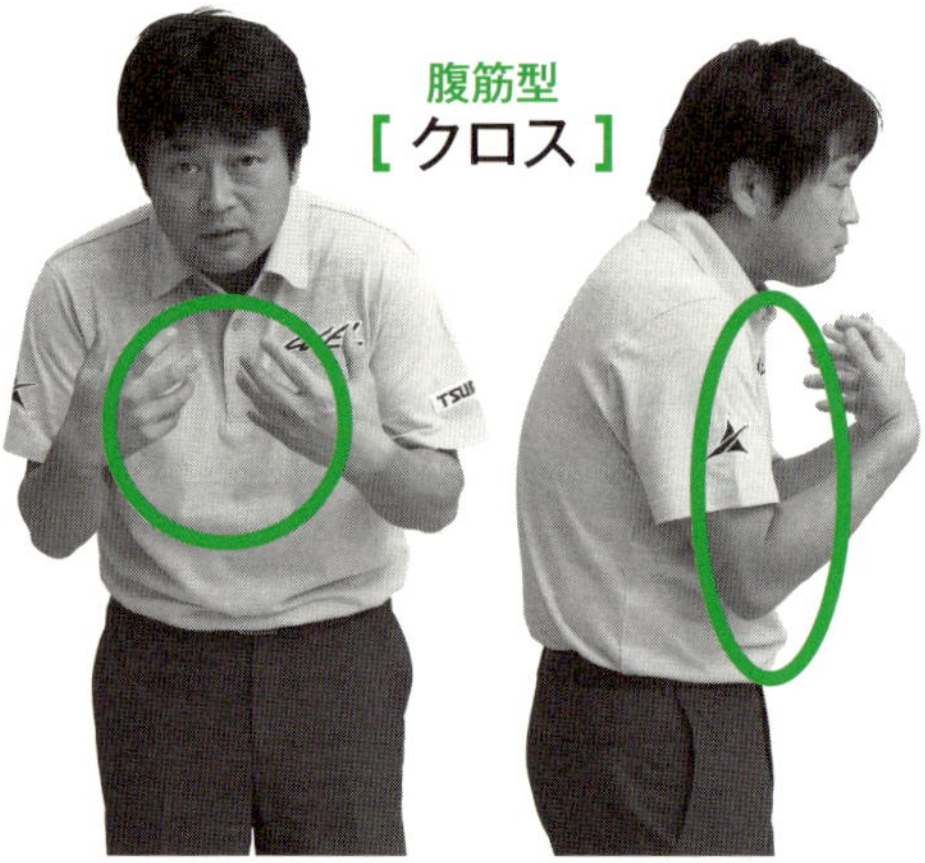

[腹筋]

腹筋をするとき、クロスは胸の前で手を交差し、お腹側に丸まるようにするとやりやすい

Ａ１タイプ、Ｂ２タイプは腹筋型（クロスタイプ）でフトコロが大事。フトコロを作ると動きやすい

腹筋を使いフトコロを作ると動きやすいのがクロス

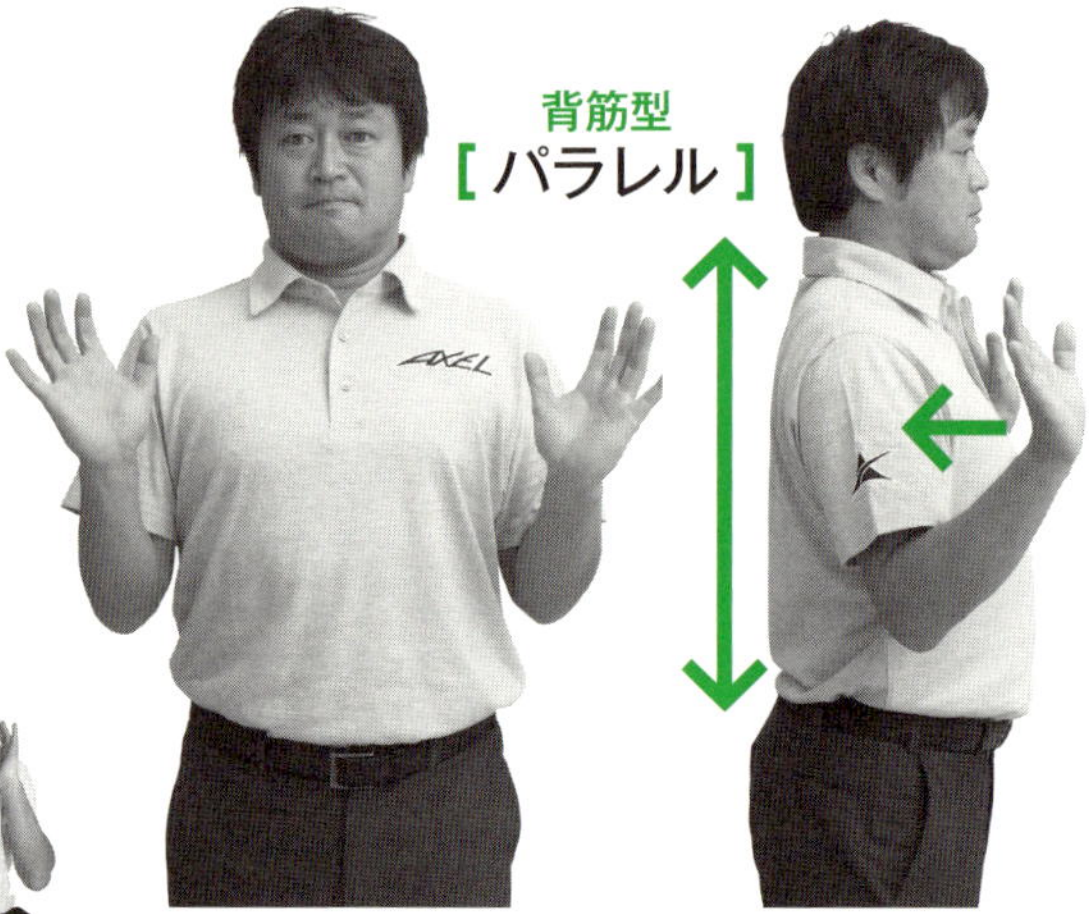

[腹筋]

腹筋をするとき、パラレルは両手を平行にして背中に張りをもたせたほうがやりやすい

Ａ２、Ｂ１は背筋型（パラレルタイプ）。フトコロが狭く、手のカラダが近い

パラレルは背中側に手や手の甲がもっていかれる

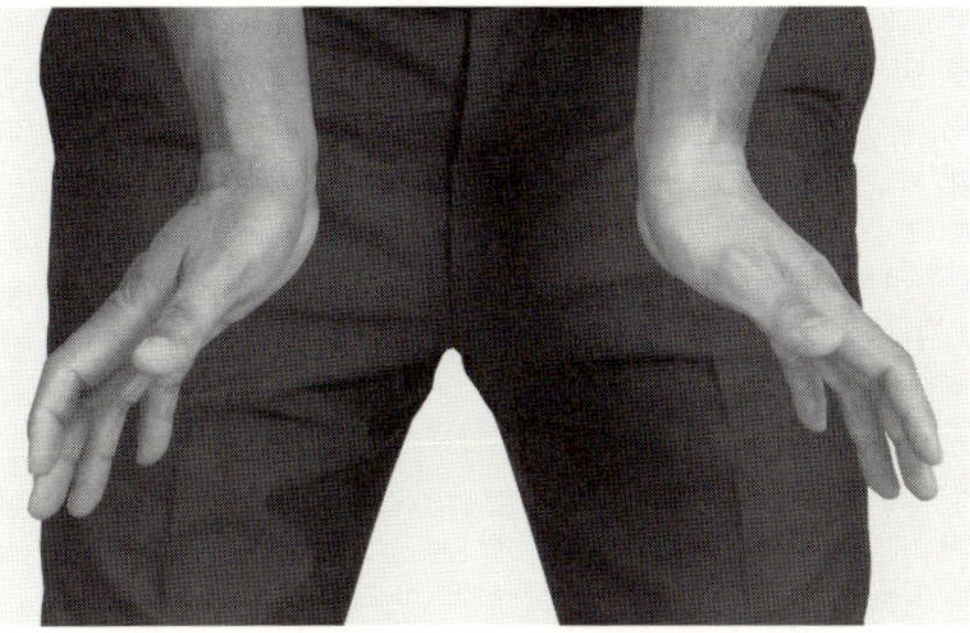

［ A2の背屈 ］

パラレルタイプのうちA２は、力を入れたり安定するとき手首が甲側に折れる動き（背屈）になる

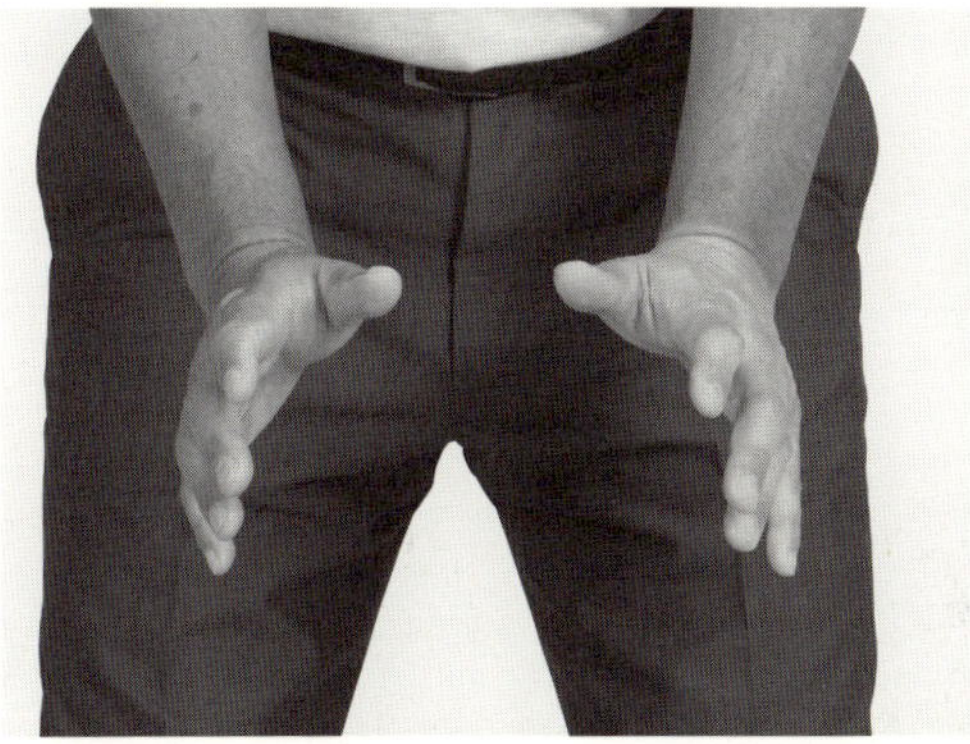

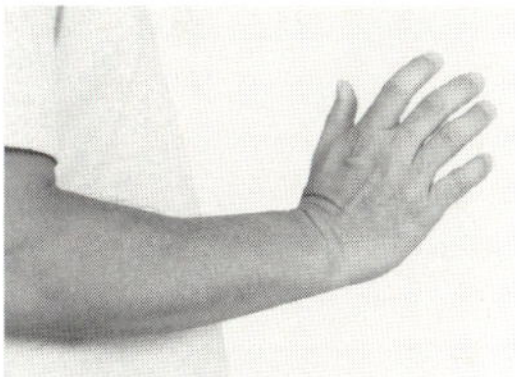

［ B1の背屈 ］

パラレルタイプのうちB１は、力を入れたり安定するとき手首が親指側に折れる動き（とう屈）になる

［ クロス ］

［ パラレル ］

歩くとき、クロスはツマ先とカカトがほぼ同時に着地する。パラレルは足も背屈するのでカカトから着地する

［ クロスの重心イメージ位置 ］

オーソドックスに土踏まずのアーチのあたりを意識すればOK

［ パラレルの重心イメージ位置 ］

足の甲側を意識したほうが踏める。スキーなどで試すとよくわかる

下半身
主導型

クロスタイプ

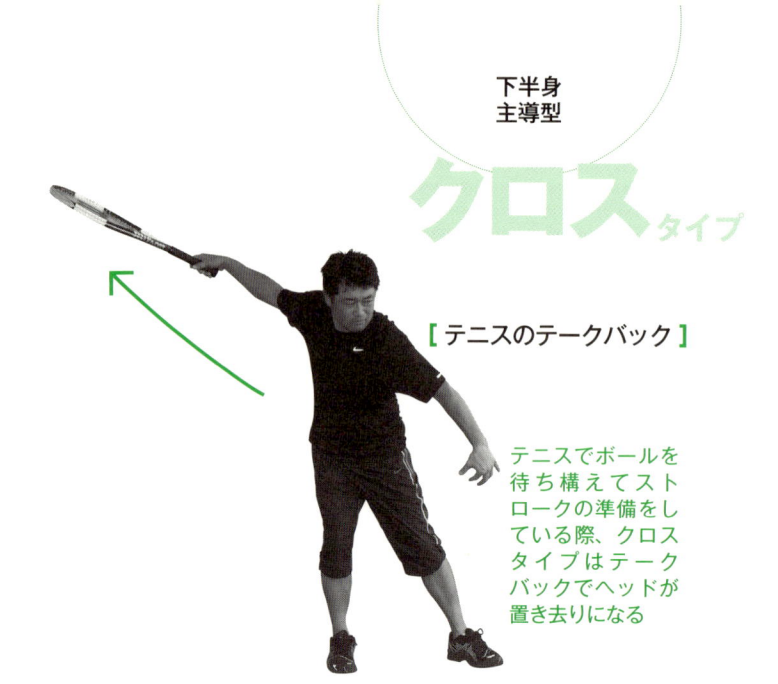

④ 先端が遅れて動き出すか、先端とカラダが同調して動くか

先端が遅れて動き出すのがクロス

［テニスのテークバック］

テニスでボールを待ち構えてストロークの準備をしている際、クロスタイプはテークバックでヘッドが置き去りになる

［クロスタイプ］

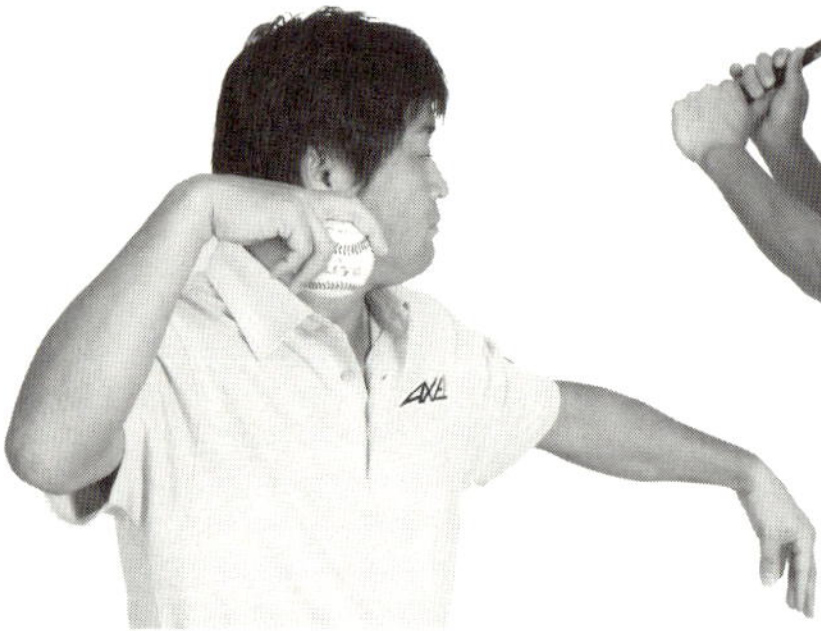

先端が遅れて動くクロスはボールを投げるときに手首を巻き込む

ゴルフではクラブが先端にある。よって先端が遅れて動き出すクロスタイプは、ダウンスイングで下半身が先に動く「下半身主導型」になる

上半身
主導型

パラレルタイプ

カラダと同調して動くのがパラレル

［テニスのテークバック］

テニスでボールを待ち構えてストロークの準備をしている際、パラレルはコックが早い

［パラレルタイプ］

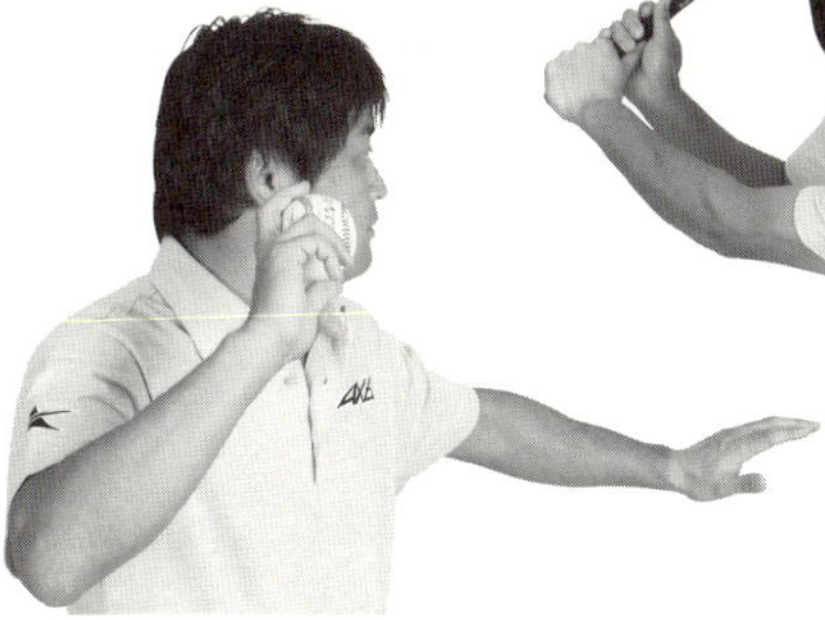

パラレルはボールを投げるとき
手首を早めに背屈する

先端に位置するクラブとカラダがほぼ同時に動き出すパラレル。ダウンスイングでは上半身と下半身のねん転時間が少なく、いわゆる「上半身主導型」になる

斜め
曲線型

クロスタイプ

5 感覚の神経系が曲線的か、直線的か

曲線的な感覚のクロス

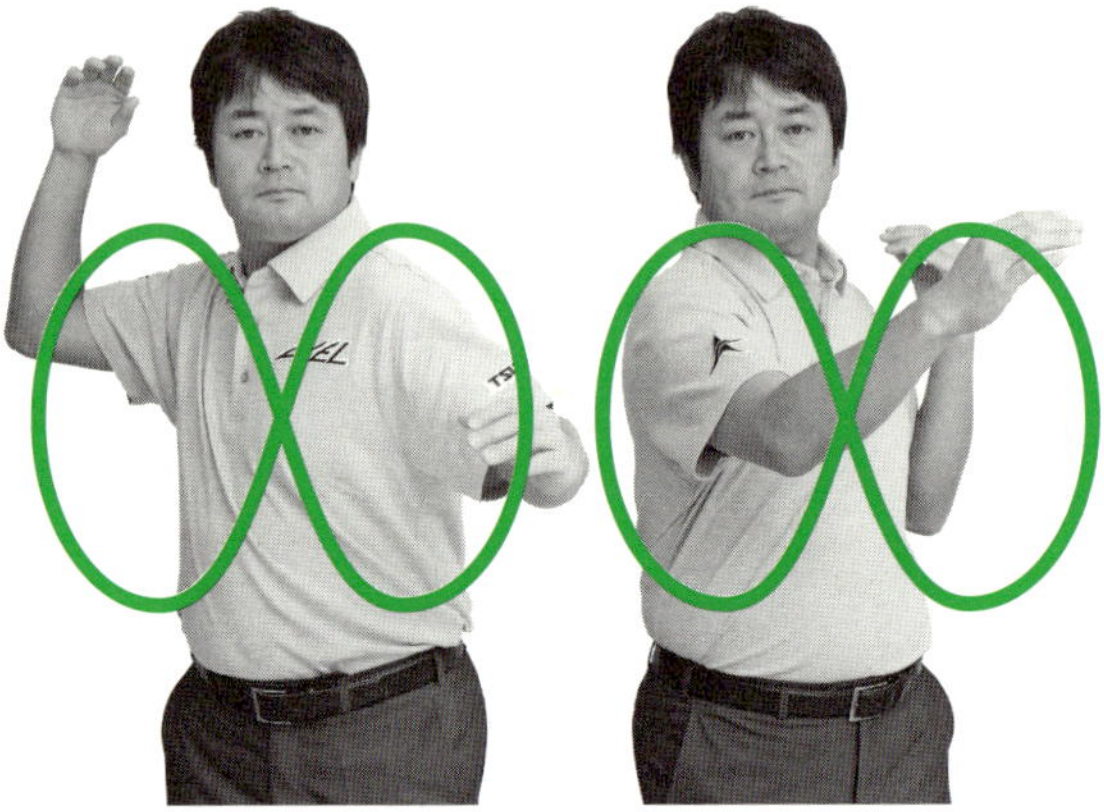

手を丸く交差させるようにして8の字を描く

[お尻歩き]

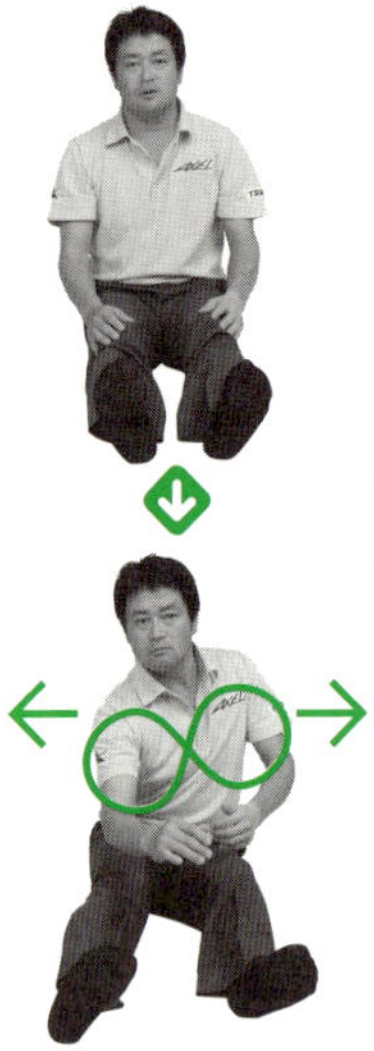

座ったままお尻を使って歩くと、クロスはヨコに体重を揺すりながら前に進む

手が斜めやヨコやまあるく動いてリズムをとる

ストレート
直角型

パラレルタイプ

直線的な感覚のパラレル

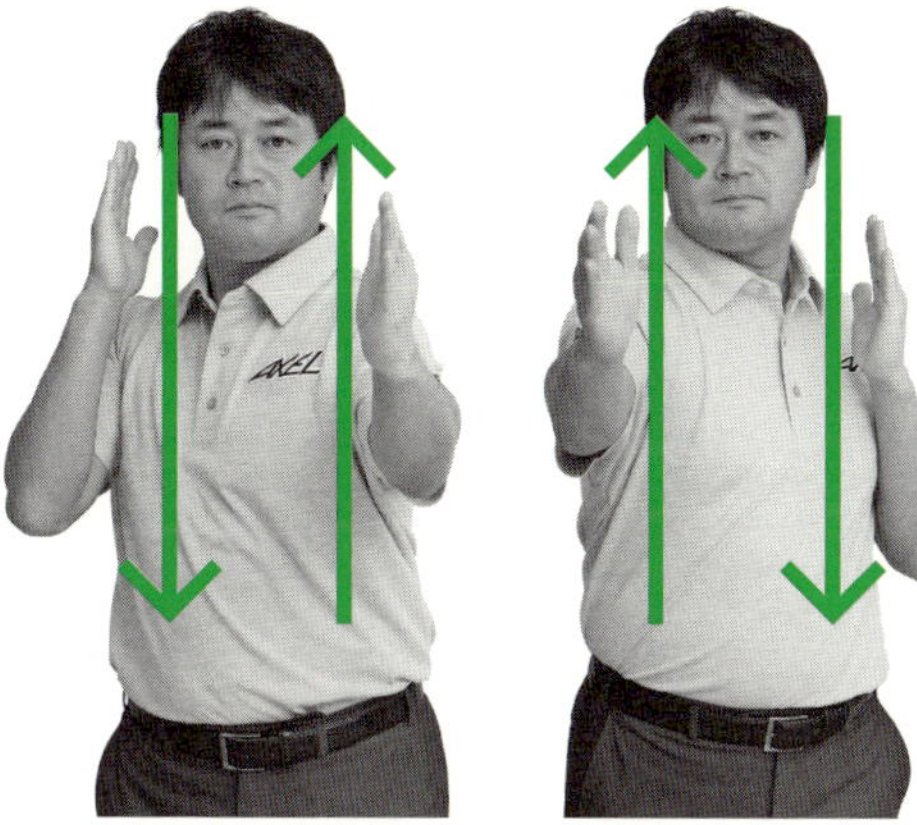

背骨を軸に直線的に入れ替える

[お尻歩き]

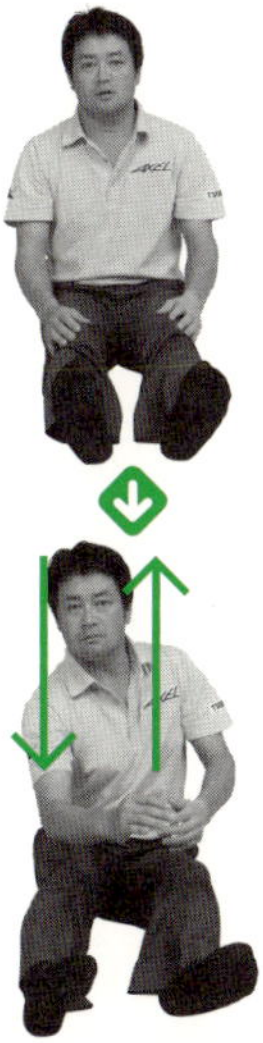

座ったままお尻を使って歩くと、パラレルは背骨を中心に体幹の入れ替えのみで進む

前後や上下に動かしてリズムをとる

タイプ別早見チャート

Aタイプ

指先派

伸びる派

出力側に対して前軸

P2、P4、5が基準

P2、P4の安定

P2サブの安定

P2、4、5を近づけたり
直線上に揃える

腕の位置が高い

Bタイプ

手のひら派

縮み派

出力側に対して後軸

P1、P3、5が基準

P1、P3の安定

P1サブの安定

P1、3、5を近づけたり
直線上に揃える

腕の位置が低い

1タイプ

人さし指と中指を
メインに使う

太モモの内旋
（重心が内側）

上腕部の内旋

2タイプ

薬指と中指を
メインに使う

太モモの外旋
（重心が外側）

上腕部の外旋

A2 & B1	**A1 & B2**
↓	↓
パラレル	**クロス**
↓	↓
体幹を真っすぐ使う （同じ側）	体幹を斜めにねじる （クロスに使う）
真っすぐ握る	斜めに握る
力を出すとき 手や足首を背屈する ［背筋型］	力を出すとき 手や足首を巻き込む ［腹筋型］
先端とカラダが 同時に動く 上半身主導	先端が遅れて動き出す 下半身主導
感覚の神経系が 直角や平行 （タテや前後のイメージ）	感覚の神経系が 斜めや曲線 （ヨコにゆする）

本編

4スタンスゴルフ【ヨコタメソッド】

第1章

グリップ

グリップは重要テーマのうちのひとつ。
ゴルフのすべてはグリップで決まる
といっても過言ではない。
昔のトッププレーヤーは、
良いグリップができると忘れないように、
クラブに手を縛りつけたまま
寝たという話もあるくらいだ。

左手

❶ パワーライン
タイプ別のパワーラインに近づけてグリップ

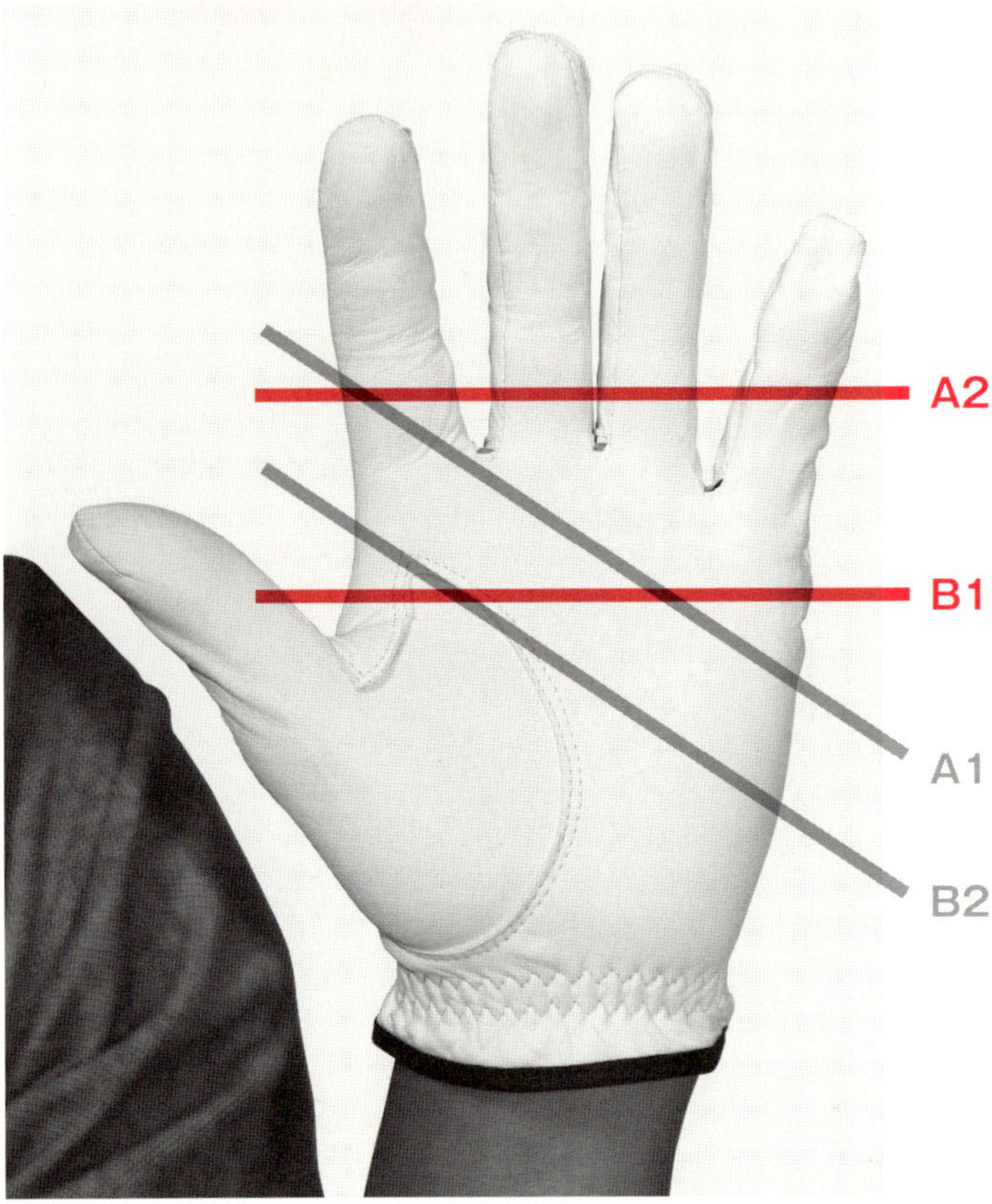

日常生活でモノを握ったり、クラブを握るときにもタイプによって違いが出る。

これまではそれをフィンガーグリップ、パームグリップ、真っすぐ握る、斜めに握る、などという言い方で分類してきたが、ここではパワーラインが分類の指標となる。

すなわち、A1、A2、B1、B2の4タイプにそれぞれ適したパワーラインが存在し（写真参照）、そのラインになるべく近づけてモノやクラブを握ることで、すべてのパフォーマンスが向上するというわけだ。

ただし、ゴルフではボールの位置やクラブのライ角などさまざまな条件や要素が絡んでくる。基本的にはいちばん楽で自然な位置で握ることにより、結果的にパワーラインに近づいてくるという性格のものなので、各々のパワーラインを参考に「ここで握るとしっくりくる」というポジションを見つけてほしい。

パワーライン

右手

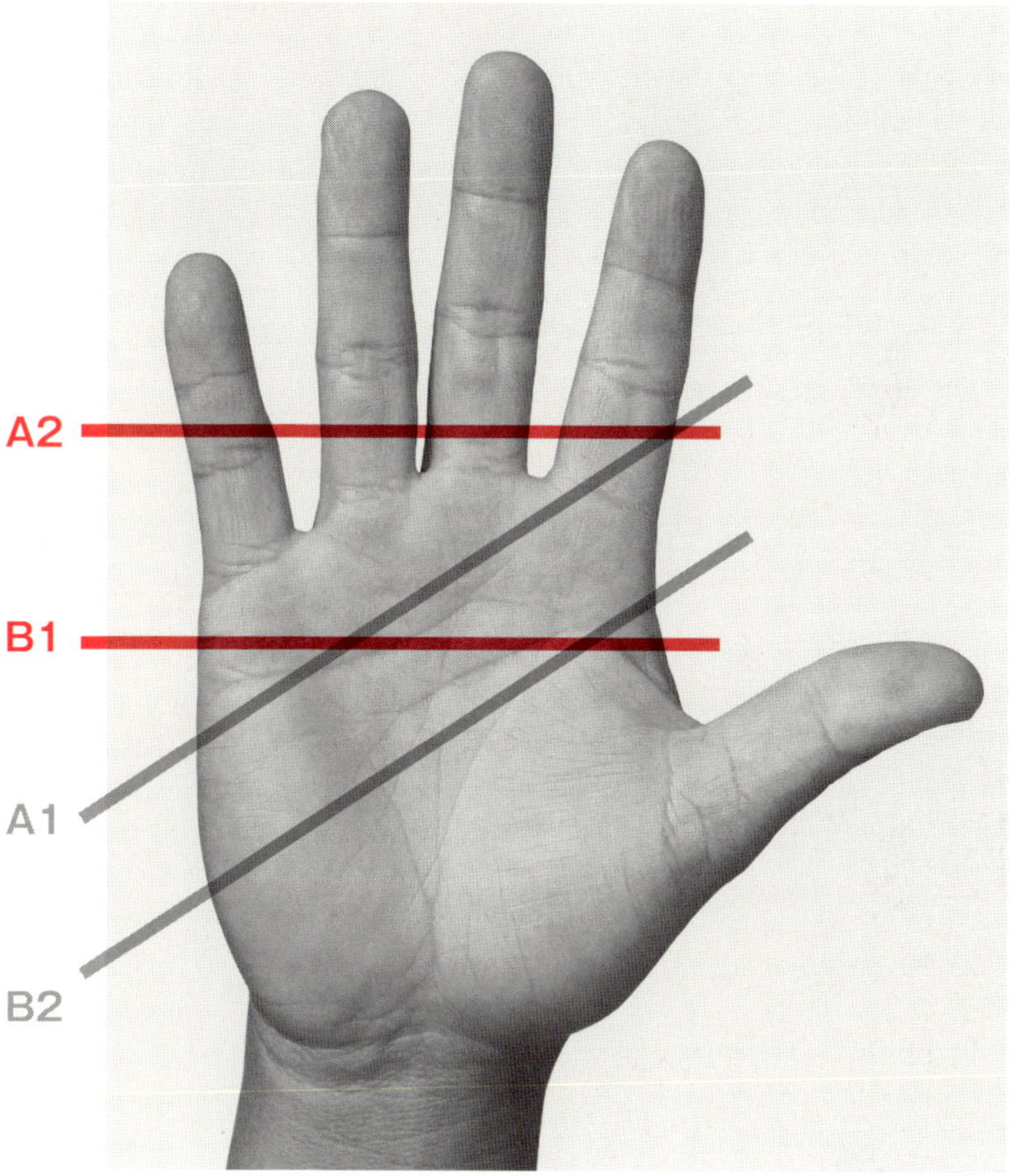

❷ クロス（A1、B2）とパラレル（A2、B1）

クロスは丸まる

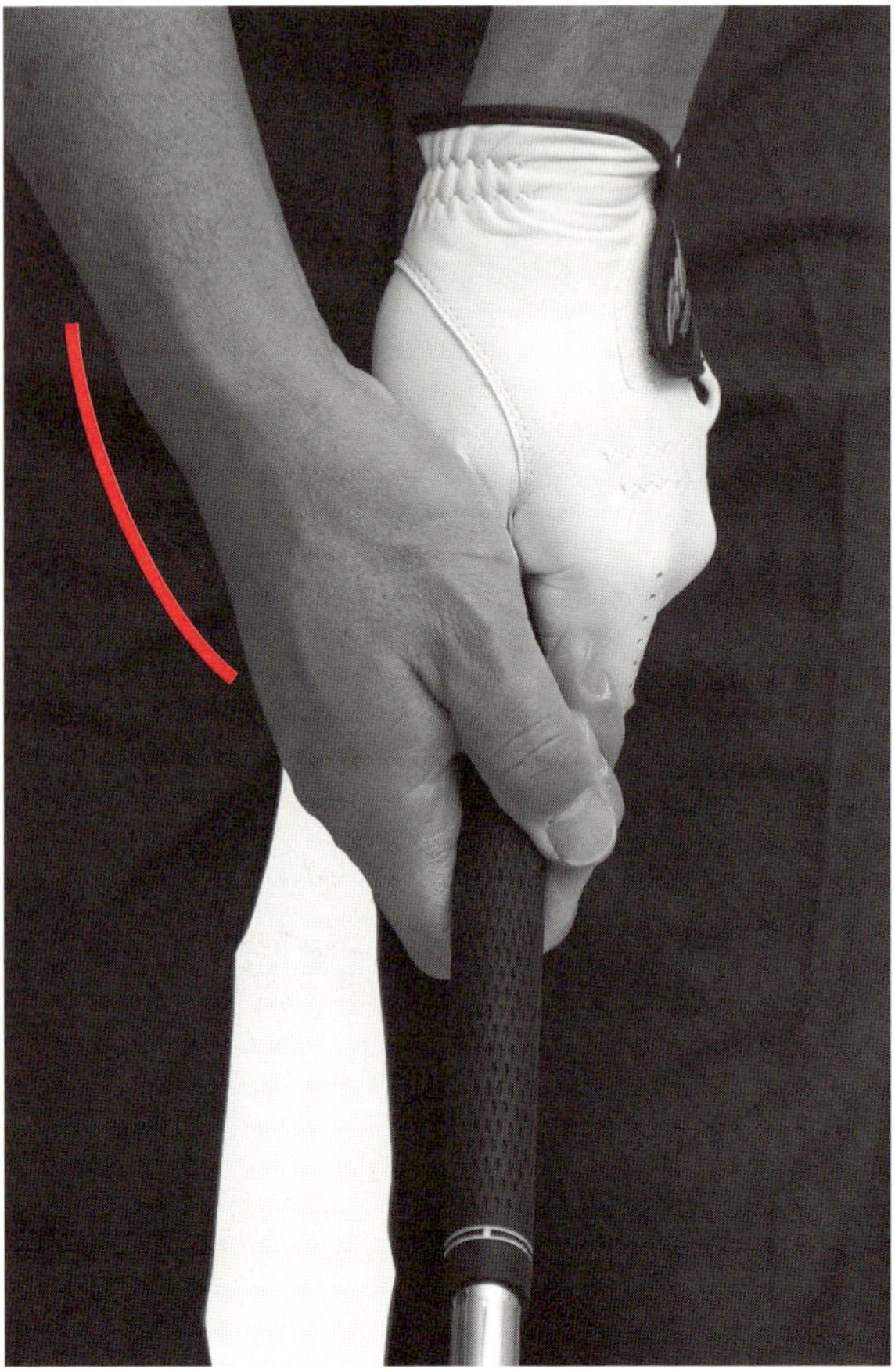

クロス

丸まるように握る

手のひら側を意識したほうがしっくりくるので、手を甲側に反らせたり、甲側に張りをもたせるのは苦手

クロスは丸まるイメージ。
指紋をつけるように
手の内側で握る

パラレルは甲側に張りをもつ

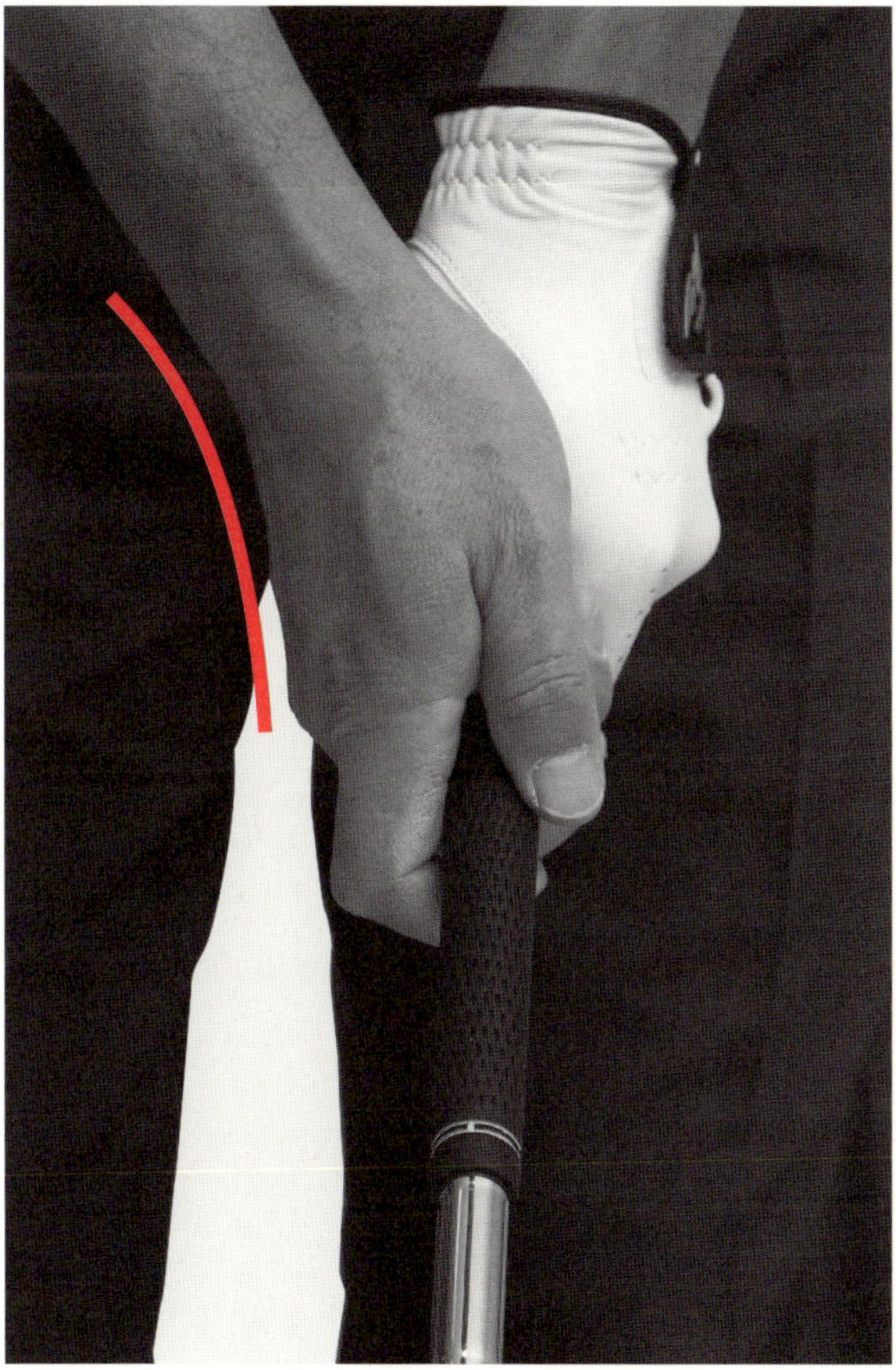

パラレル

手の甲側に張りをもつ

手の甲側を意識するとしっくりくるタイプ。甲側に張りをもたせるとパフォーマンスが向上する
※Ｂ１タイプは親指方向に折るとう屈側に張りをもつことで安定し、パフォーマンスが向上する

手の甲側に張りをもたせ、
甲側を反らすように握る

③ グリップする手順［A1］

左手はスクエアからフック、右手はスクエアからややフック

フィンガーで手に対して斜めに握る

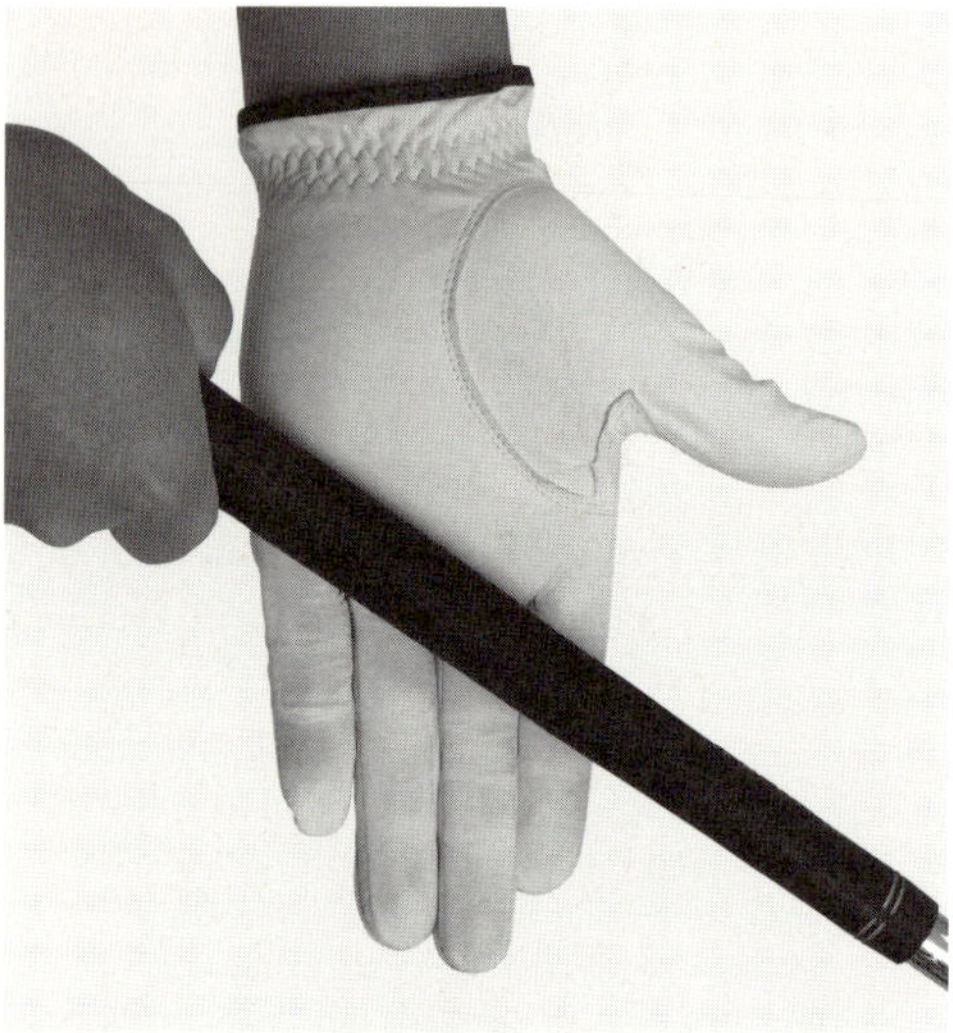

左手はフィンガーの斜めで握るため、フックになりやすい。しかし、ヒジから先が回外するためスクエア気味でもよい

※スクエアとは…… 親指と人さし指のつけ根でできるV字が、右手、左手ともに右頬を指すくらいの角度で握るグリップ

A1（クロス）のグリップ

フィンガー
斜めに握る
ショートサム［左］
LEFT
←ウィーク
スクエア
フック→
4 3 2 1 0 1 2 3 4
やや丸まる、手の甲に張りは持たない［右］
RIGHT
←ウィーク
スクエア
フック→
4 3 2 1 0 1 2 3 4

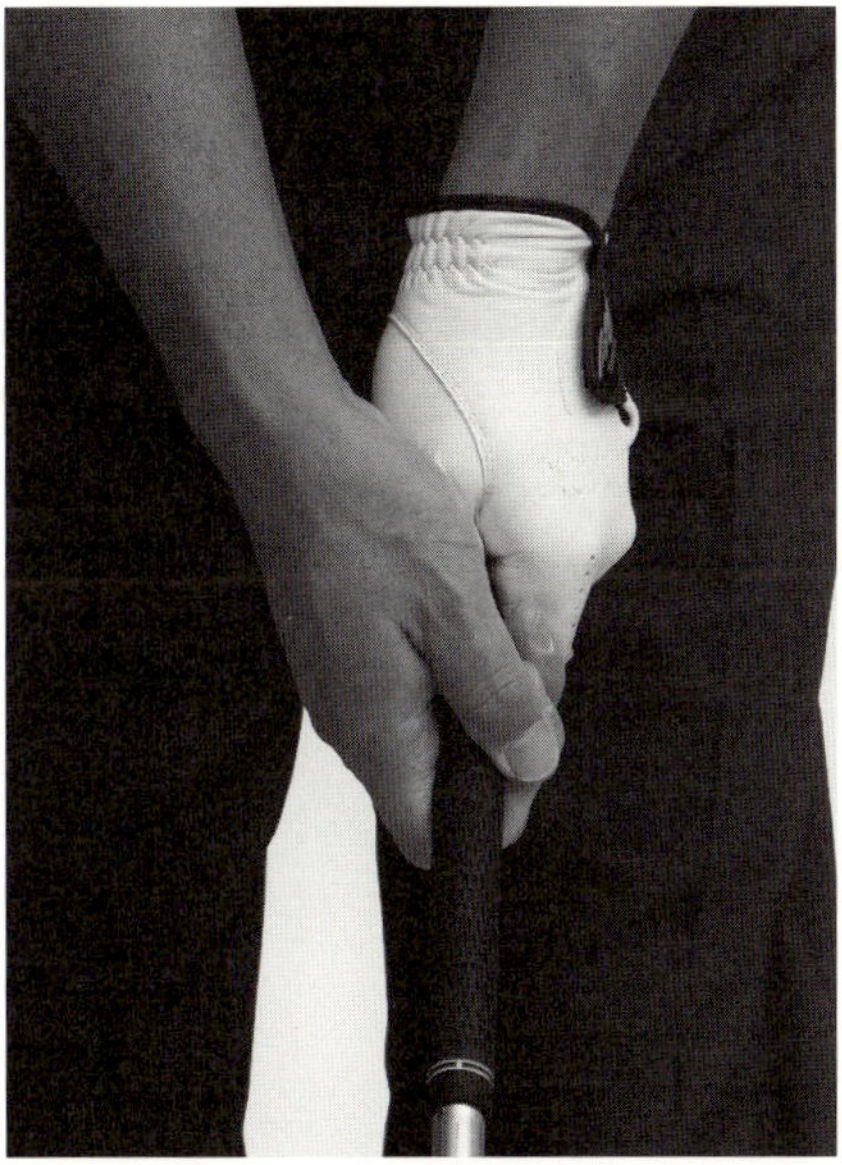

右手はヒジ先が外旋するためややフック気味になる場合もあるが、右手人さし指の第2関節がメインジョイントのためトリガーの軽いウィークという感じでもよい

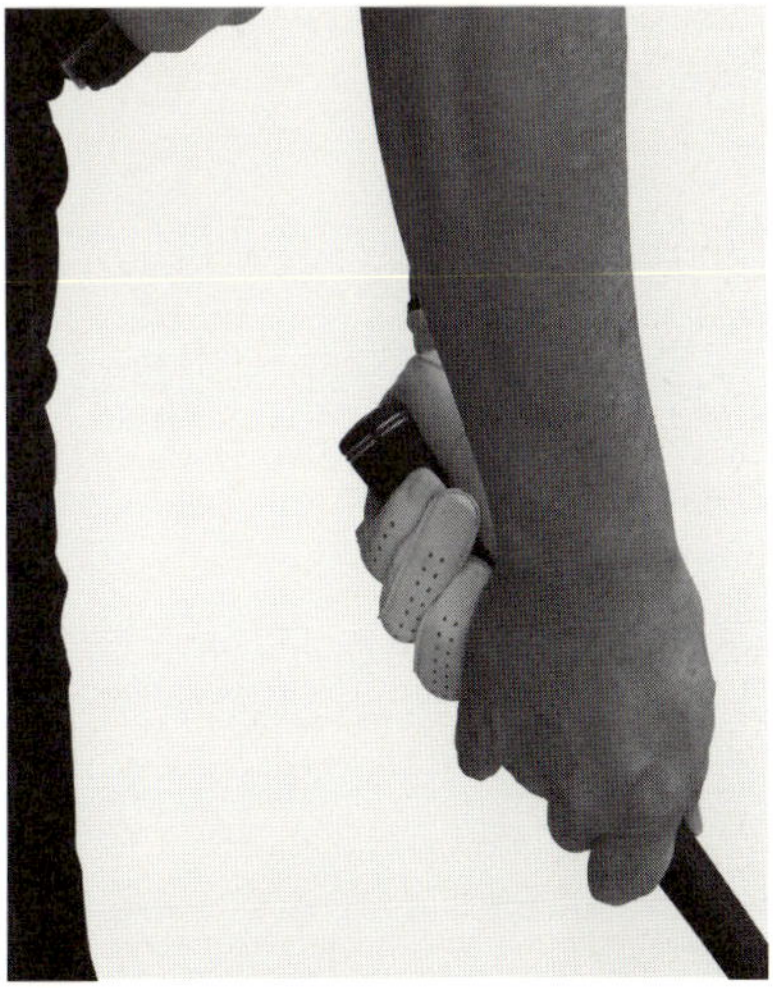

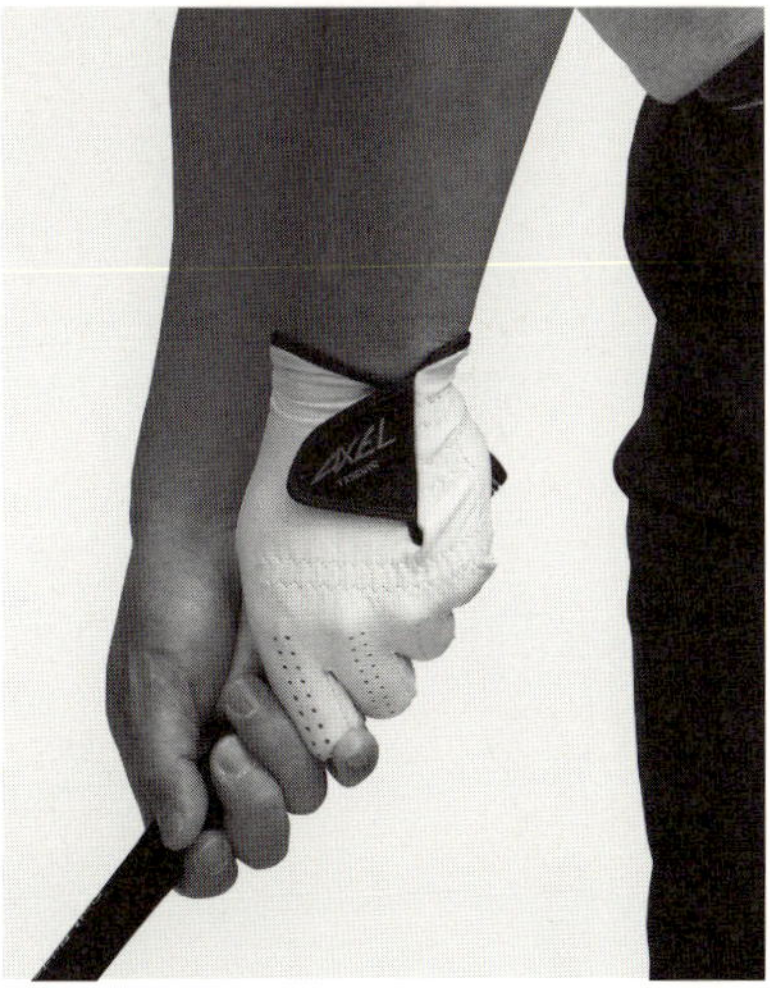

斜めになった指先で持っている感じ

グリップする
手順

A2

3 グリップする手順［A2］

両手で絞り甲側に張りをもたせる代表的なトリガーグリップ

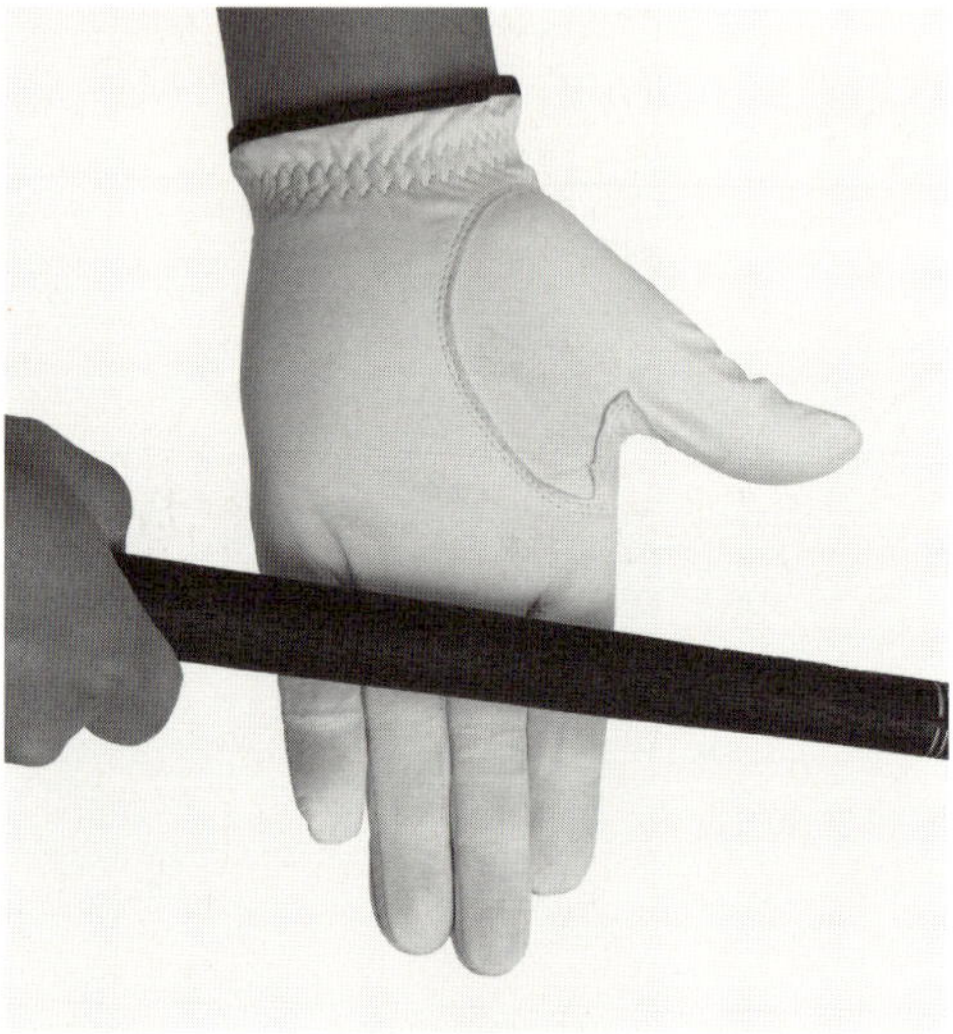

フィンガーで手に対し直角ぎみに持つ

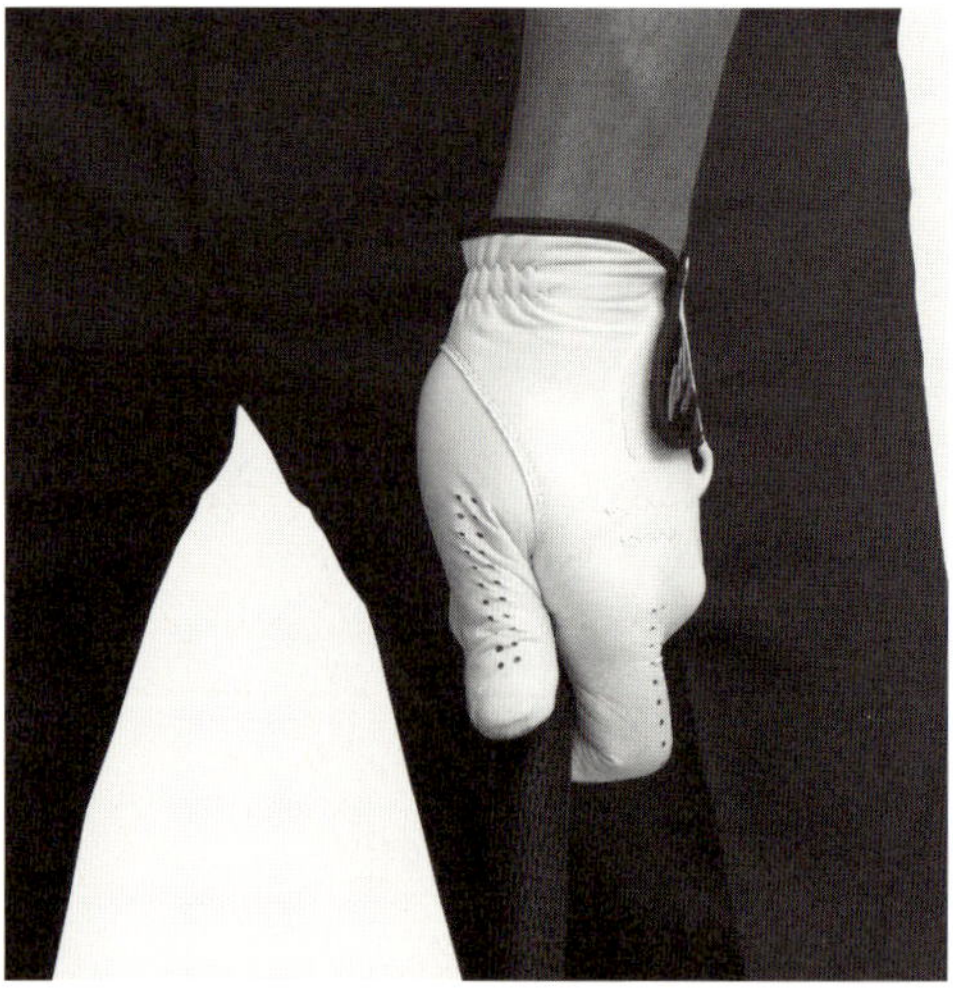

手に対して真っすぐ気味に入れフィンガーで握るため、おおむねスクエアグリップになる

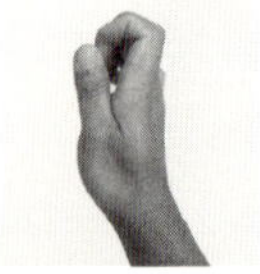

※トリガーとは…… グリップするとき右手人さし指を折り曲げてできたカギ型のこと。引き金を引くカタチに似ているためトリガーと呼ぶ

A2（パラレル）のグリップ

フィンガー | ほぼ直角に握る

ミドルサム［左］
LEFT
←ウィーク　スクエア　フック→
4　3　2　1　0　1　2　3　4

トリガーグリップ［右］
RIGHT
←ウィーク　スクエア　フック→
4　3　2　1　0　1　2　3　4

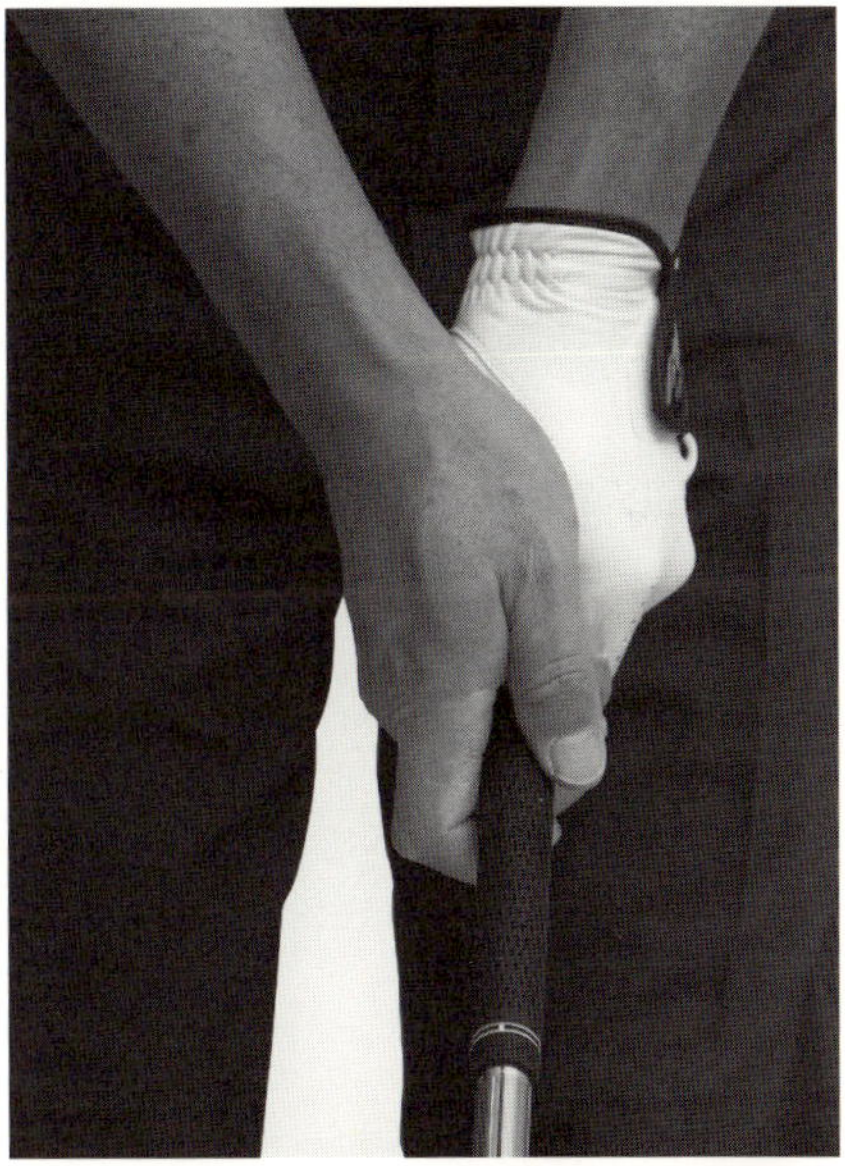

4タイプの中でいちばんトリガーになりやすい。右手の人さし指でトリガーを作って反らす。ヒジから先が回内するため、左右両手とも絞る感じもよい。中指と薬指の指先で握り、手に対してシャフトが真っすぐ気味になる

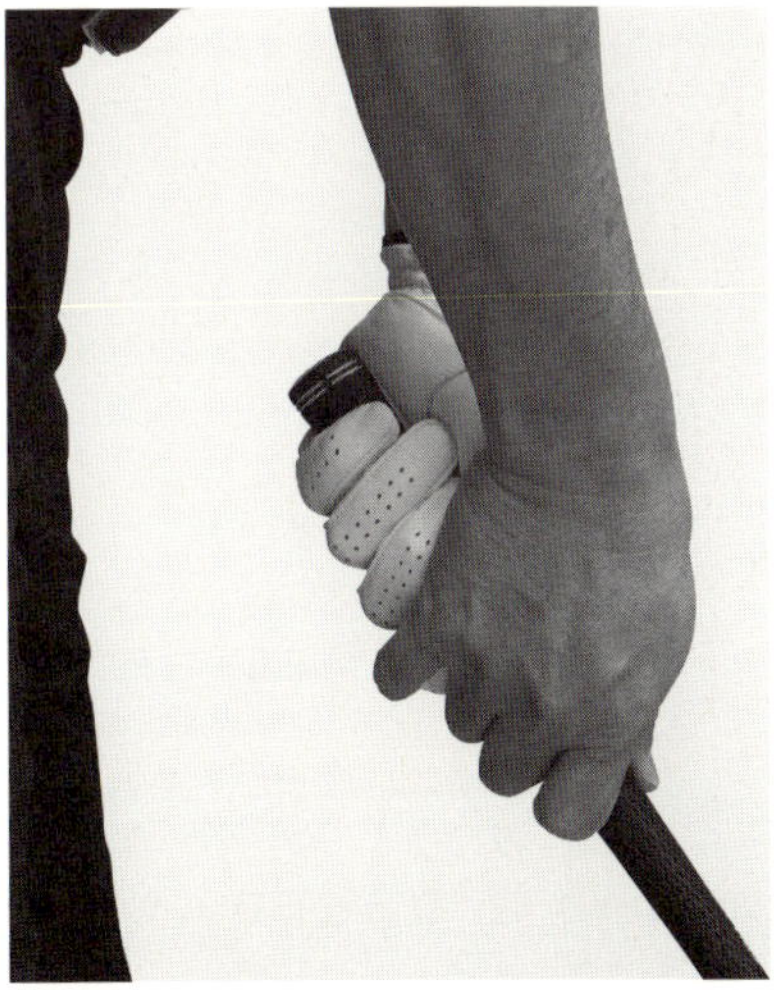

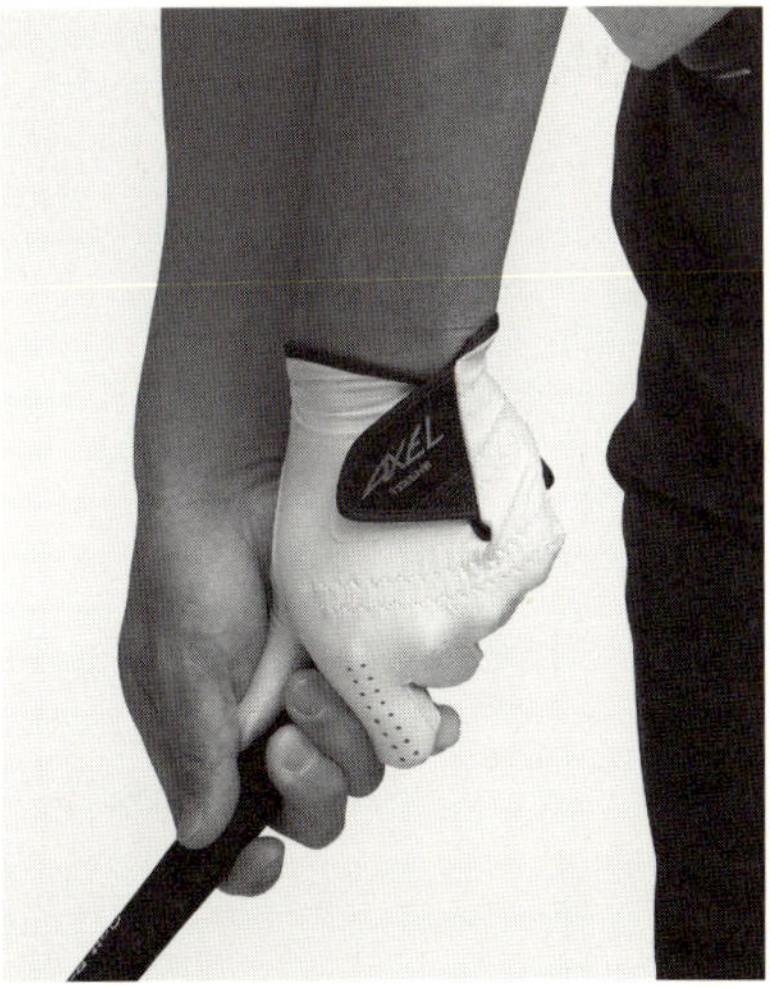

グリップに対しなるべく直角ぎみに指で握る

グリップする
手順
B1

3 グリップする手順［B1］

左手はロングサム、右手もやや深く握る

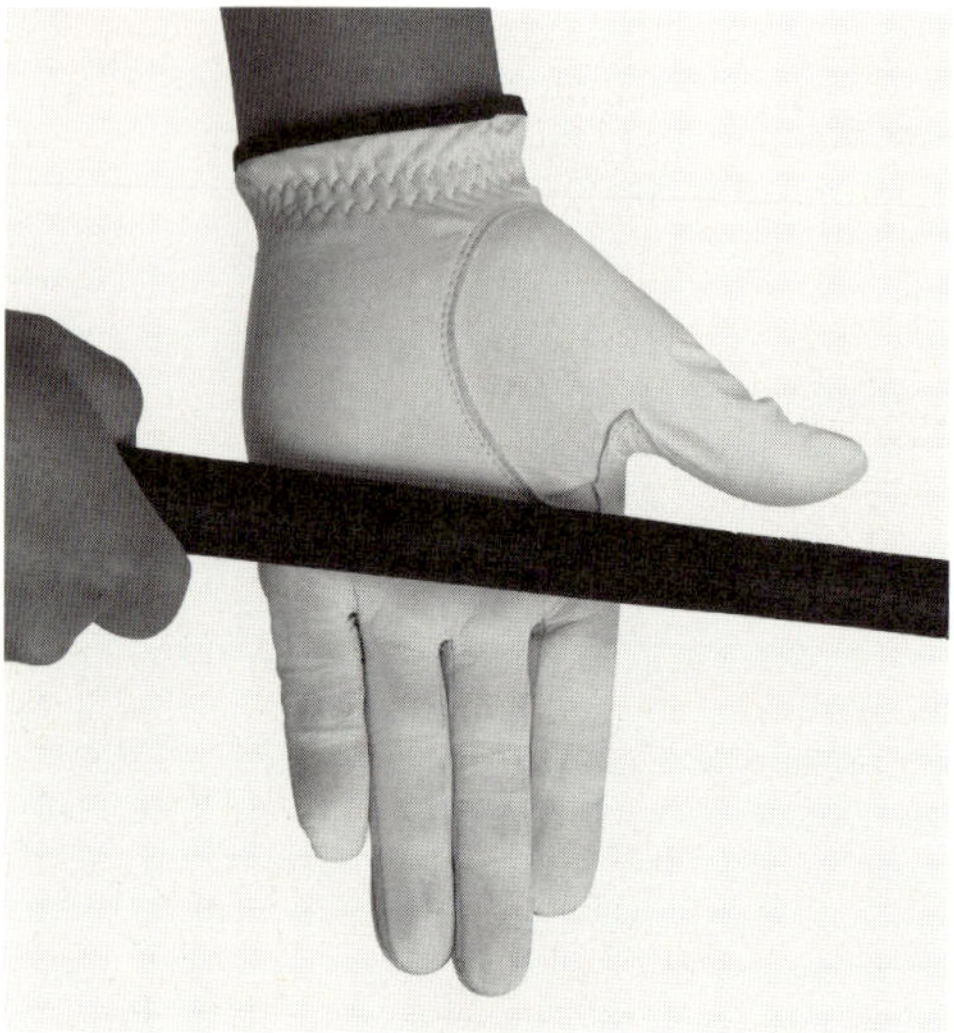

パームで手に対して直角ぎみに握る

手のひら側でパームに握るので、手に対してシャフトが真っすぐ気味になり、結果左手はロングサムになりやすい。左手はパワーライン重視のウイークから左腕の内旋重視のややフックのどちらでもよい

B1（パラレル）のグリップ

パーム | ほぼ直角に握る

やややロングサム［左］

LEFT		
←ウィーク	スクエア	フック→
4 3 2 1	0	1 2 3 4

手の甲（橈屈側）に張りを持つ［右］

RIGHT		
←ウィーク	スクエア	フック→
4 3 2 1	0	1 2 3 4

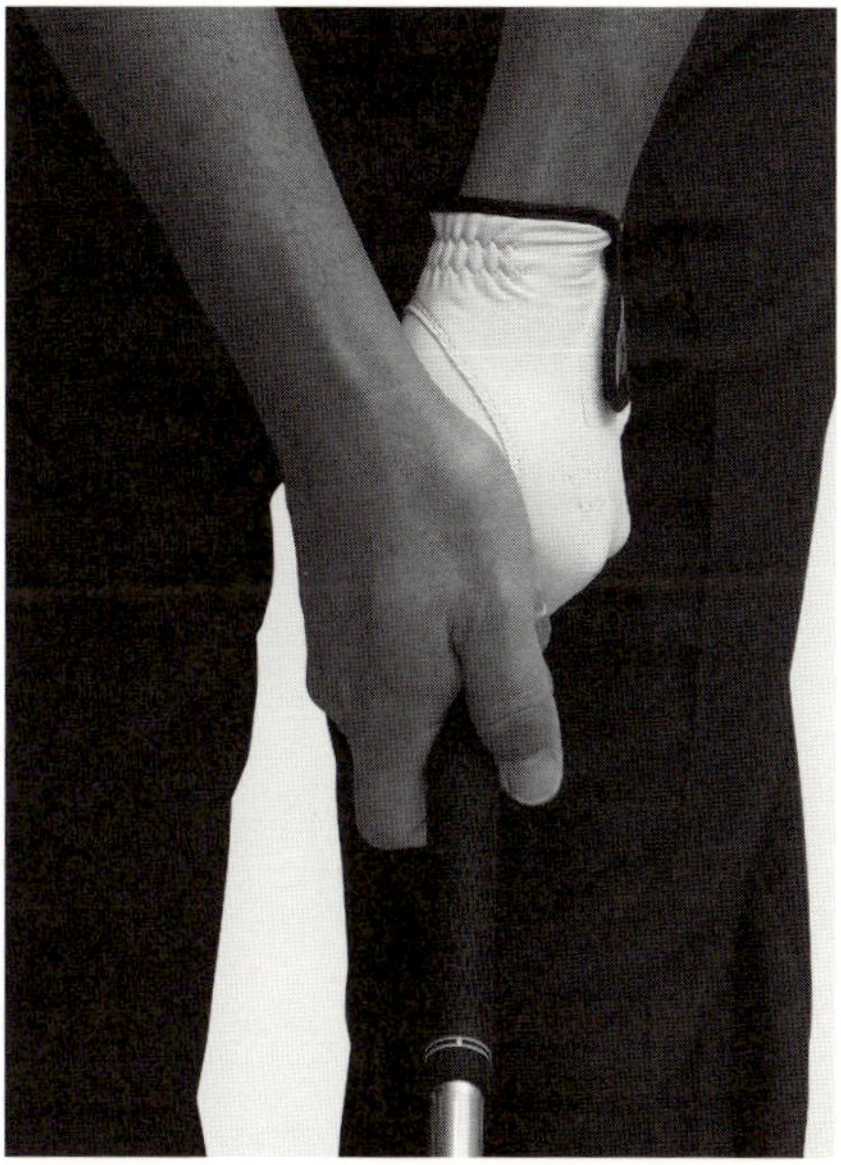

Bタイプは両手で挟むように握る。右手はパームのため深く握り、ややフックになるケースも多いが、B1は右腕全体が内旋のため強めのウイークになる場合もある

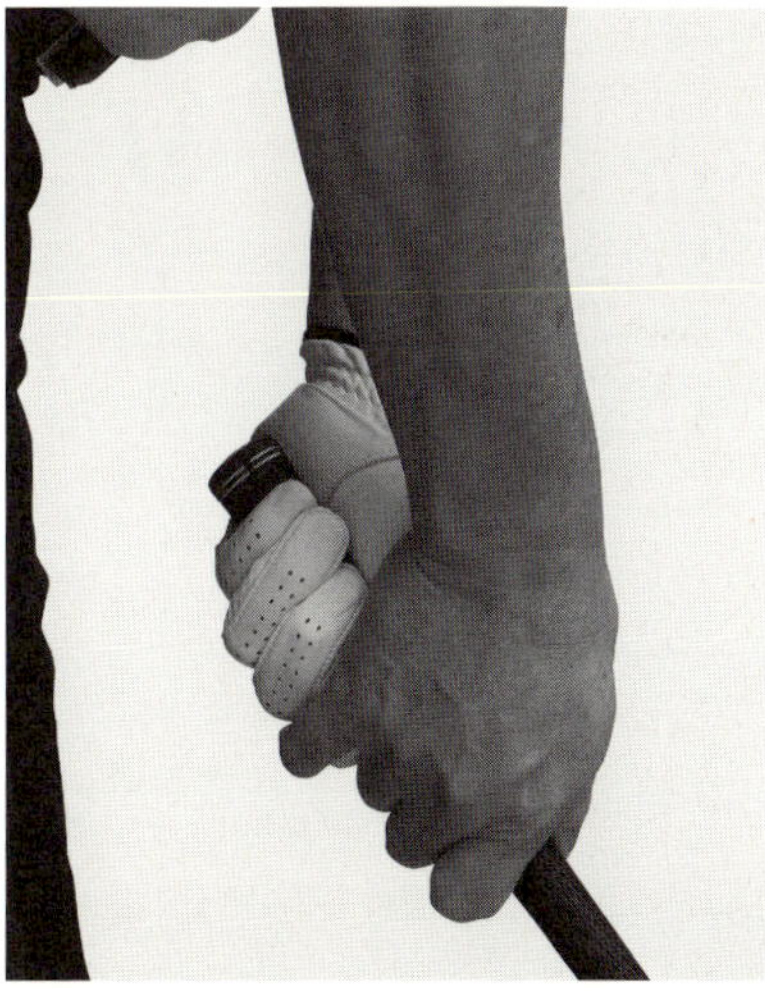

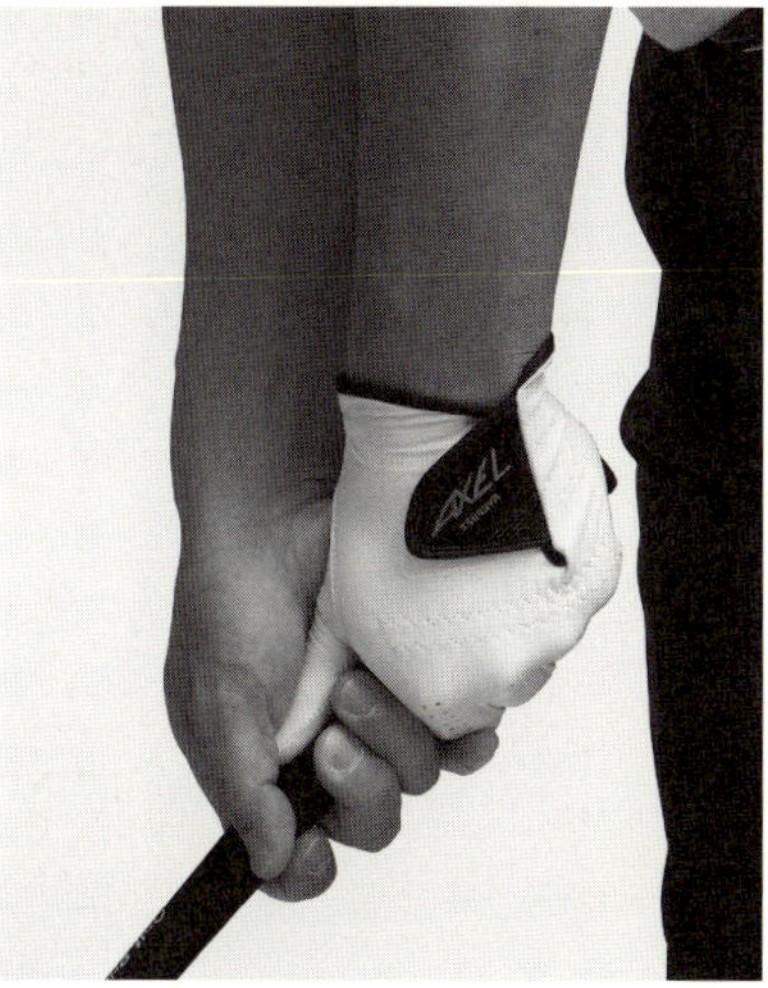

左右両手とも深くパームグリップ。直角ぎみに握る

グリップする
手順
B2

3 グリップする手順［B2］

左右両手ともにフックになりやすい

パームで手に対し斜めに握る

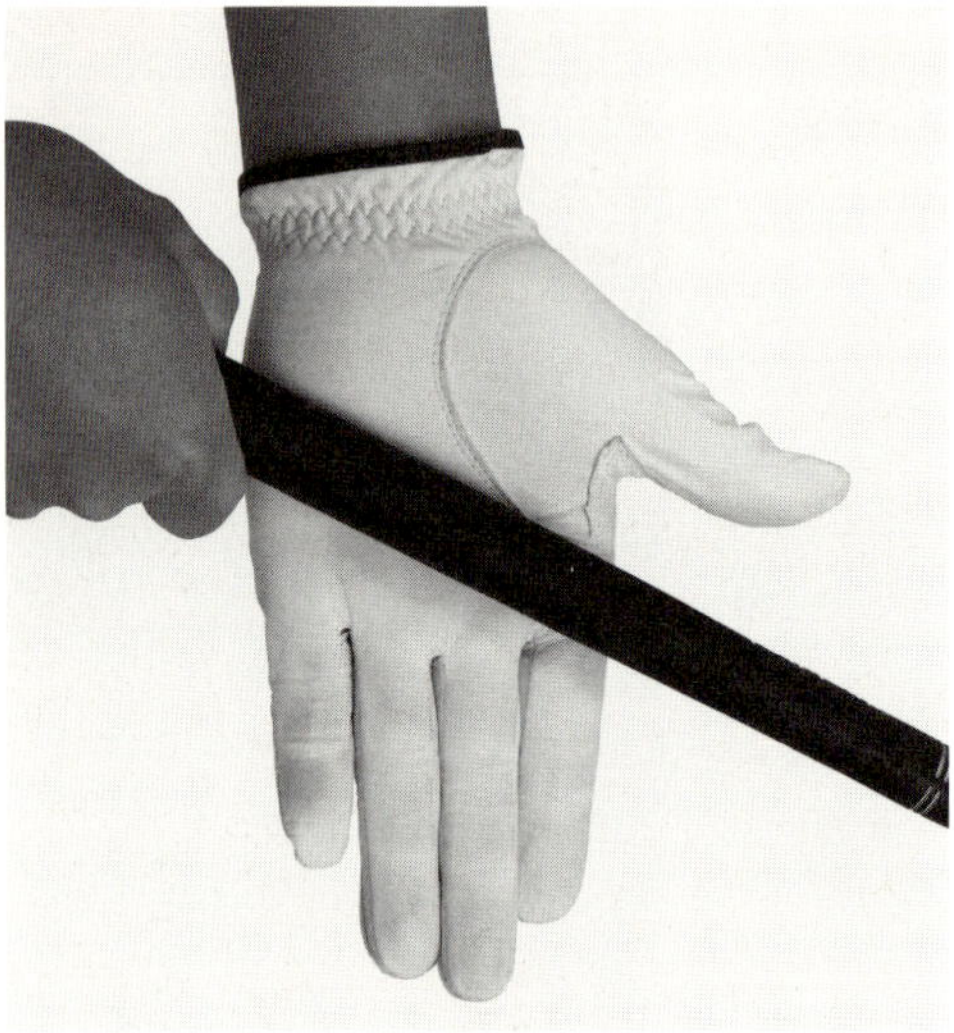

手に対して斜めにクラブを置き、フックグリップになりやすいが、左腕の外旋やパームを強くすればスクエア気味にもなる

B2（クロス）のグリップ

パーム　斜めに握る

ややロング～ミドルサム［左］

LEFT

←ウィーク　スクエア　フック→

4　3　2　1　0　1　2　3　4

ウィークにしない［右］

RIGHT

←ウィーク　スクエア　フック→

4　3　2　1　0　1　2　3　4

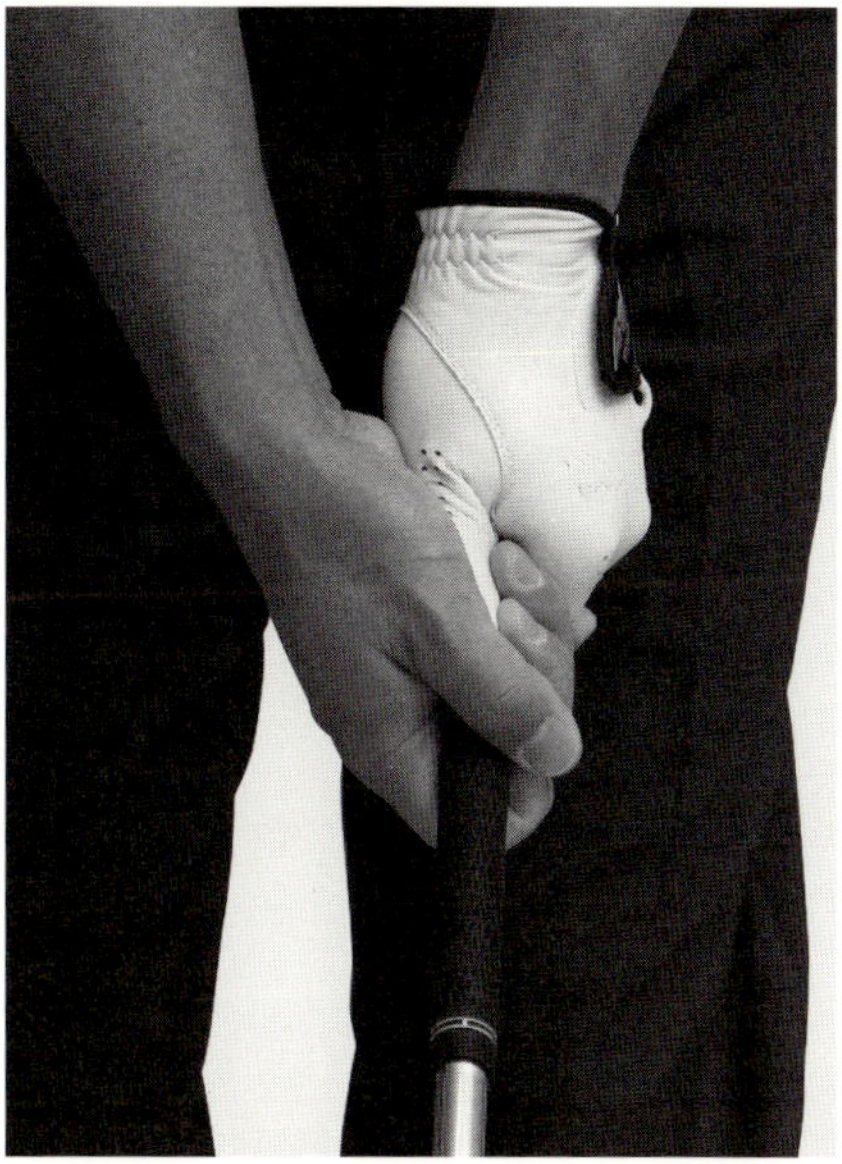

Bタイプは両手で挟むように握る。右手はパームの要素と斜めの要素、さらに腕全体の外旋が入るため、4タイプの中でいちばんフックになりやすい。人さし指は丸まりやすく、握りが深くなるので無理にトリガーを作る必要はない

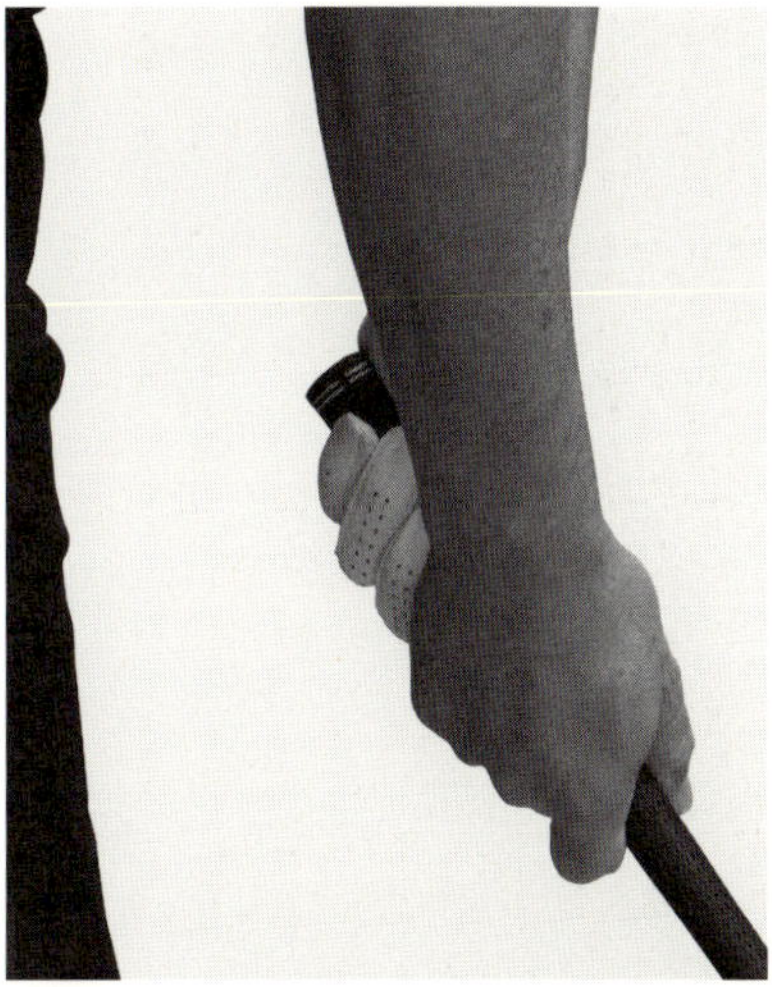

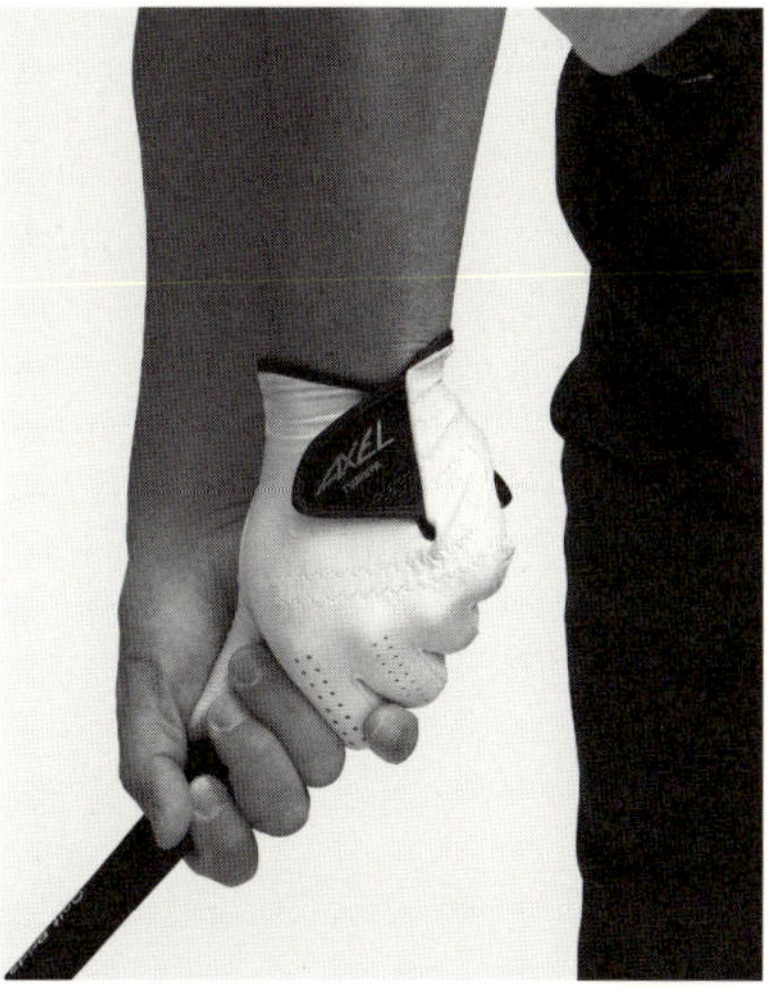

深めのパームグリップで手のひらに対し斜めに握る

第2章

プレショットルーティンの流れ

すべてはアドレスで決まるという。
そのアドレスに向かうプロセスが間違っていては
決していいアドレスはできない。
このルーティンには4スタンス理論の
エッセンスが大量に含まれている。

1 ライン取りのイメージ

A1は目標を意識する

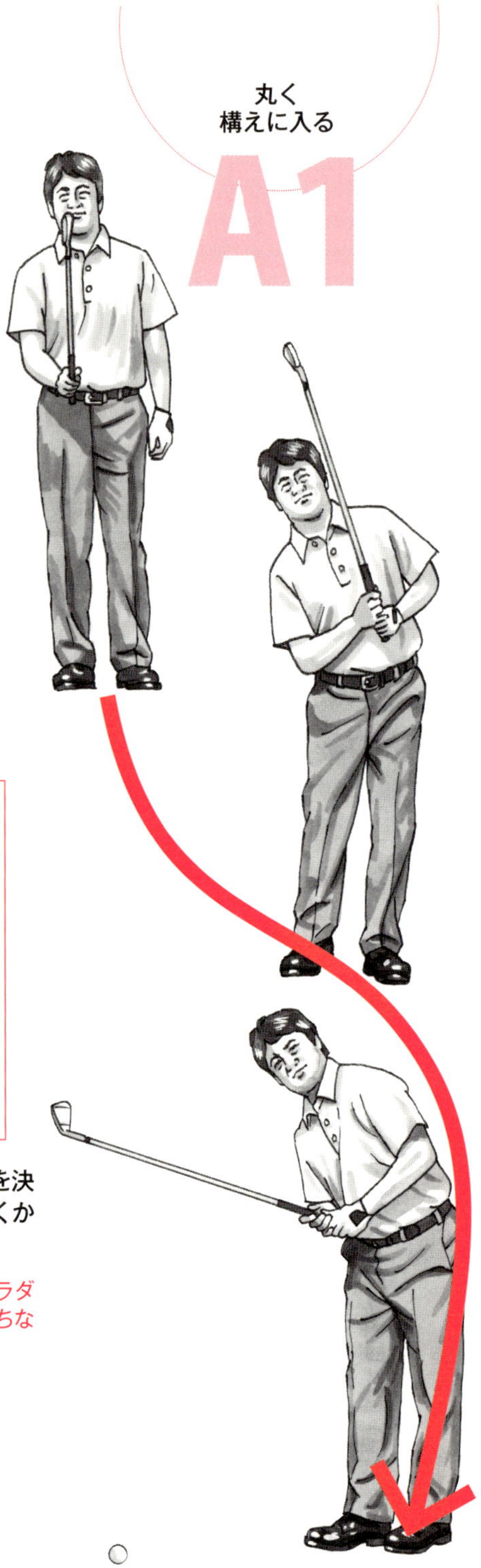

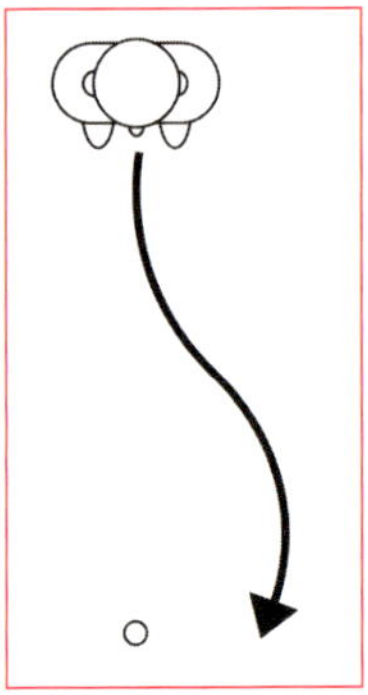

クロスのA1は目標を決めたあとボールの近くから丸く入る

目標意識を抜かず、カラダを斜めにして前傾を保ちながらアドレスに入る

平行に
構えに入る

A2

A2は目標に対して平行に入る

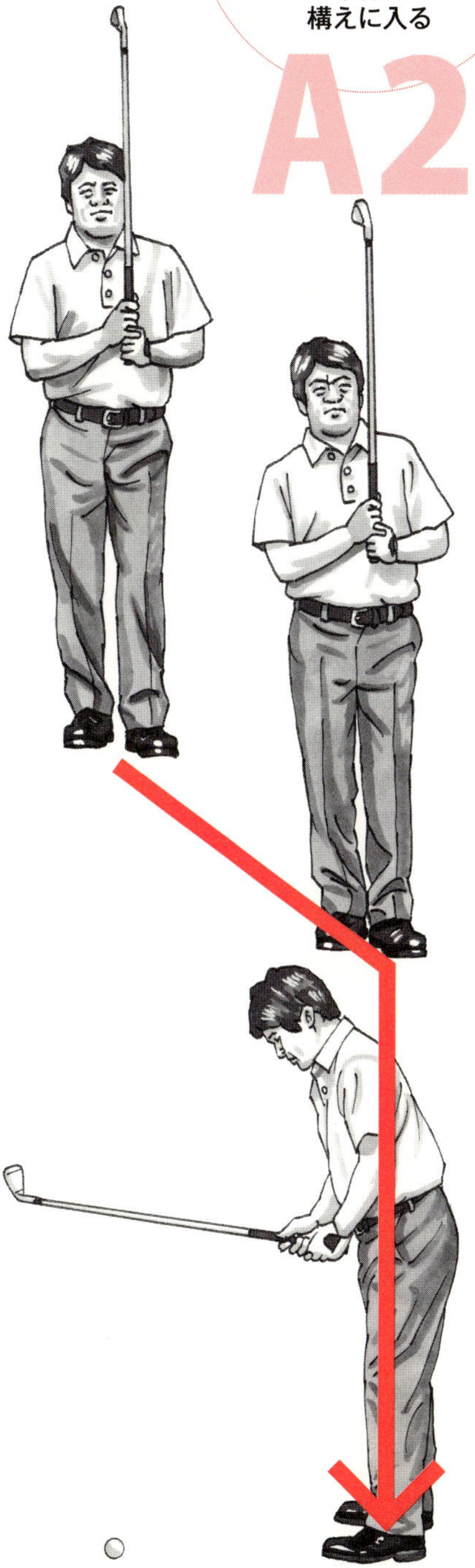

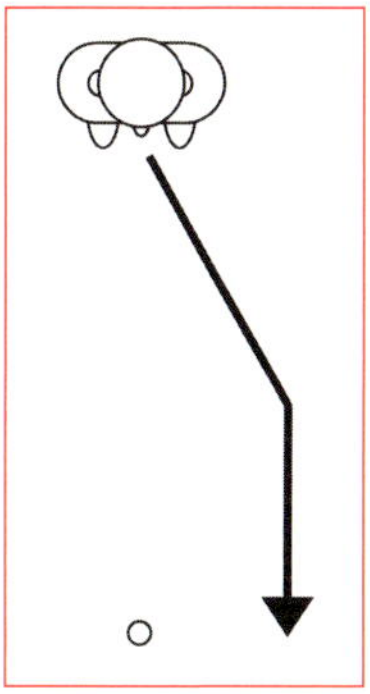

パラレルのA2は目標を決めたらターゲットに対して早めに平行の関係を作りたい。このためカラダをあまり前傾させないでボールに近づく

目標意識よりはターゲットラインに対して平行に立ちたい。目標に意識が行きすぎると、肩が目標を向くため全体的に右を向いてしまう

① ライン取りのイメージ

B1は目標に対して平行を意識

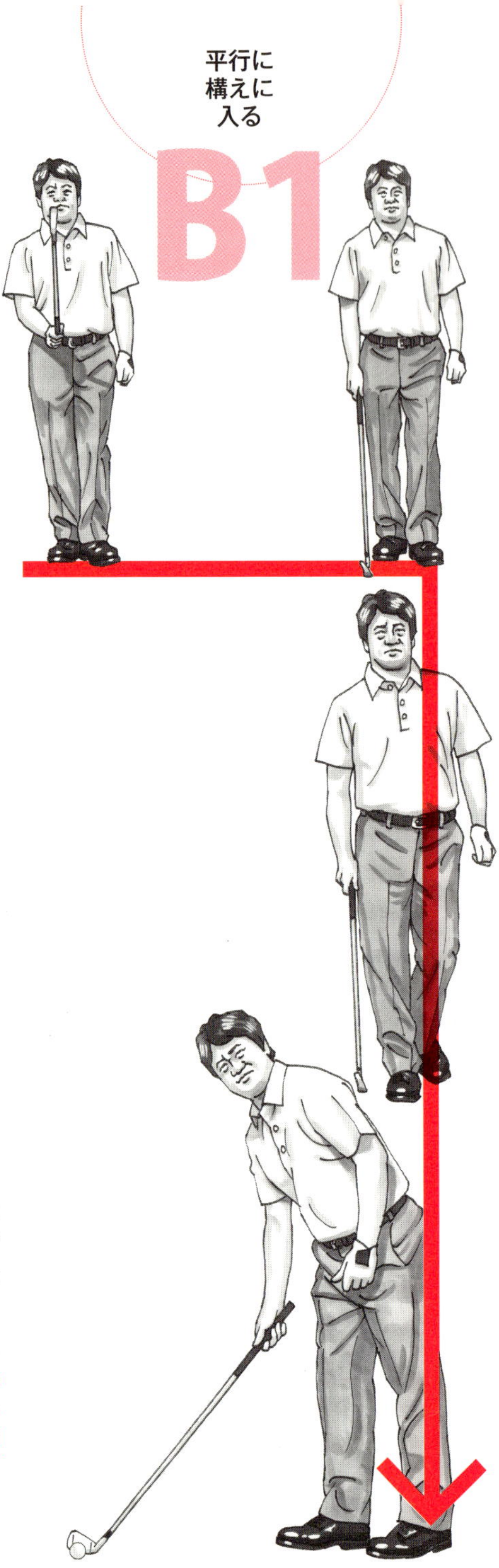

パラレルなので直線イメージを早めにもちたい。アドレスの位置までに右足を早めに効かせたいので早めに左に出る

真っすぐ歩き、ターゲットラインに対して平行に立つようにする。目標意識をもちすぎると、肩が目標を向きカラダ全体が右を向いてしまう

丸く
構えに
入る

B2

B2は目標を意識する

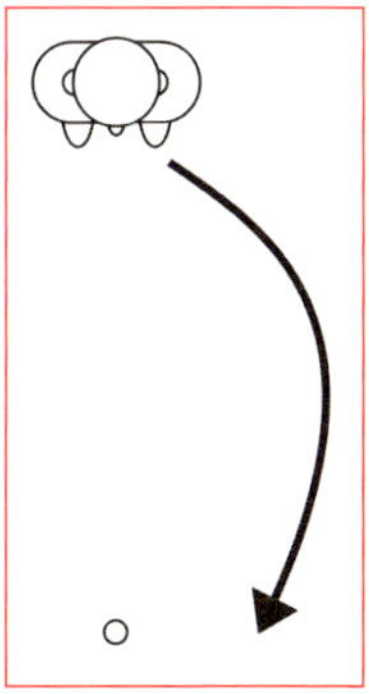

クロスなので、目標を決めたらボールに対して丸く入っていく

カラダは斜めのまま移動。軸足である右足をきかせて動く。目標意識は最後まで抜かず前傾を保ちながら丸く入る

2

構えるときやクラブを握る前にする動きの意味

自分の最適な位置に肩を合わせる【シュラッグ】

［Ａ1タイプ］

イチロー選手はバットを高く掲げ、右腕でバットを立て、左腕を内旋しながら右腕のシャツをつかむ。1タイプ、内旋タイプのシュラッグ

4タイプのそれぞれで、打つ前に独特の入り方がある。

一流プレーヤーの多くが、肩まわりの袖を少しまくったりする（イチロー選手や青木功プロなど）のは、自分の肩のポジションを自分の最適な位置に合わせているから。一般の人でも意気込み、肩をぐるぐる回して「ヨーシ、やるぞ！」と気合いを入れることがあるだろう。

これをシュラッグといい、肩を後ろから前に回してスムーズに回れば1タイプ。肩を前から後ろに回してスムーズに回れば2タイプだ。また、Ａタイプは腕を上から落とすが、Ｂタイプは腕を低い位置で回す

[A2タイプ]

相撲シュラッグ。タイガー・ウッズはこのタイプ。シュラッグをしないまでも、胸を開くように大きくアドレスしている

[B1タイプ]

小さく前に回す（内旋）のがＢ１タイプ（青木功プロ）。よく右手で、シャツの左袖を上げ、左の肩を前に（内旋）回しているのを見かけないだろうか

[B2タイプ]

ジャンボ尾崎プロは、アドレスに入る前に右手でクラブを持ち、左手を外旋させながらクラブを握り、さらには額の汗を拭く時にも外旋させながら拭いている

上腕部だけ
内旋

A1

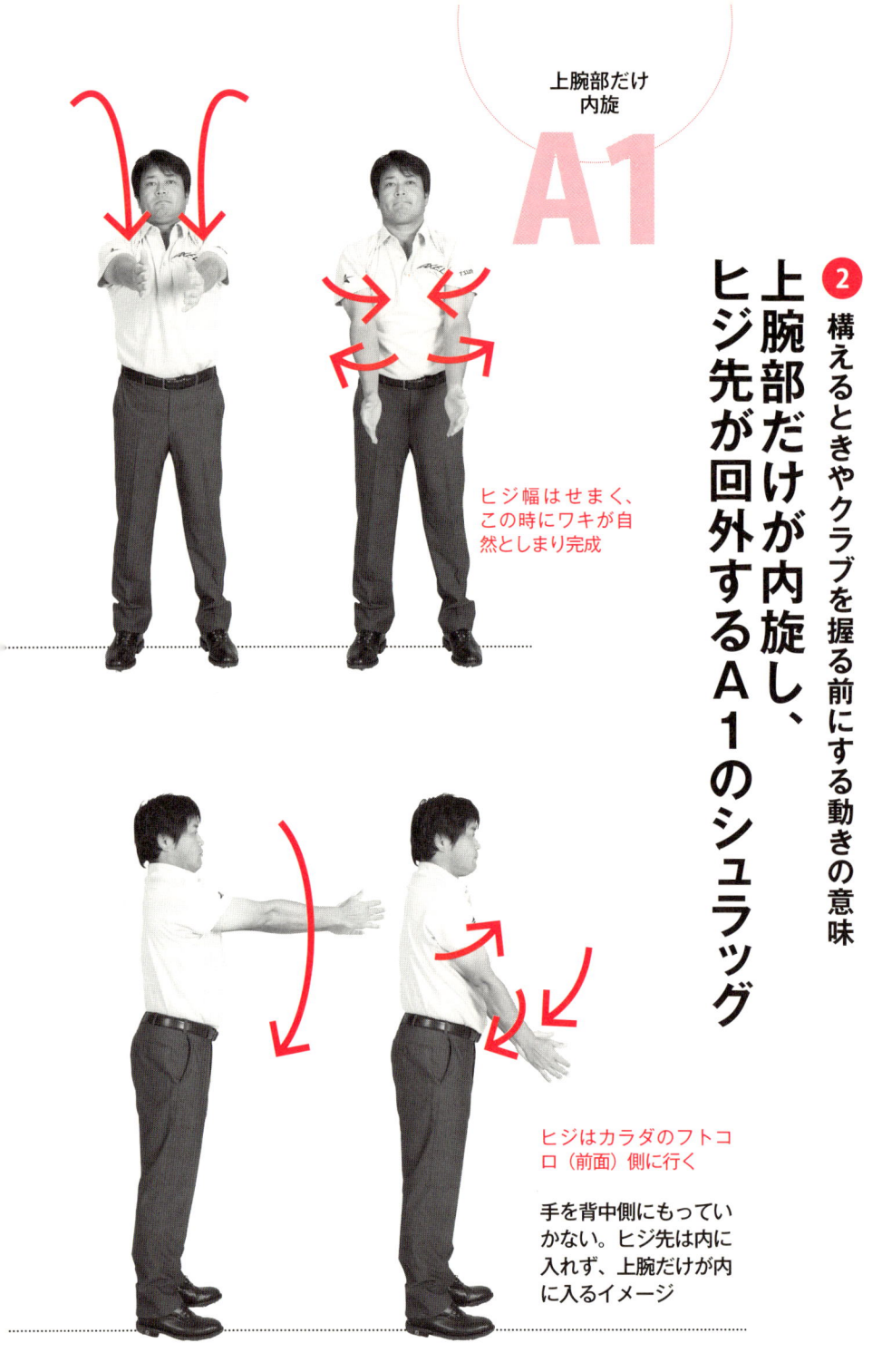

② 構えるときやクラブを握る前にする動きの意味

上腕部だけが内旋し、ヒジ先が回外するＡ１のシュラッグ

ヒジ幅はせまく、この時にワキが自然としまり完成

ヒジはカラダのフトコロ（前面）側に行く

手を背中側にもっていかない。ヒジ先は内に入れず、上腕だけが内に入るイメージ

腕が高い位置に
行くのがA

カラダの前面に
行くのはクロス

上腕部を外旋する

A2

② 構えるときやクラブを握る前にする動きの意味

胸を開くように上腕部を外旋し、ヒジ先は回内するＡ２のシュラッグ

このときワキが自然としまり完成

背中側でヒジ先を内に絞りながら、胸を開くように上腕を外旋させる

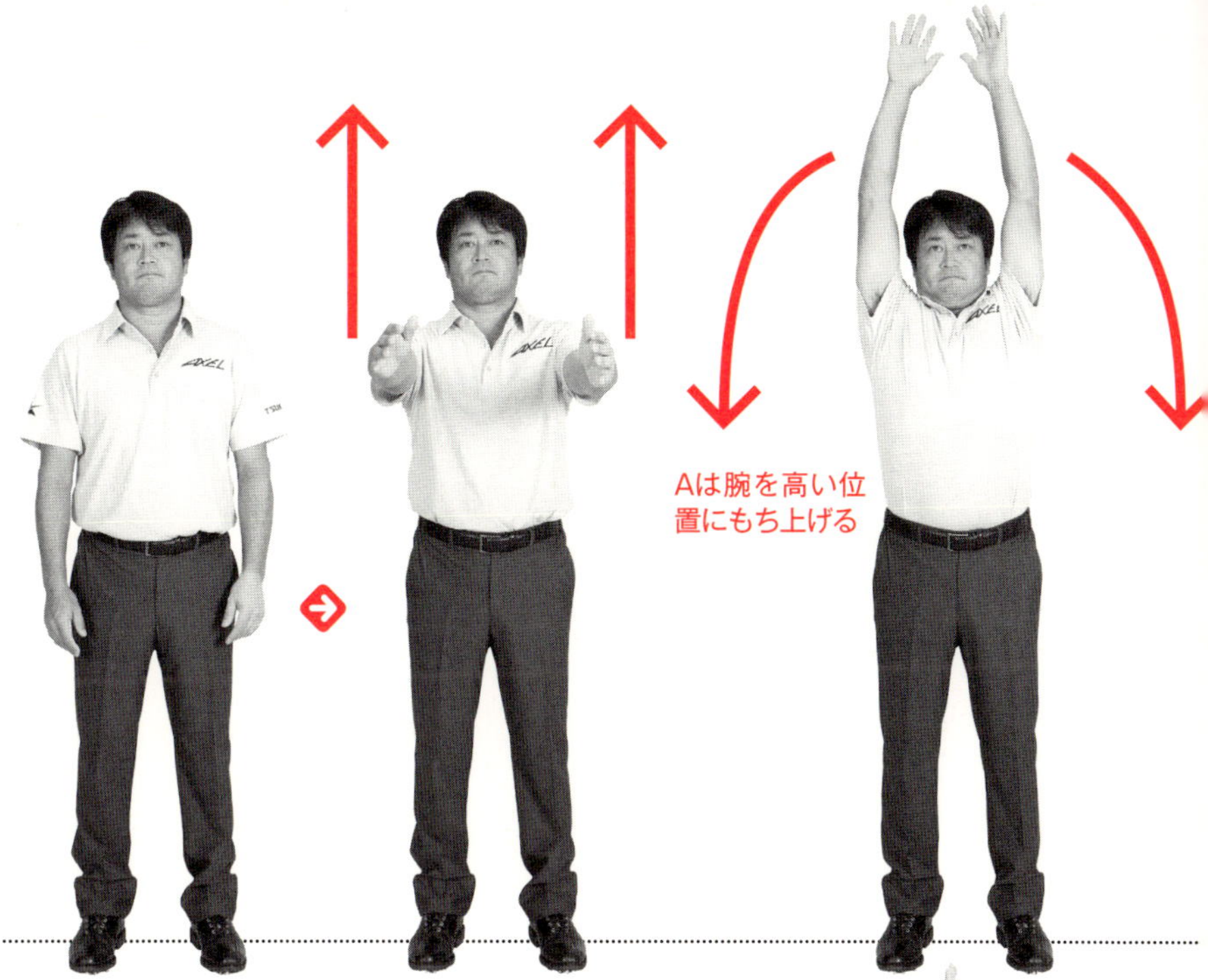
Aは腕を高い位
置にもち上げる

パラレルはカラダ
の背中側で回す

背中側で
腕を内旋する

B1

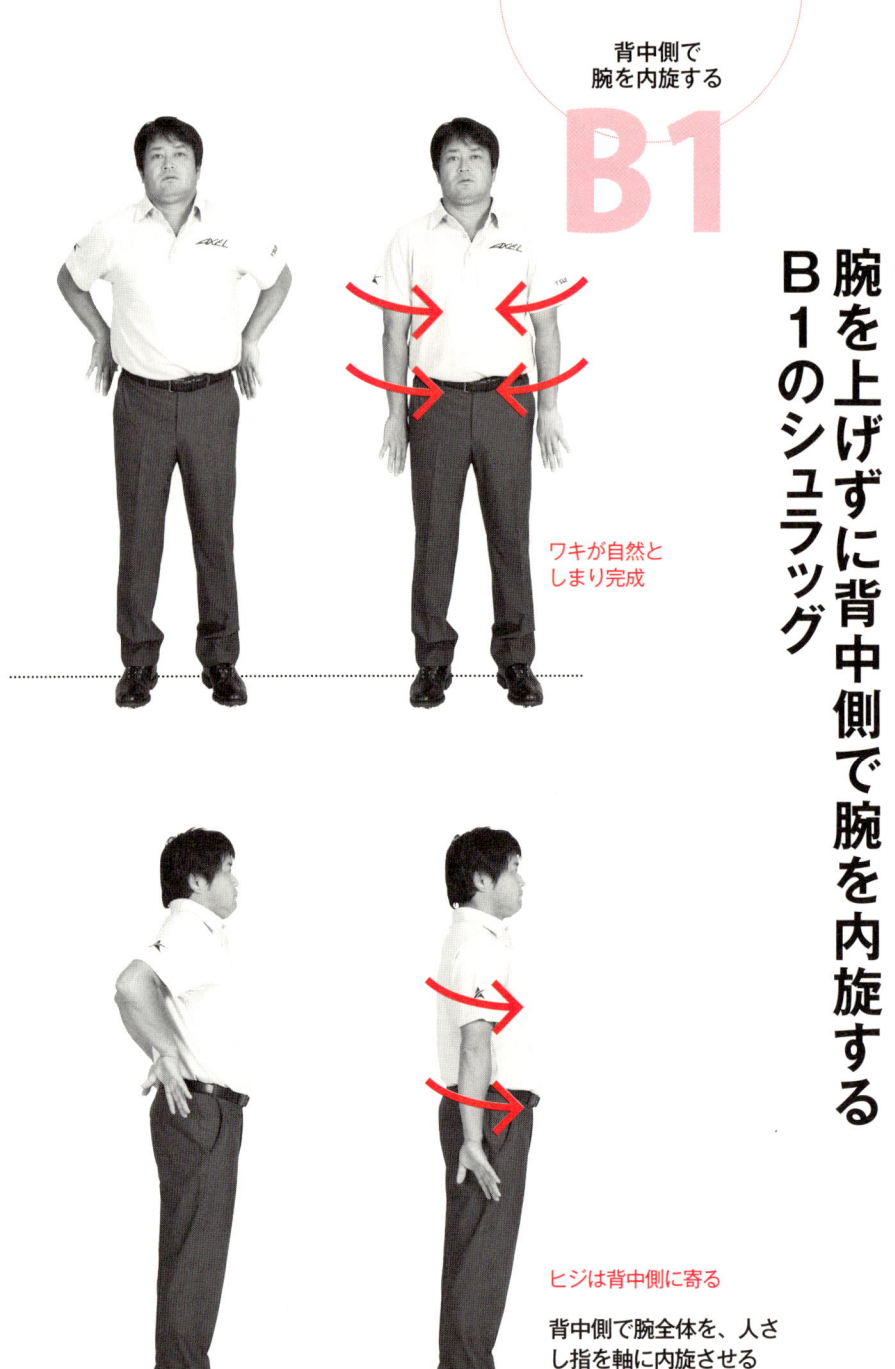

② 構えるときやクラブを握る前にする動きの意味

腕を上げずに背中側で腕を内旋するB1のシュラッグ

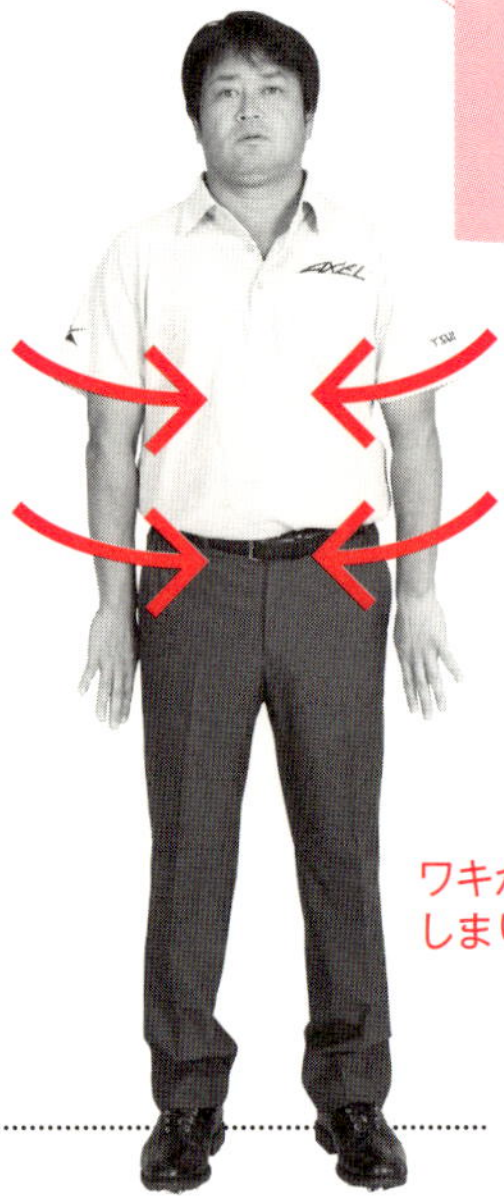

ワキが自然と
しまり完成

ヒジは背中側に寄る

背中側で腕全体を、人さし指を軸に内旋させる

Bは腕を低い
位置で回す

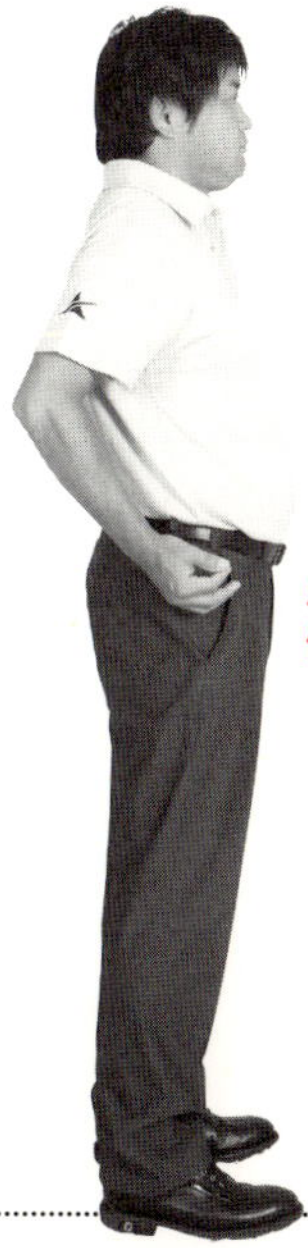

パラレルは背中
側で腕を回す

B2

カラダの前で
腕を外旋

2 構えるときやクラブを握る前にする動きの意味

カラダの前側で腕全体を外旋する B2のシュラッグ

ヒジの間隔はやや狭くワキがしまり完成

ヒジはフトコロ（カラダの前面）側におさまる

カラダの前側で腕全体を外旋させる。ヒジは低い位置に保つ

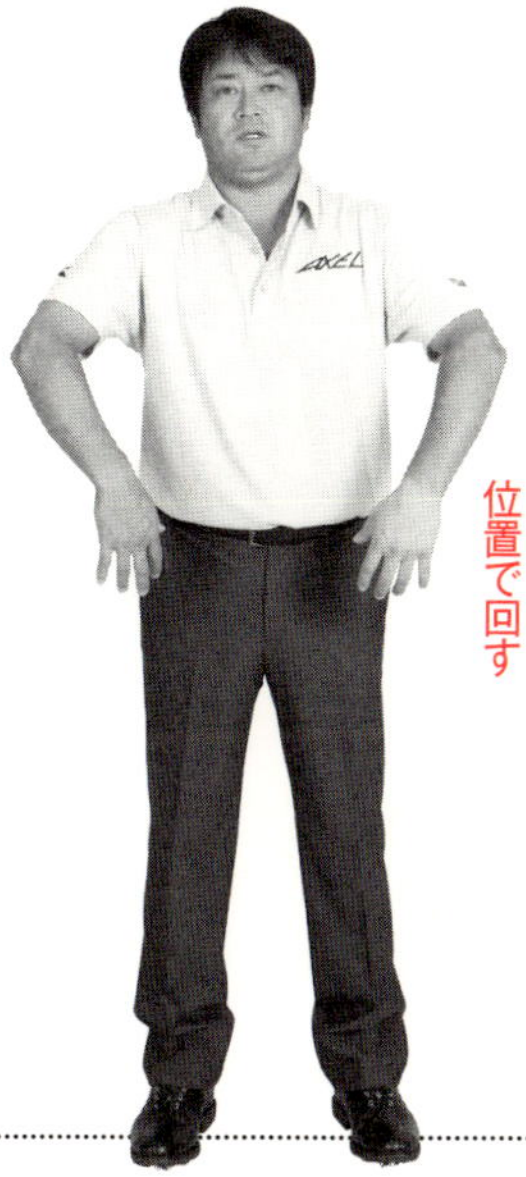

Bは腕を低い位置で回す

クロスはカラダの前面で腕を回す

3 シュラッグの応用

肩を上げ腕を上から落とすA1

握る前の肩のポジションを整える動き（シュラッグ）の応用。これをルーティンに織り交ぜれば自然にワキが締まり、さらにパフォーマンスがアップする。ワキは締めるのでなく、締まることを忘れずに。

腕を上から落とす

A1

ヒジ先を回外させ、いったん腕を上げて肩を入れ込む。上腕は内旋のイメージで

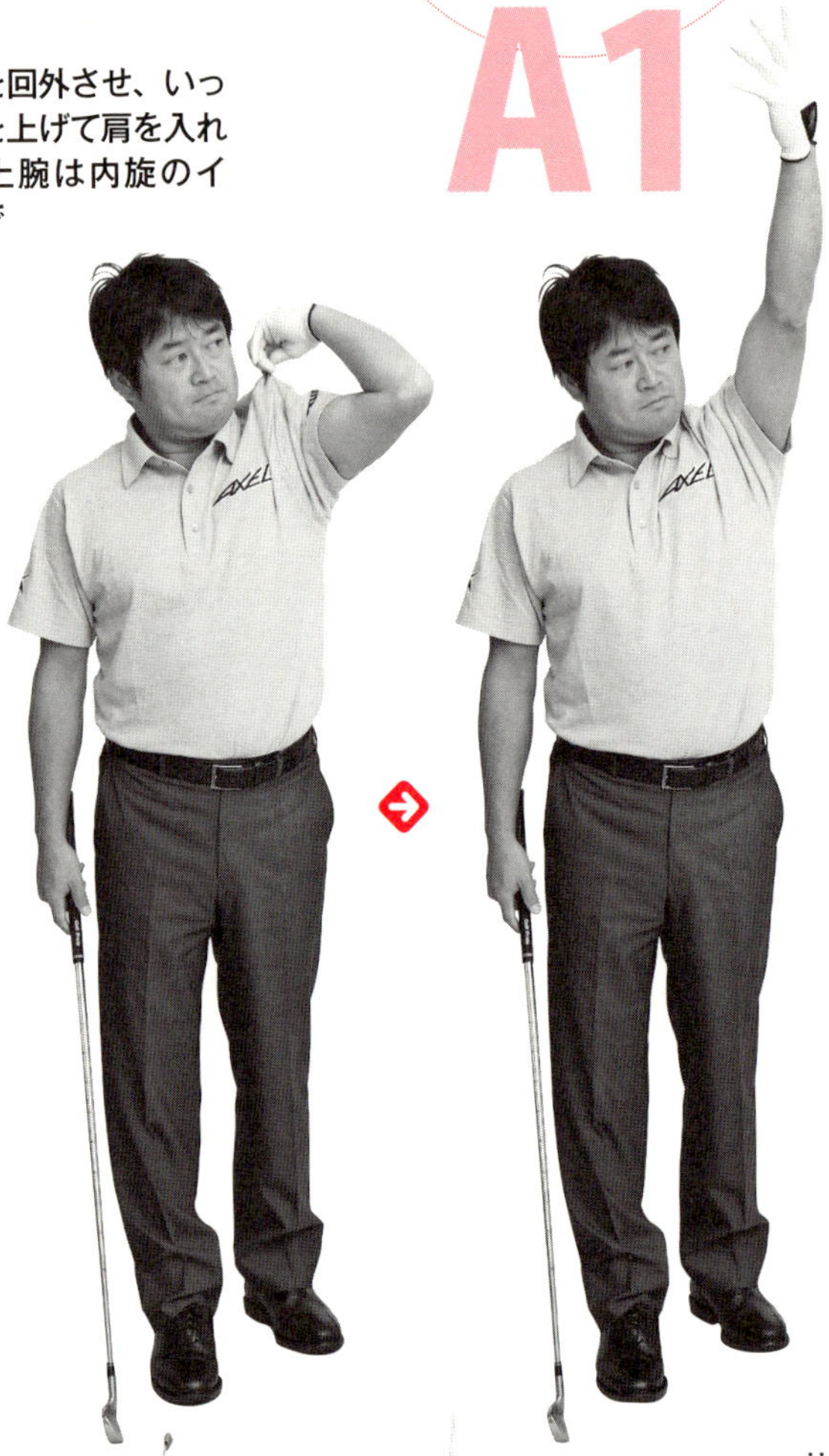

上腕に内旋をかけ、上から下ろすと、A1は自然にワキが締まる

胸を開くA2

A2

胸を開いてから
構える

背すじを伸ばし、大きく
胸を開いて肩の上げ下げ
をする

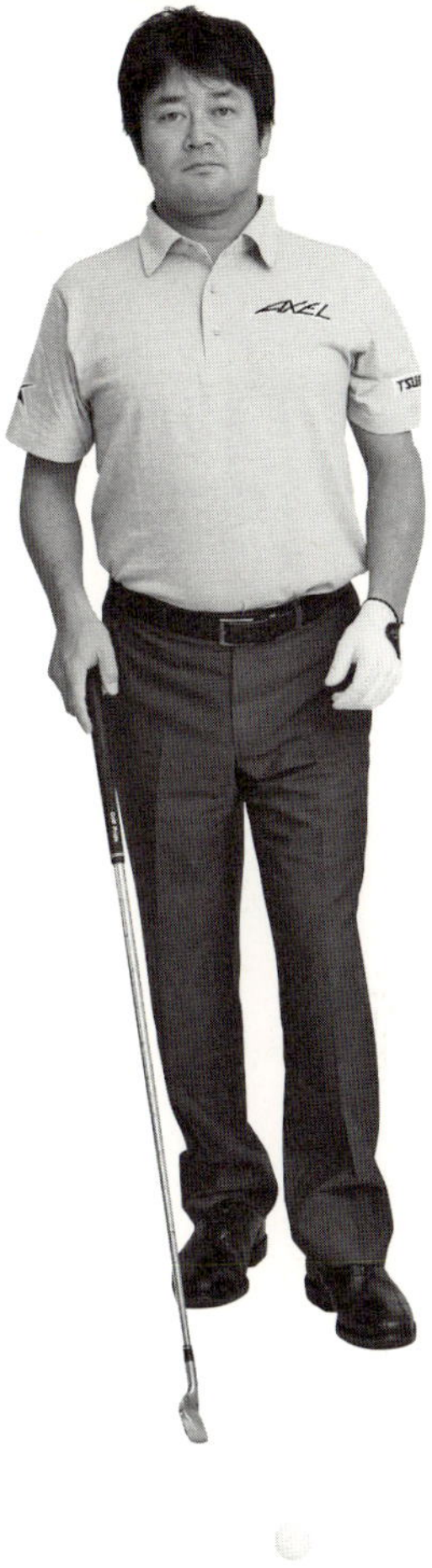

腕全体を
内旋する

B1

③ シュラッグの応用
腕全体を内旋するＢ１

腕の低い位置で（第１章⑦）ヒジを使い、腕全体の内旋をかける。青木功プロ、横田真一がこのタイプ

腕全体を
外旋させる

B2

腕全体を外旋させるB2

フトコロを感じながら腕を低い位置に。ヒジを使い腕全体を外旋させる。ジャンボ尾崎プロがこのタイプ

セットアップ

A1

④ グリップの作り込みからセットアップ～ワッグル［A1のセットアップ］

A1の代表的セットアップの例

［パターン1］

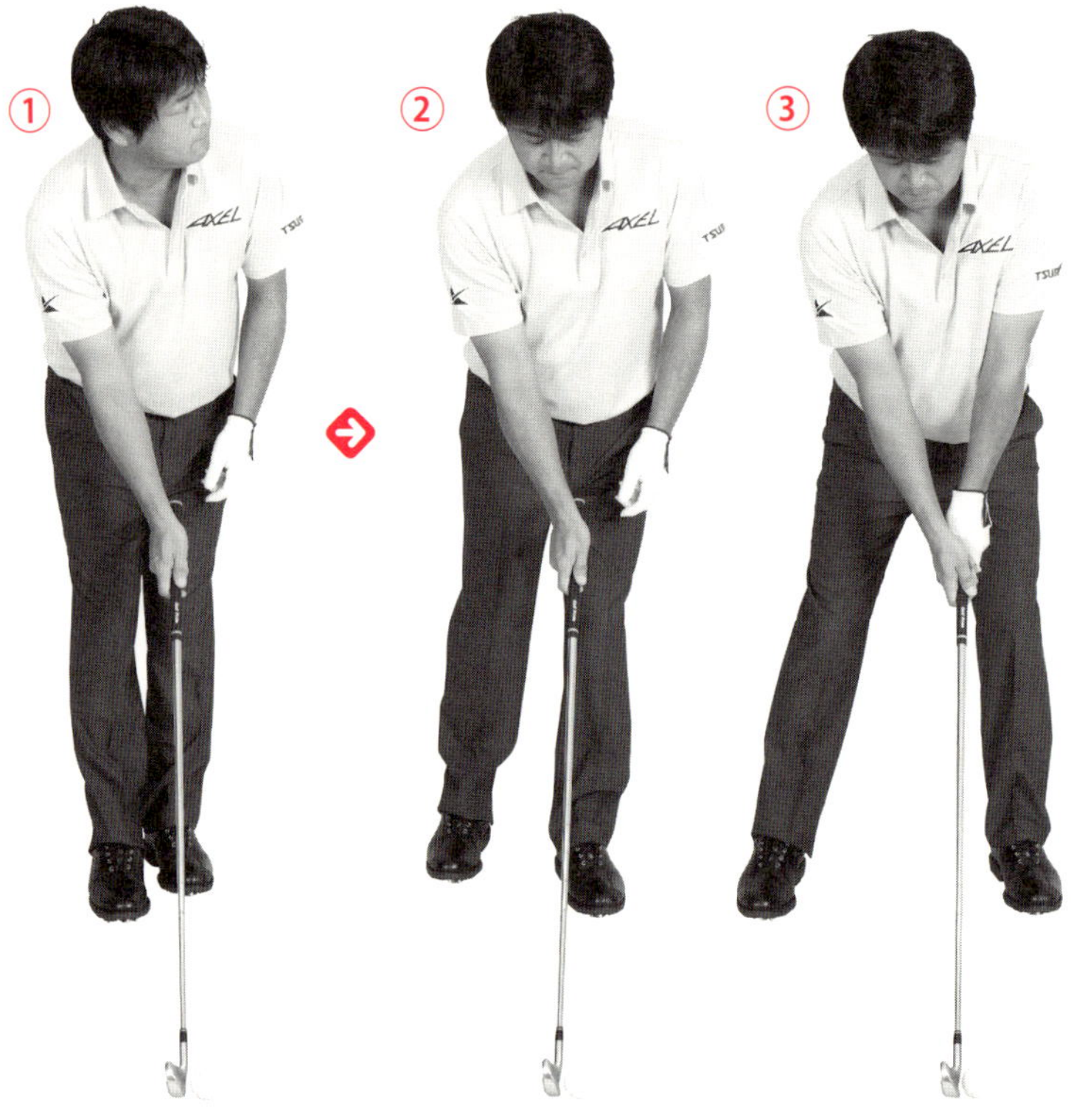

①目標に対する意識を抜かず、右手の人さし指でつまむようにクラブを握ってフェースをターゲットに合わせる

②目標に合わせた右手に対して軸足となる左足をセットする。このときの右手、左足の関係はクロスの体幹そのものとなる

③左足に軸が決まるまではバタバタと足踏みをしながら軸（左足）と体重移動をイメージする

［パターン2］

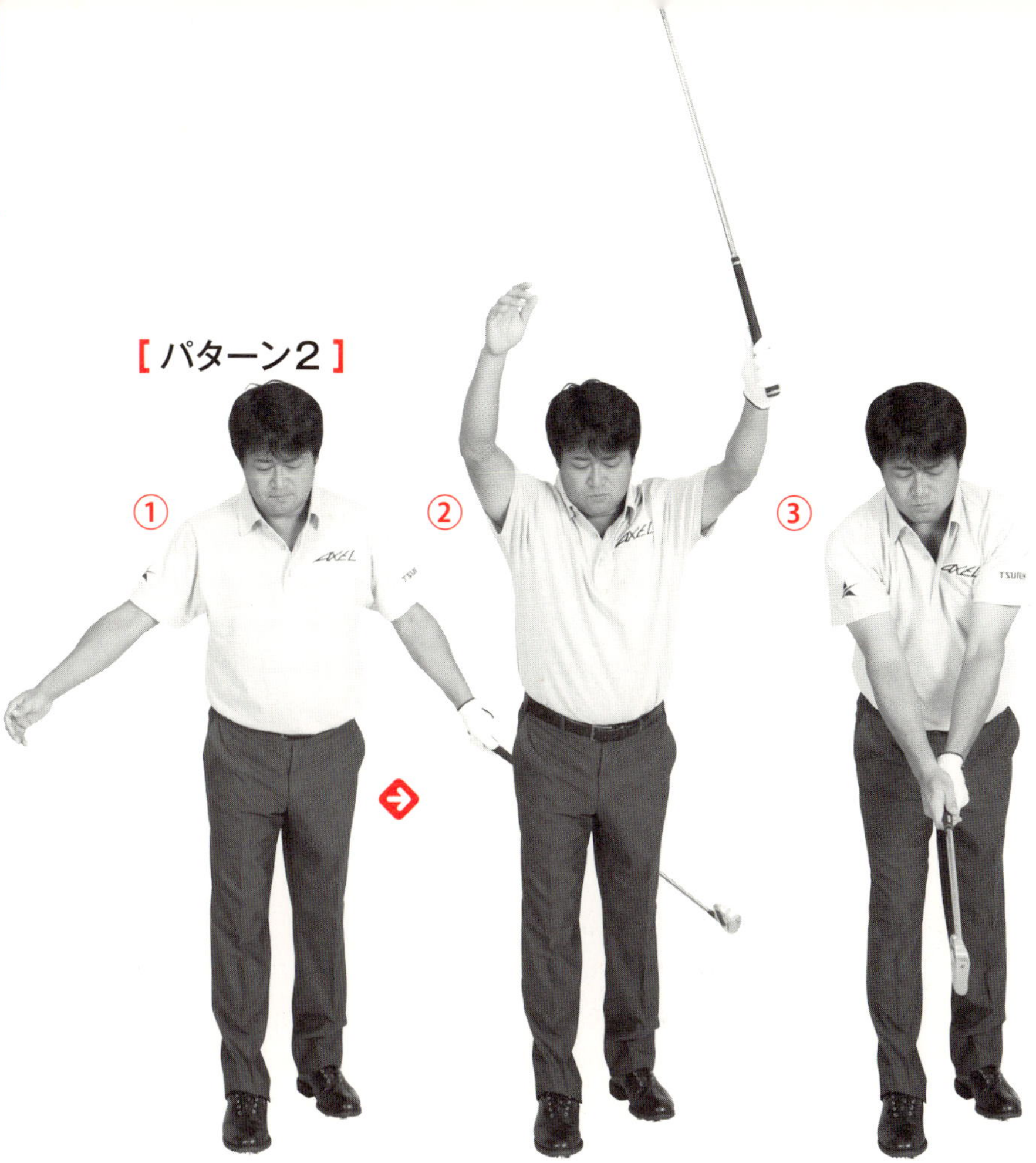

①写真のように両手を左右に広げて、手を背後から前に大きく回す準備をする

②両腕を高い位置に上げ、上腕の内旋を意識しながら上から前に下ろしてくる

③Ｐ２（みぞおち）の前あたりでグリップ。そのままクラブを下ろすと上腕がうまく内旋してヒジがＡ１に最適な位置に収まる

ワッグル

A1

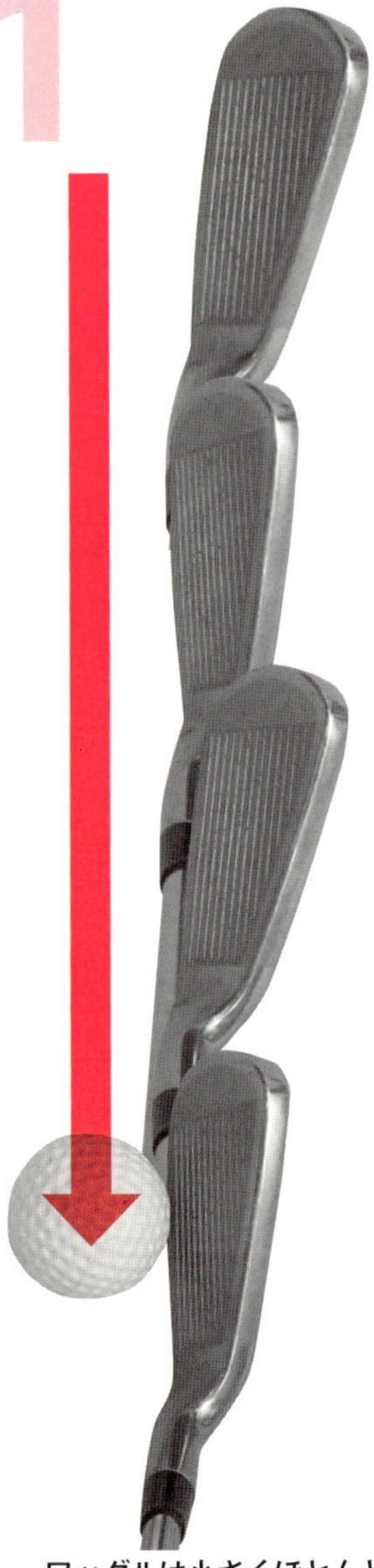

④ グリップの作り込みからセットアップ〜ワッグル［A1のワッグル］

ヒジのチェック程度でほとんどなし

ワッグルは小さくほとんどない。ヘッドを真っすぐ上から落とす。少しフェースを開いたり閉じたりしながら左軸線上で真っすぐヘッドを下ろす

上の写真のようにヒジが動かないかチェックをするが、ワッグルは少ない。これをワッグルと呼ぶとするなら、大きくワッグルするという言い方になる

❹ グリップの作り込みからのセットアップ〜ワッグル「A2のセットアップ&ワッグル」

先にグリップし直線的にワッグル

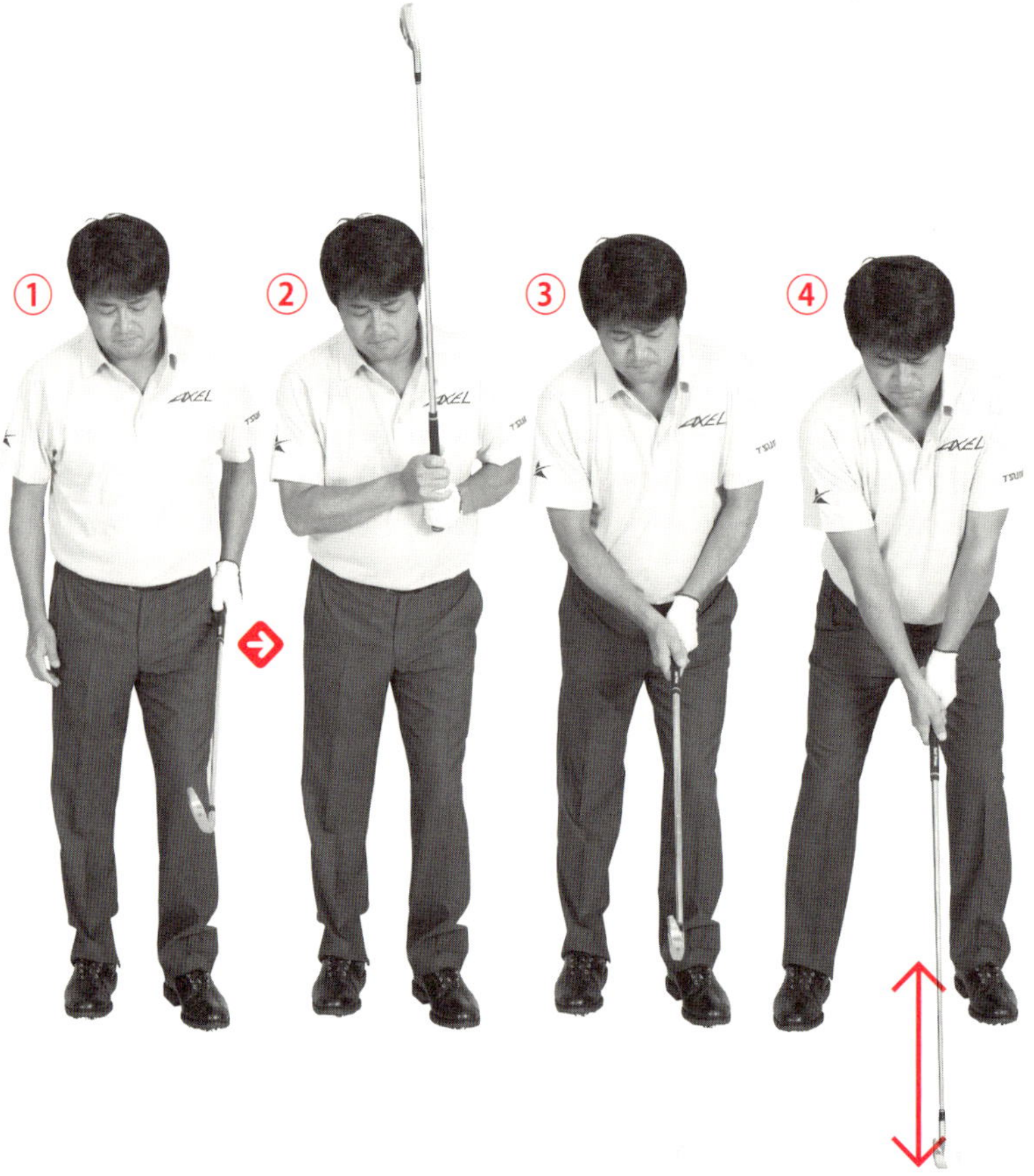

①ヒジは体側。

②まず力ラダの正面のみぞおちの前で先にグリップを作る。左軸でみぞおちのグリップを確認

③上から左軸を決め、真っすぐスッと真下に下ろす

④フェースの直角を保つ意識

ワッグル

A2

手首を背屈してコックのチェック程度で、ワッグルは少ない

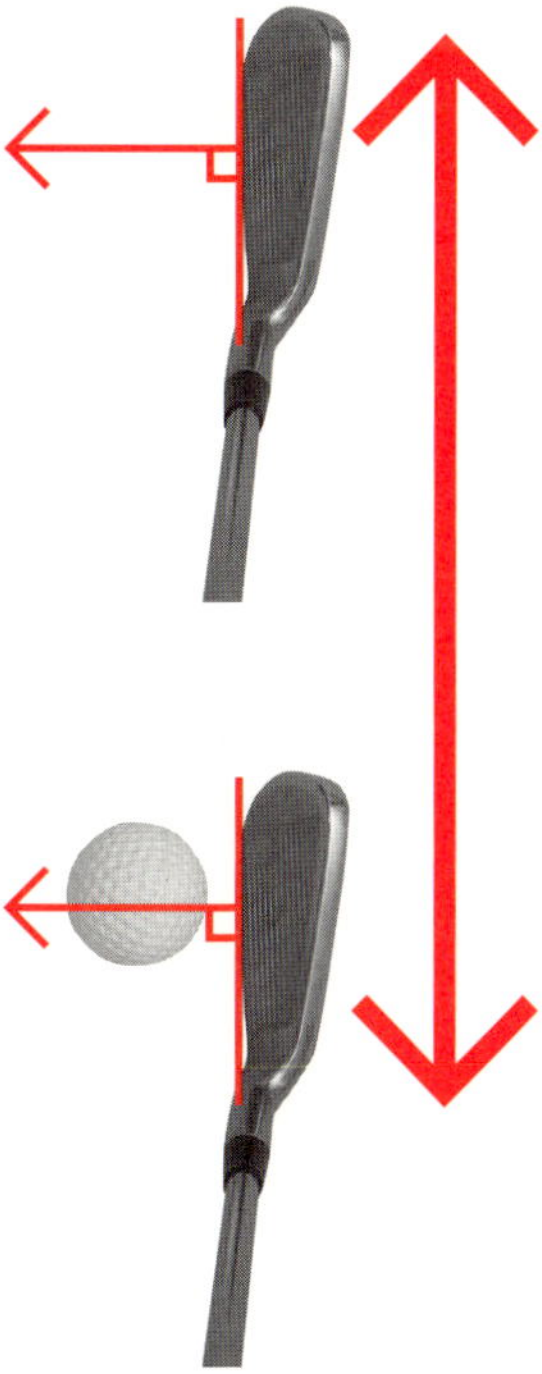

上から直線的に動かす。フェースの直角を保ちながらタテの緊張感を大切にするワッグル

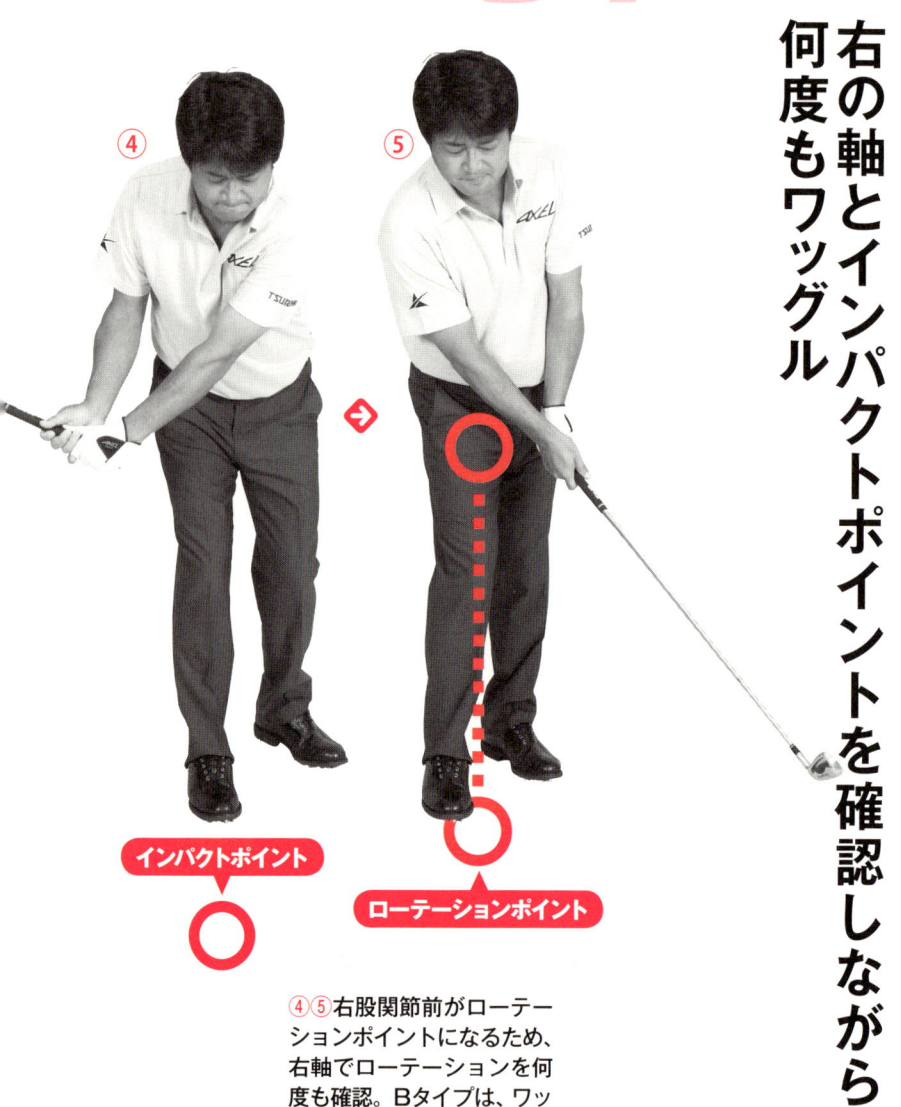

B1

4 グリップの作り込みからセットアップ～ワッグル［B1のセットアップ］

右の軸とインパクトポイントを確認しながら何度もワッグル

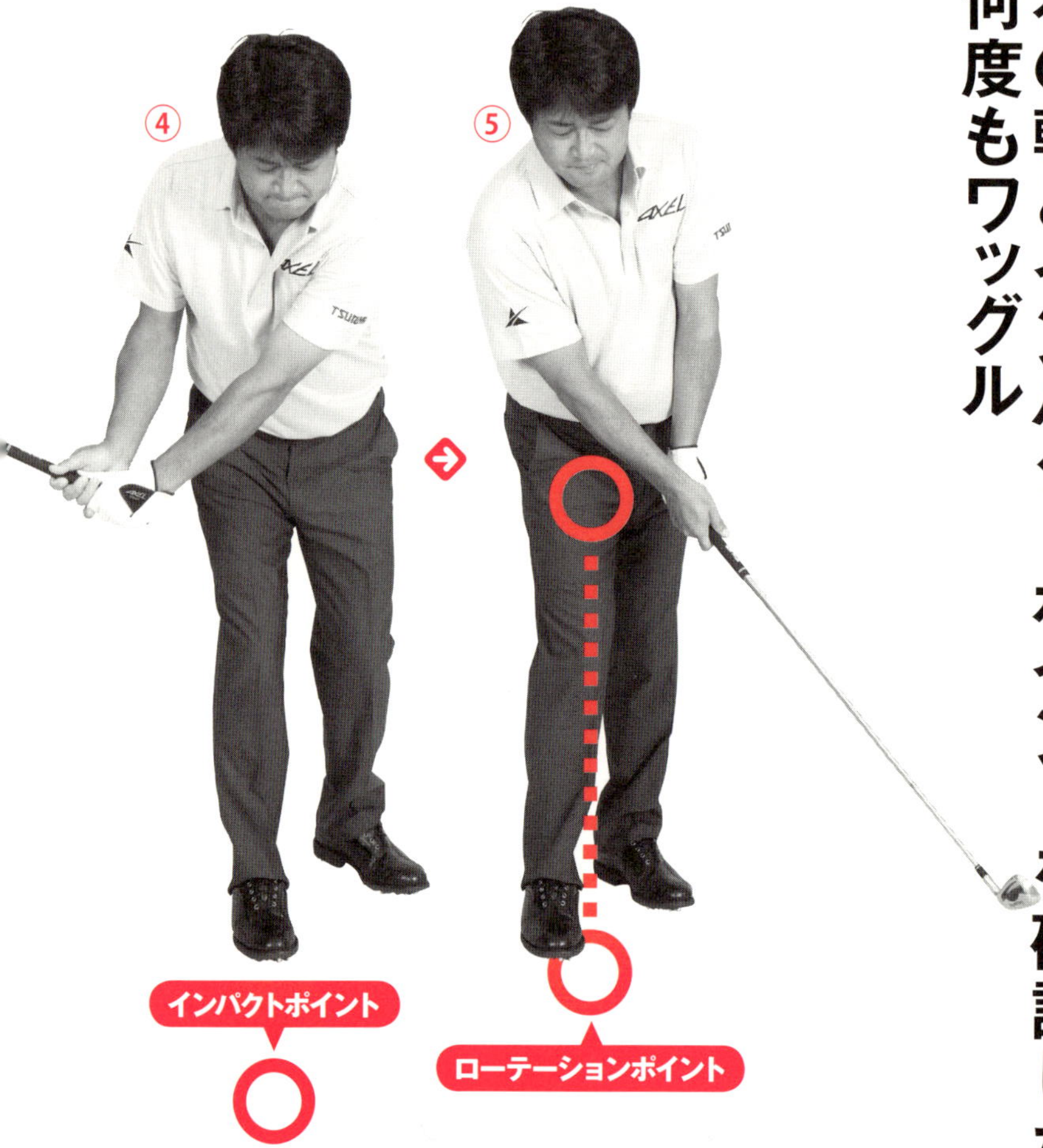

④⑤右股関節前がローテーションポイントになるため、右軸でローテーションを何度も確認。Bタイプは、ワッグルが多い

①

②

③

①右手、右足で同側のイメージを作る。右軸の前で一度クラブで地面をトンと叩き、右軸とインパクトポイントを確認。右足と右手がパラレルの関係

②腰元でグリップを決めて右足から入る

③一度ヒジを背中側にもっていくと、しっかりグリップできる

4 グリップの作り込みからセットアップ～ワッグル［B1のセットアップ&ワッグル］

フェース向きを崩さず直角に何度もワッグル

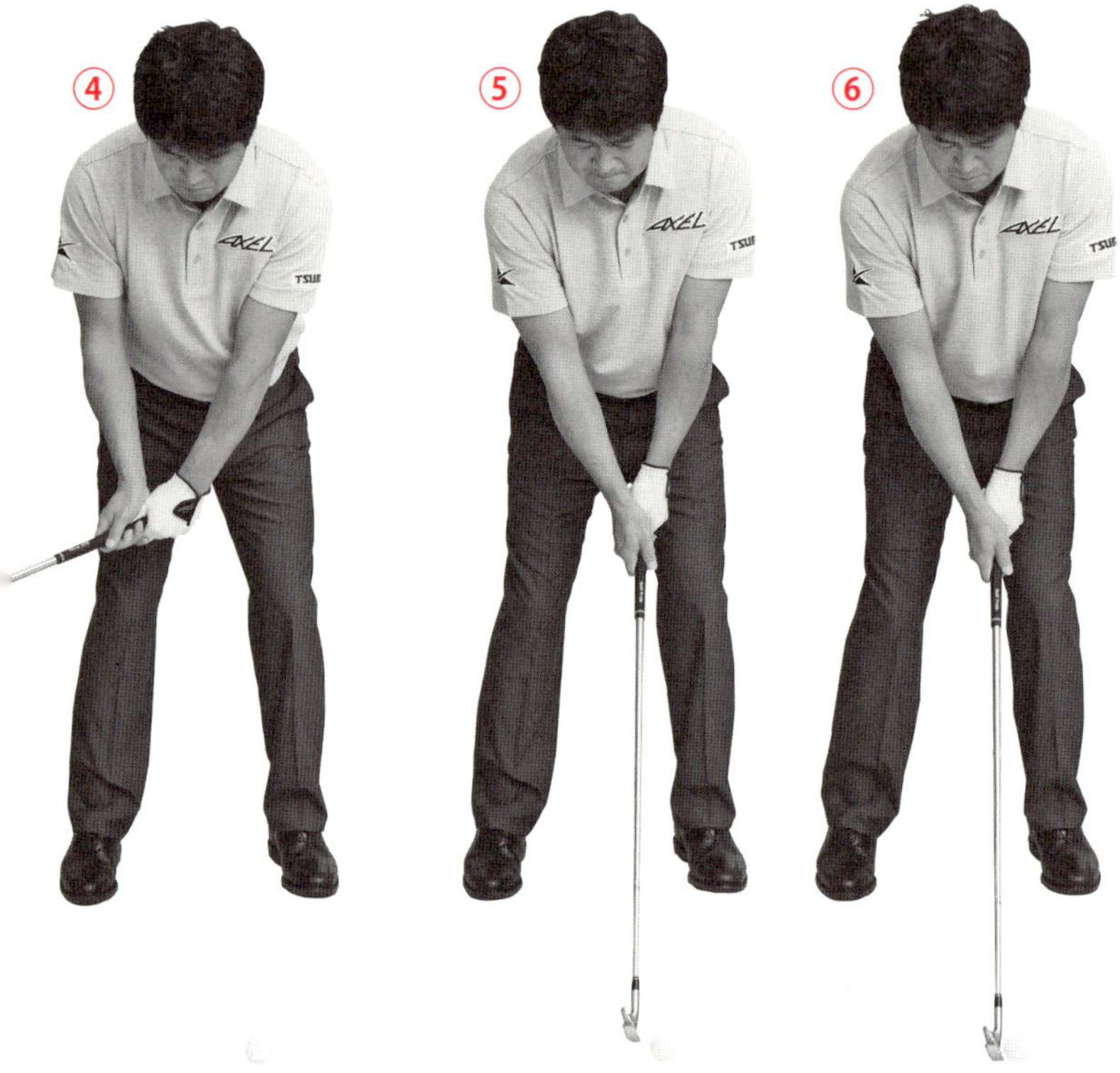

④B（右軸＝後軸）なので何度もワッグル

⑤⑥わずかに両手を絞り込むようにして、真上から直角にヘッドを着地させる

①背中側にヒジをもっていきグリップしたら、右軸、P３(腰)の前でグリップを決める

②とう屈（親指側に手首を折る緊張感）のチェックや右軸前でのローテーションを確認する

③フェース面が直角の意識を保ち、ヒジを背中側にもっていったりしながらワッグルする

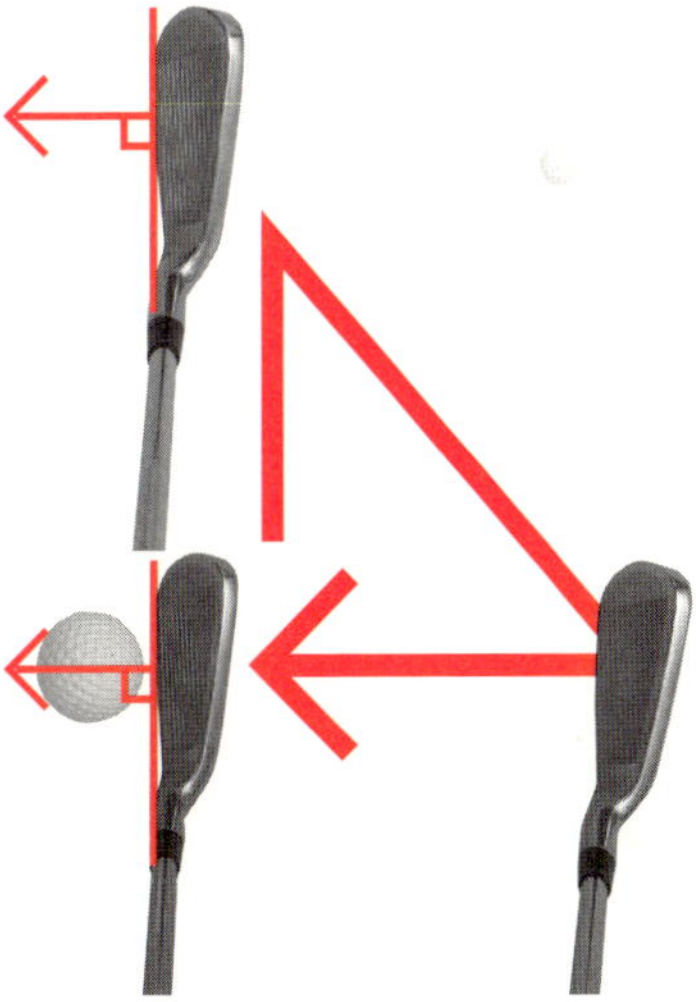

[ワッグル]

Ｂ１は親指方向に手首を折ったり、ヒジを背中側にもっていくため、いったんヘッドを真上に上げる。フェースが直角のイメージを崩さずタテ、ヨコにワッグルする。余韻を残しながらボールにアドレスしワッグルを繰り返す

4 グリップの作り込みからセットアップ～ワッグル「B2のセットアップ&ワッグル」

左足と右足に体重をゆすりながらアドレスへ

⑤～⑦右軸ではあるが、特にアイアンは左寄りに体重がくる。ドライバーも含め反作用でスイングしていくクロスタイプは、上げる前は前足の左に体重があるとよい。またBタイプのテークバックの初動は左足で蹴るためでもある

①右手でクラブを持ち、右股関節の前でトン。左腕は外旋のシュラッグから入る

②右軸を意識しＰ３（股関節）の近くでグリップを作る

③目標の意識を抜かず、右股関節前で何度も左右への体重移動をしながら８の字ローテーションを繰り返す

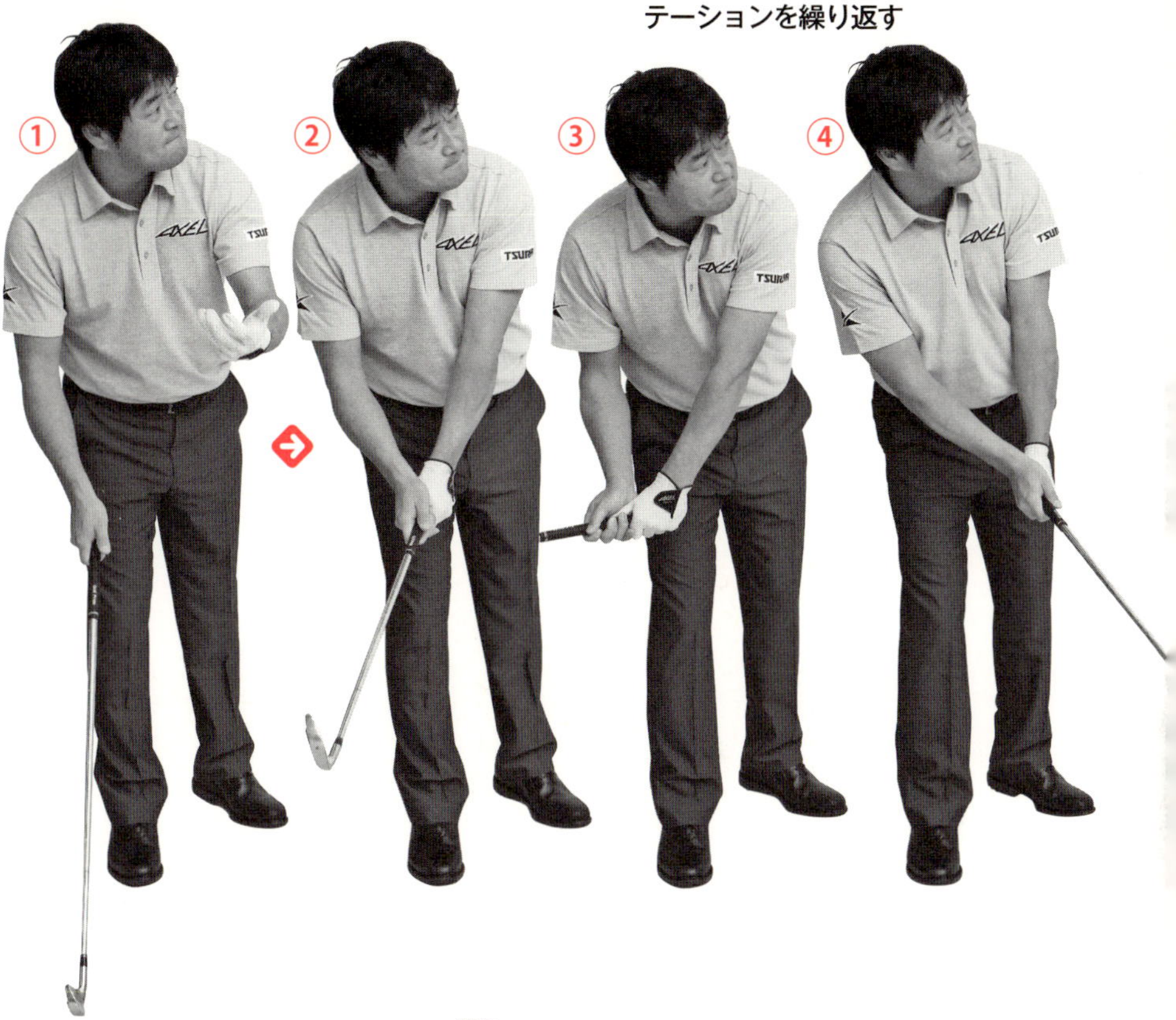

④フトコロを確認し
つ左右に体重をゆす
ながらアドレスへ

［ワッグル］

フェースをぐりぐりと閉じたり開いたりしながら８の字を描きワッグル。ワッグルが多い

第3章

スタンス

打つべき距離や状況によって変化するスタンスだが、
基準となるスタンスはタイプによって決まっている。
基準となるスタンス幅やスタンスラインを
認識してスイングすれば
自ずとバランスよく振れパワーも出る。

1 スタンス幅
クロスはスタンスが広め

スタンス幅が
広めの

クロス

A１、B２のクロスはスタンス幅が広め。いちばん広いのがB2、次に広いのがA1

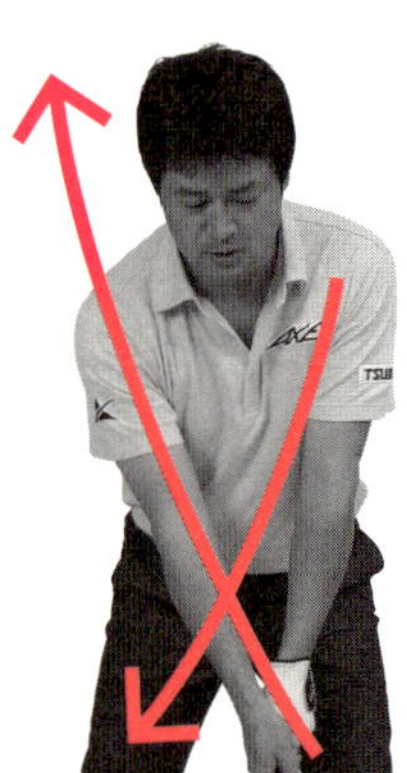

［いちばん広いB2］

バックスイング重視のB２は左肩を右腰に沈めてテークバックを切り上げるためスタンスを広めにとる

［2番目に広いA1］

フォローサイド重視のA１は左肩と右足で引っぱり合うカタチを作りたいのでスタンスを広めにとる

スタンス幅が狭めの
パラレル

Ａ2、Ｂ 1のパラレルはスタンス幅が狭め。いちばん狭いのがA2、次に狭いのがB1

パラレルはスタンスが狭め

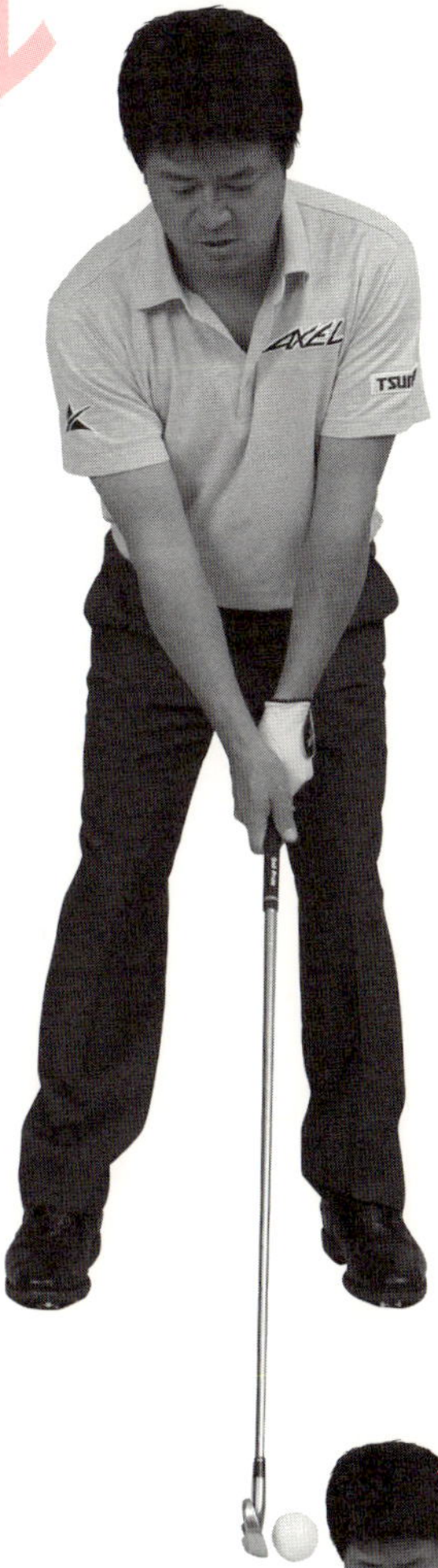

［ 2番目に狭いB1 ］

バックスイング重視のＢ 1はその場でクルッとバックスイングを上げたいのでスタンスを狭めにとる

［ いちばん狭いA2 ］

フォローサイド重視のＡ 2はその場でクルッとフォローをとりたいため狭めのスタンスで構える

2 スタンスと重心位置

太モモおよびヒザ下の回内、回外について

［ A2 ］
重心は外側

A２は太モモが外旋するがヒザから下が回内するタイプ。右足はほぼ直角。左軸のため左足ツマ先は少し開く

［ A1 ］
重心は内側

太モモは内旋、ヒザから下は回外するのがA１だが、右足のツマ先を直角くらいにして少し絞る。さらに左モモを外旋するようにすると早めに左軸にシフトすることができるので内側重心だが左足は少し残しておいたほうがよい

［ A2の特性 ］

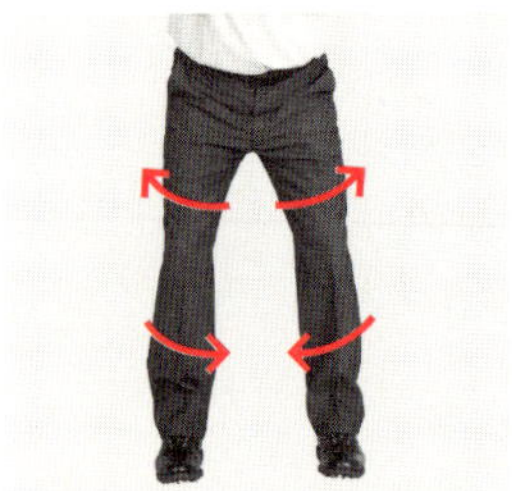

モモは外旋、ヒザから下は回内する

［ A1の特性 ］

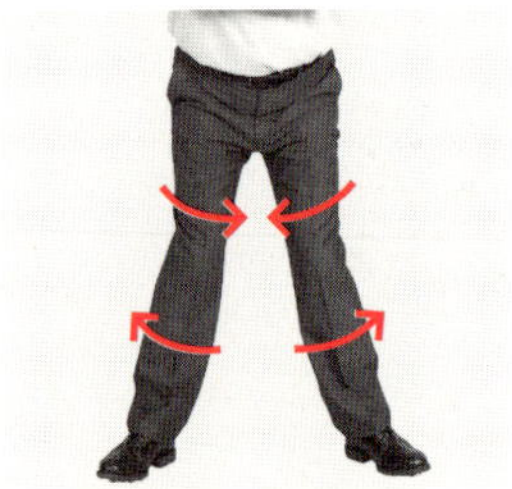

モモは内旋、ヒザから下は回外する

[B2]
重心は外側

太モモが外旋しヒザから下も外旋するタイプ。基本八の字にツマ先が開き両足とも内側に絞らない。ただし、カラダに対して強くインサイドアウトの雰囲気を出したいときは右足を絞ることがある

[B2の特性]

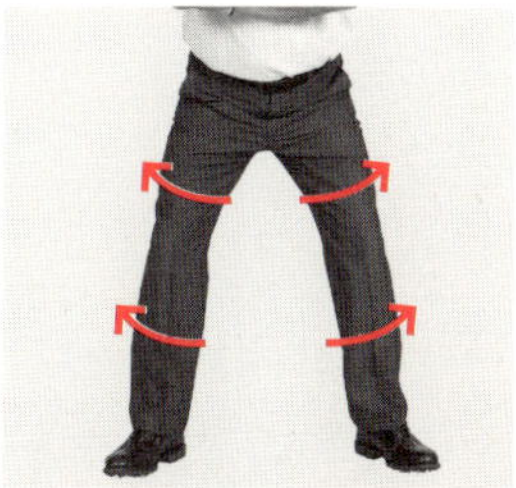

モモは外旋、ヒザから下は回外する

[B1]
重心は内側

太モモが内旋しヒザから下も内旋するのがB1。ただしカラダが柔らかい人やコントロール重視の場合は、あえてやや外側に重心をかけロックを使うこともある。また、左足のツマ先が開くとローテーションが遅れてしまうので注意が必要

[B1の特性]

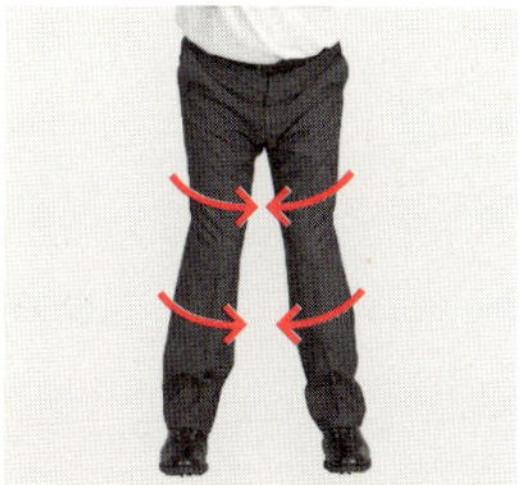

モモは内旋、ヒザから下は回内する

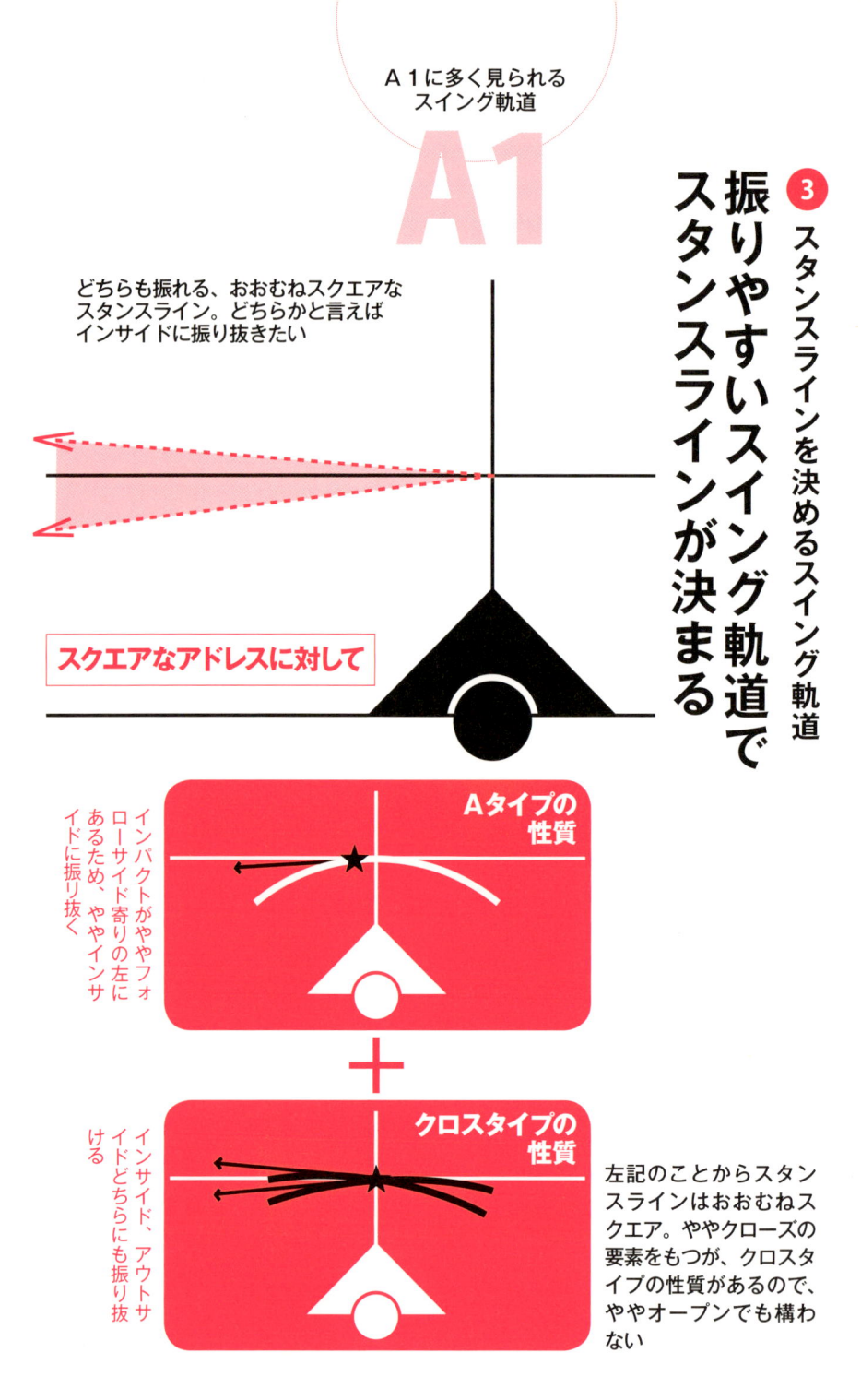

③ スタンスラインを決めるスイング軌道

振りやすいスイング軌道で スタンスラインが決まる

A１に多く見られる
スイング軌道

A1

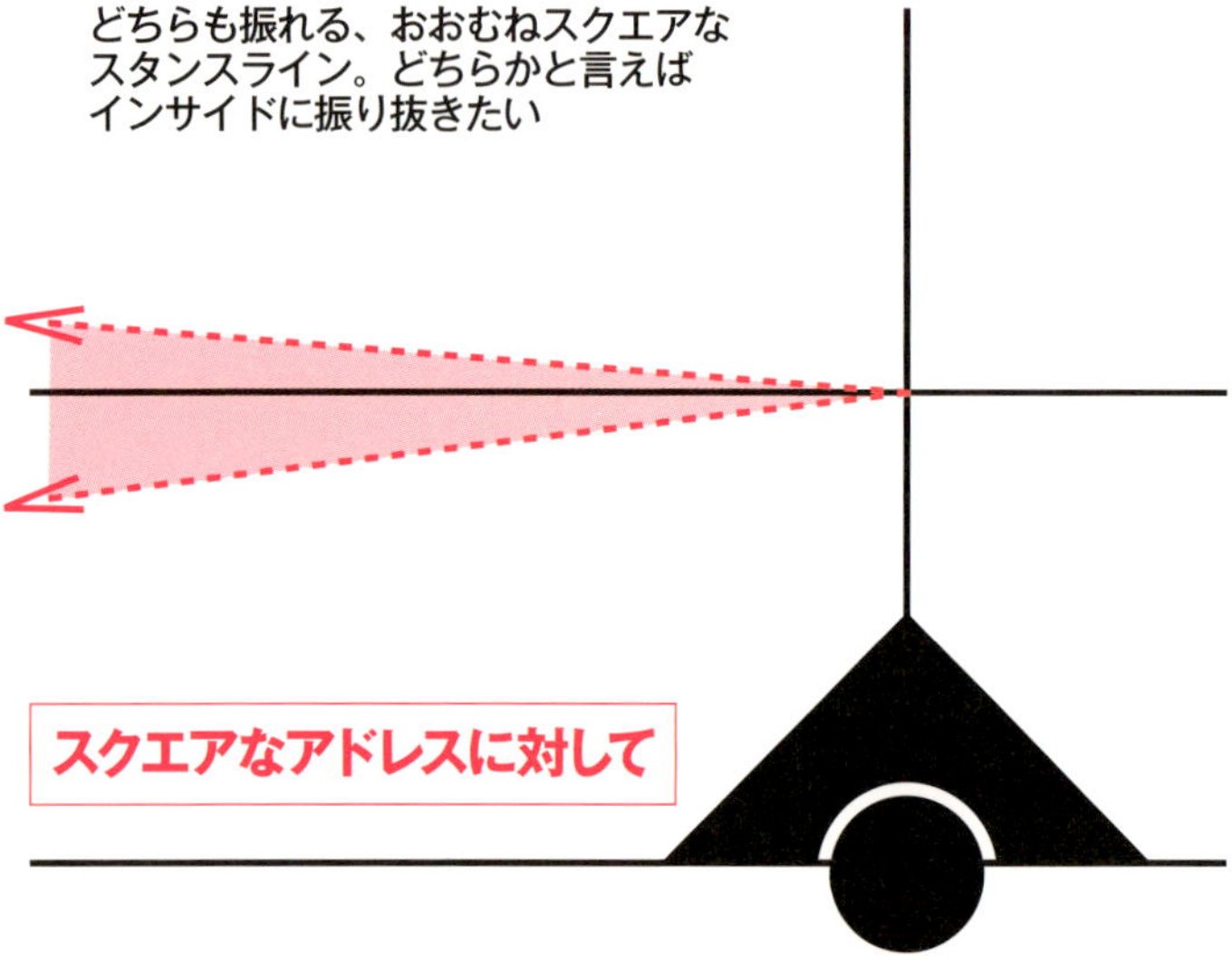

どちらも振れる、おおむねスクエアなスタンスライン。どちらかと言えばインサイドに振り抜きたい
スクエアなアドレスに対して

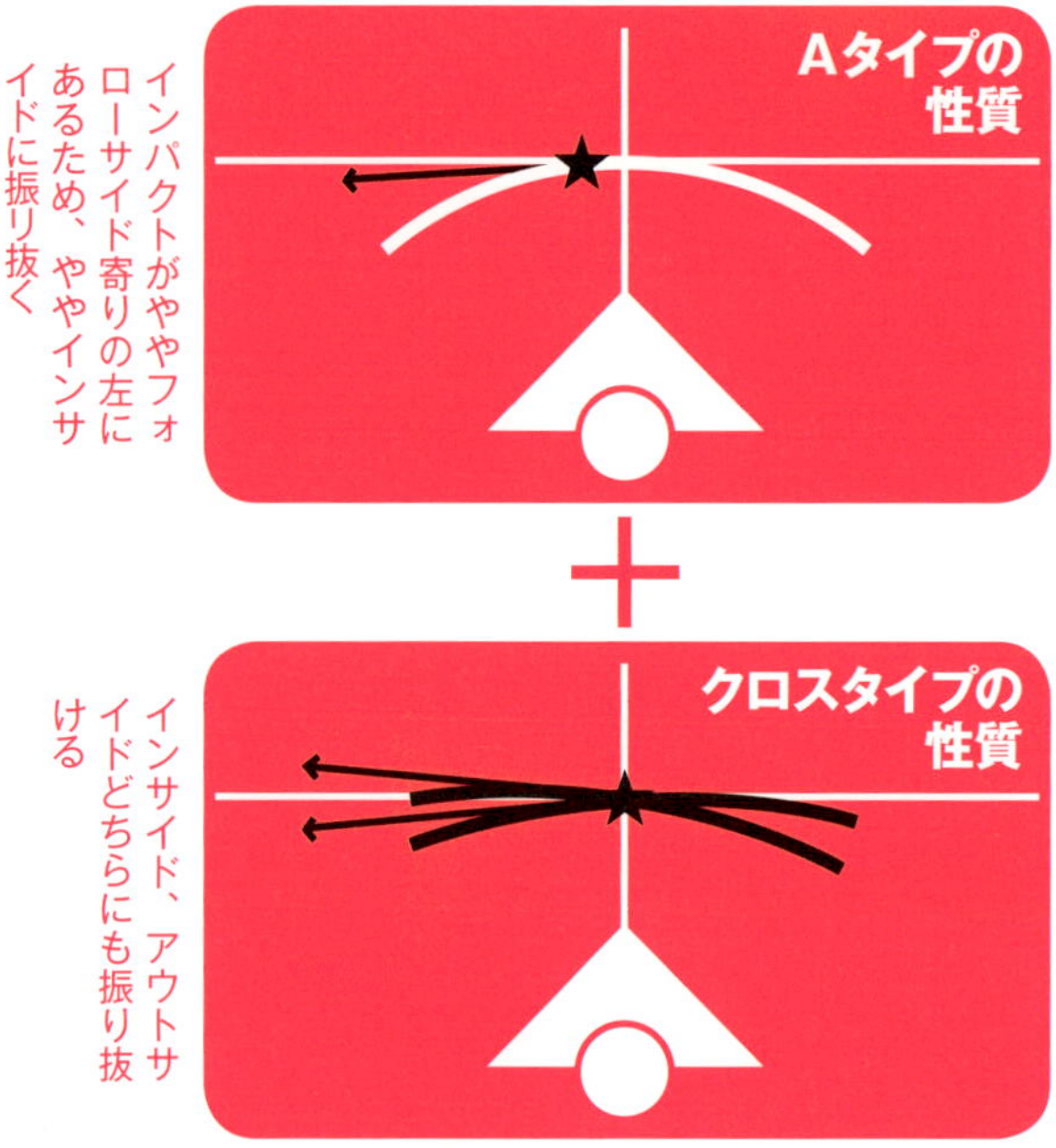

Aタイプの性質
インパクトがややフォローサイド寄りの左にあるため、ややインサイドに振り抜く
クロスタイプの性質
インサイド、アウトサイドどちらにも振り抜ける

左記のことからスタンスラインはおおむねスクエア。ややクローズの要素をもつが、クロスタイプの性質があるので、ややオープンでも構わない

A2に多く見られるスイング軌道

A2

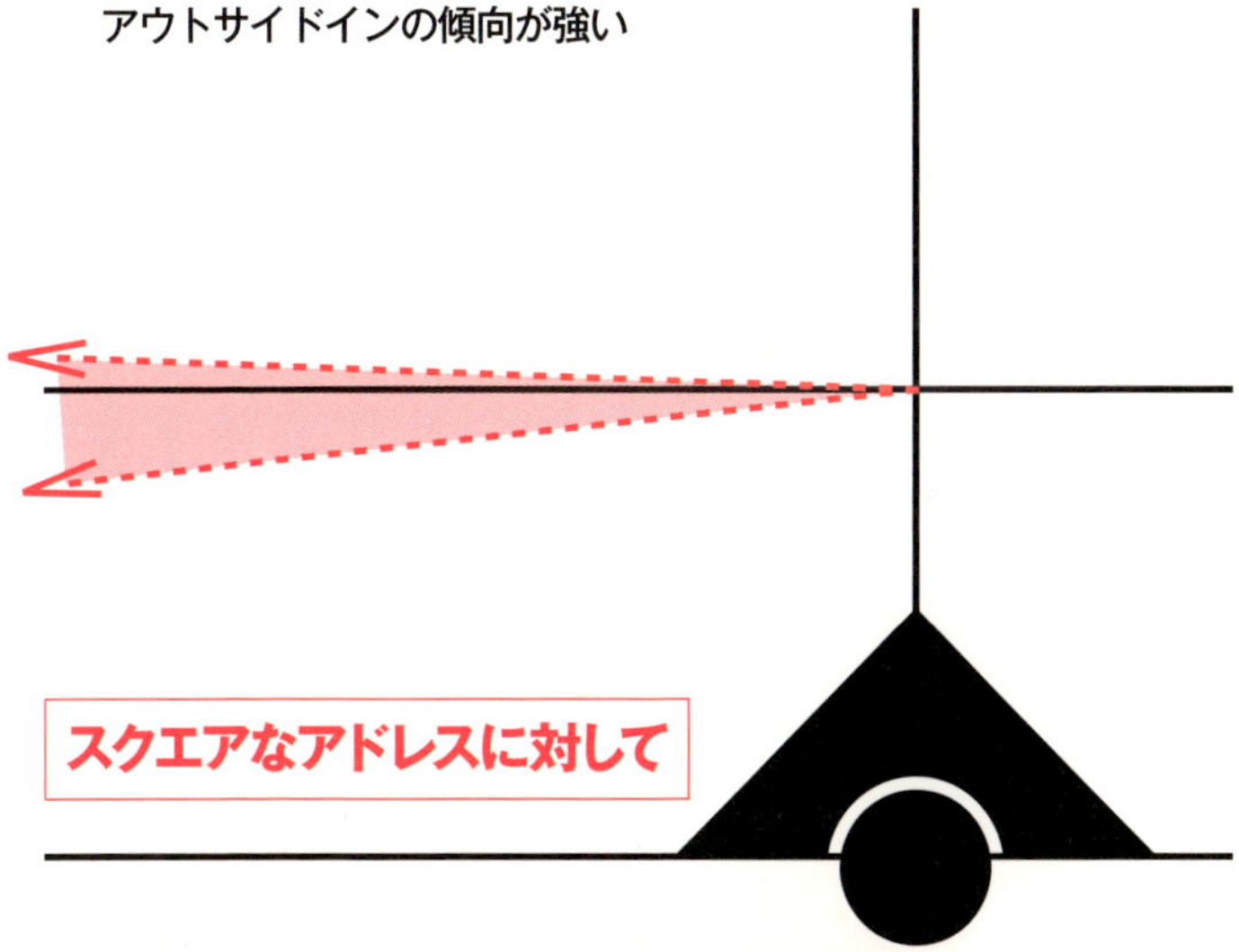
アウトサイドインの傾向が強い
スクエアなアドレスに対して

インパクトがややフォローサイド寄りの左にあるため、ややインサイドに振り抜く

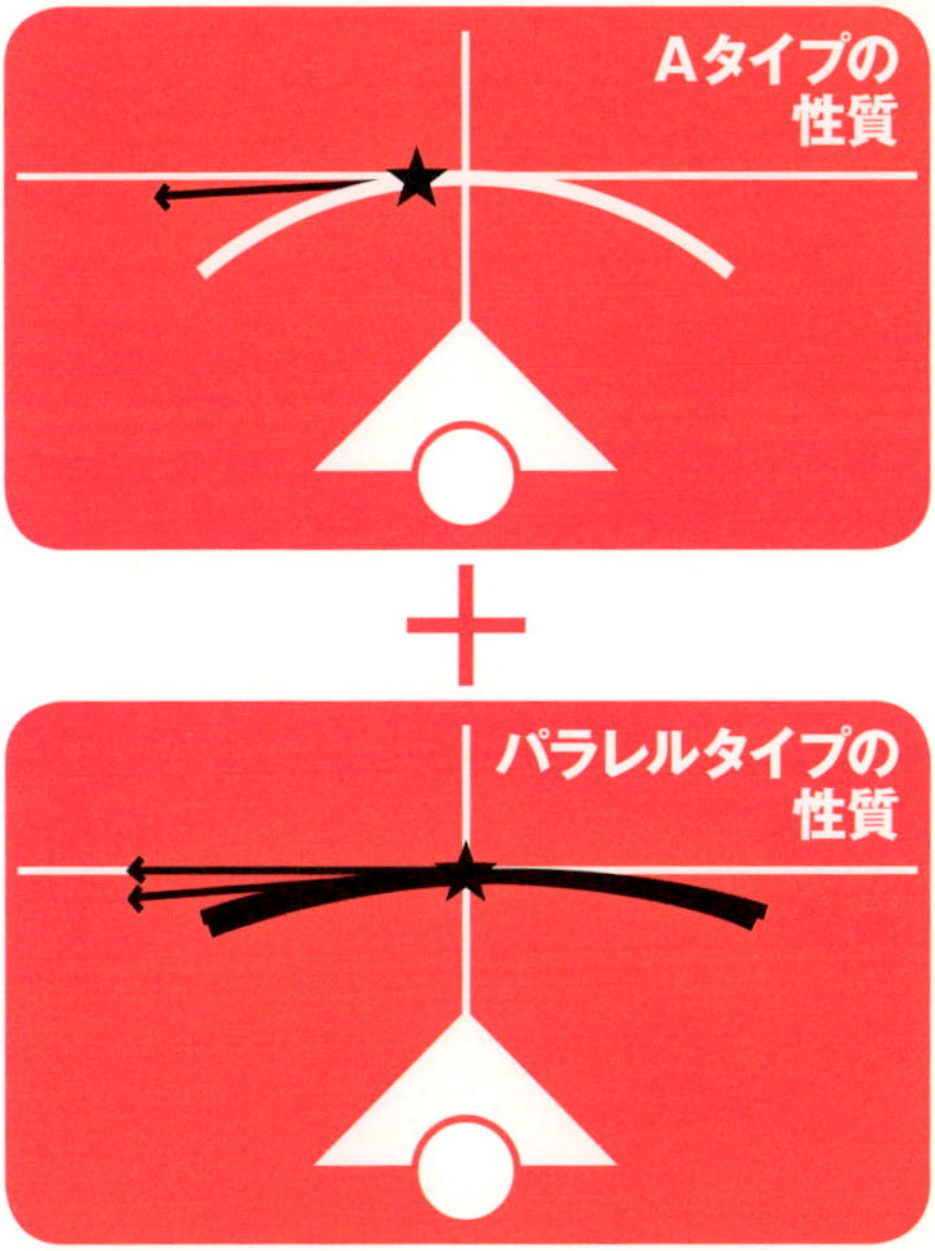
Aタイプの性質
+
パラレルタイプの性質

ストレートもしくは、ややアウトサイドインのスイング軌道

左記のことから４タイプの中でもっともアウトサイドインの傾向が強い。スクエアスタンスからフェードを打つが、スタンスラインをややクローズにしてストレートも打つ。右足を大きめに引けばドローも打てる

Ｂ １に多く見られる
スイング軌道

B1

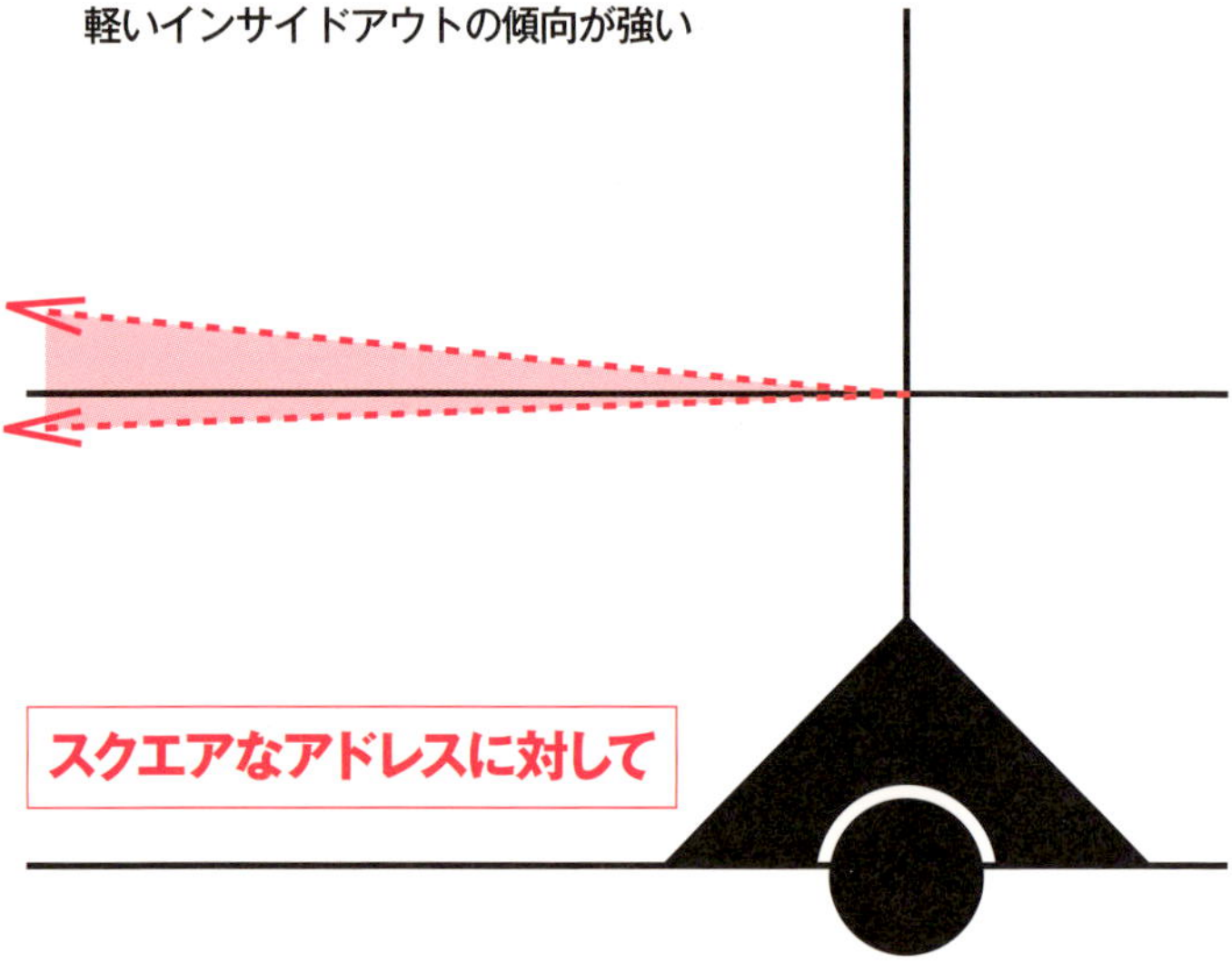
軽いインサイドアウトの傾向が強い
スクエアなアドレスに対して

インパクトが右股関節の右サイドにあるため、ややインサイドアウトになる

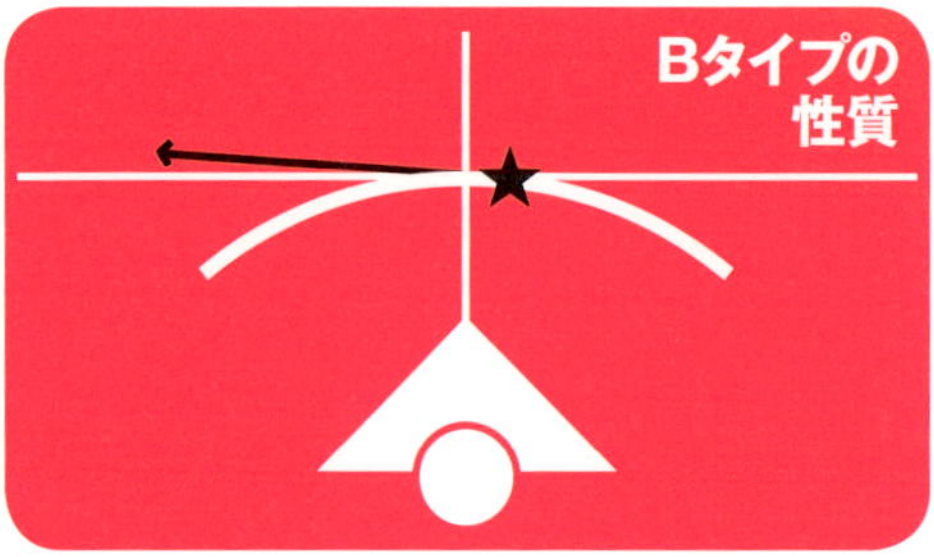
Bタイプの
性質

ストレートもしくは、ややアウトサイドインのスイング軌道

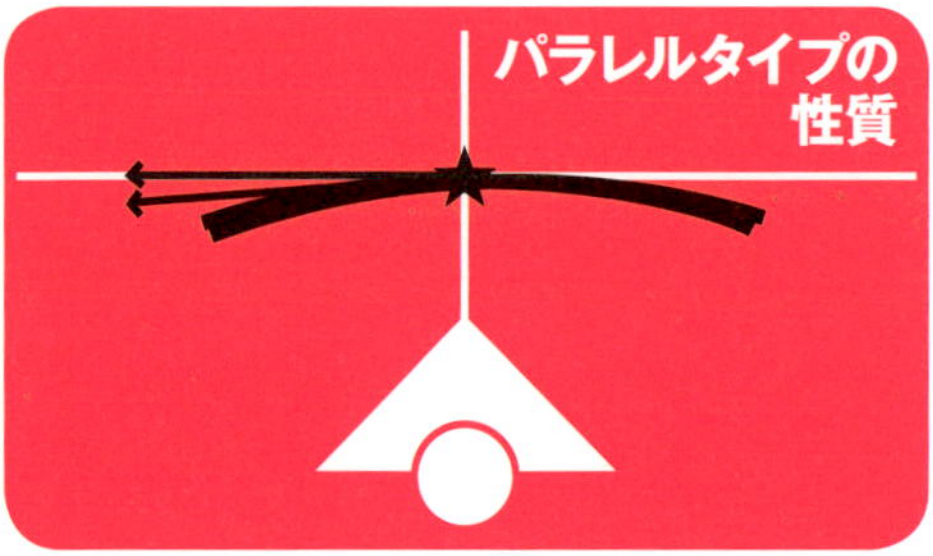
パラレルタイプの
性質

４タイプの中では左右のツマ先を開かないスクエア感の強いスタンスライン。基本的にカット打ちの傾向が強いので、カラダをねじってインサイドアウトに振るのは苦手

B2に多く見られるスイング軌道

B2

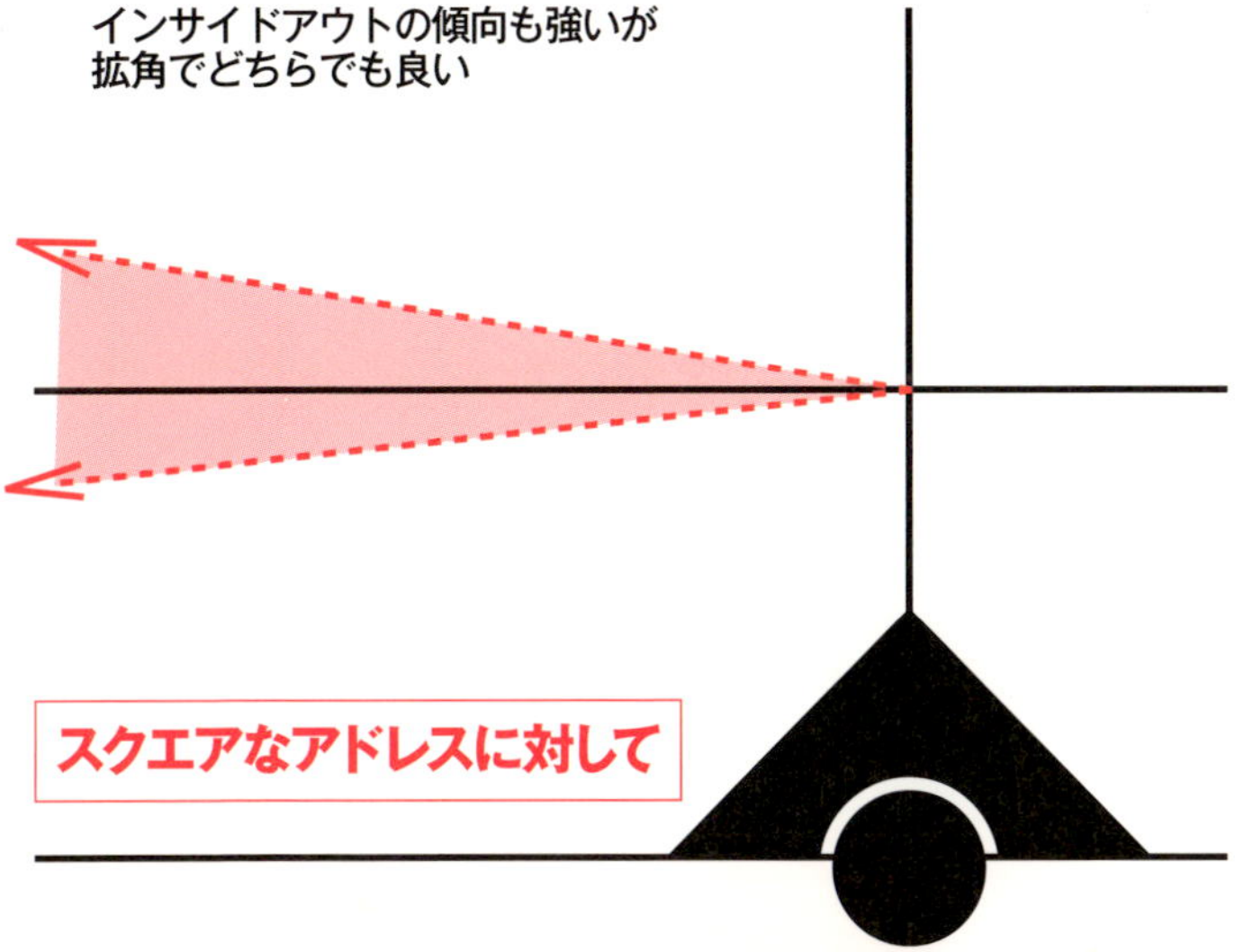
インサイドアウトの傾向も強いが
拡角でどちらでも良い
スクエアなアドレスに対して

インパクトが右股関節の右サイドにあるため、ややインサイドアウトになる

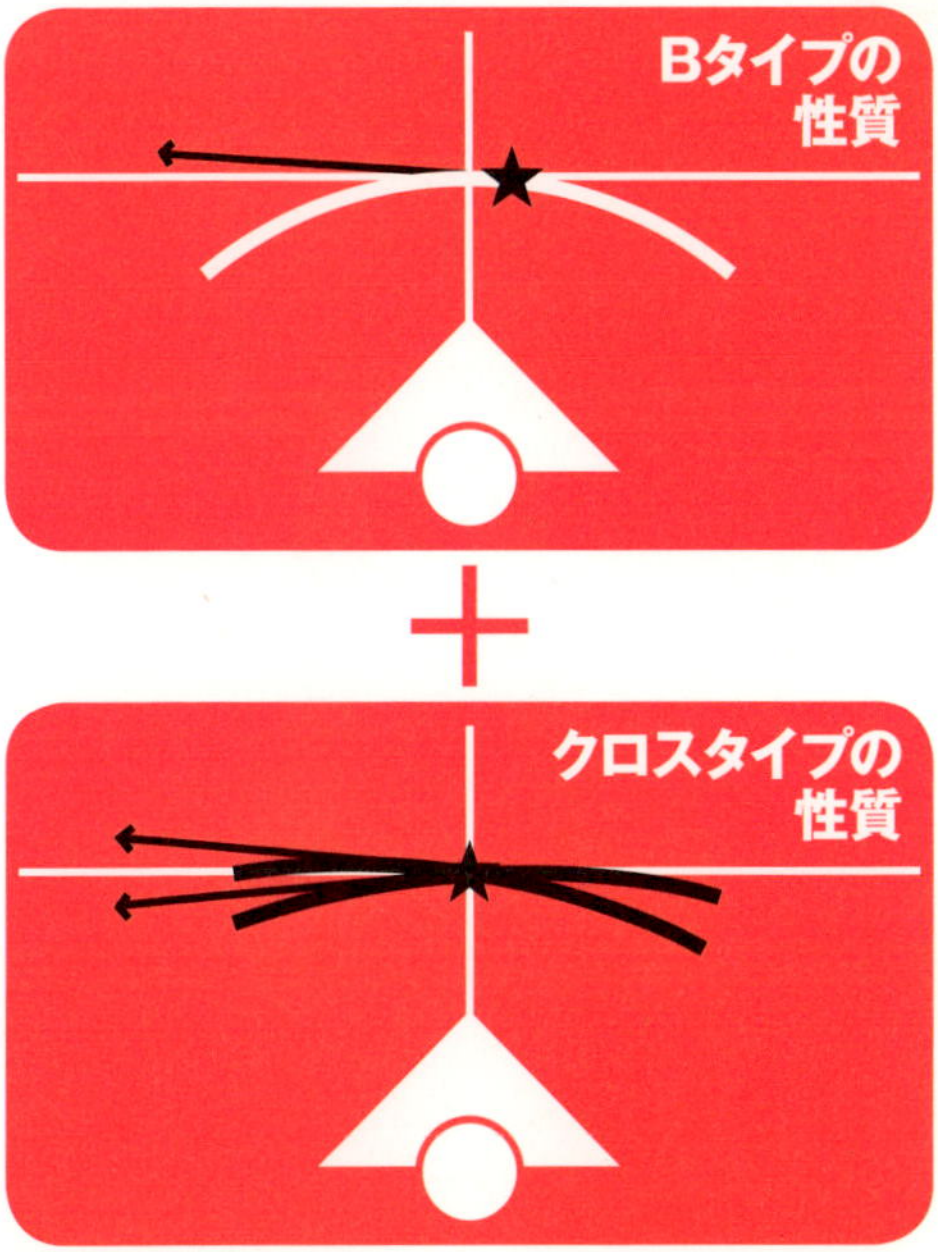
Bタイプの
性質
クロスタイプの
性質

インサイド、アウトサイドどちらにも振り抜ける

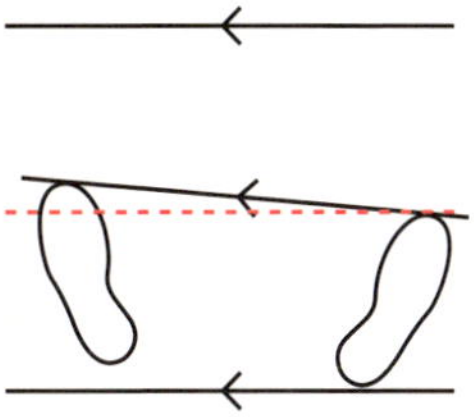

クロスなので右を向いて引っぱるのもあり

Ｂ２の８～９割がオープンスタンス。カラダをクロスして使うのでスクエアにこだわらない。オープンスタンスでドロー、クローズドでフェードが打てる

4 スタンスラインとツマ先の向き、スイング軌道

振りやすい軌道がスタンスラインを決めている

ややオープンから
ややクローズドの

A1

スタンスラインはおおむねスクエア。ややオープンから、ややクローズドが多い。気持ちはターゲットに

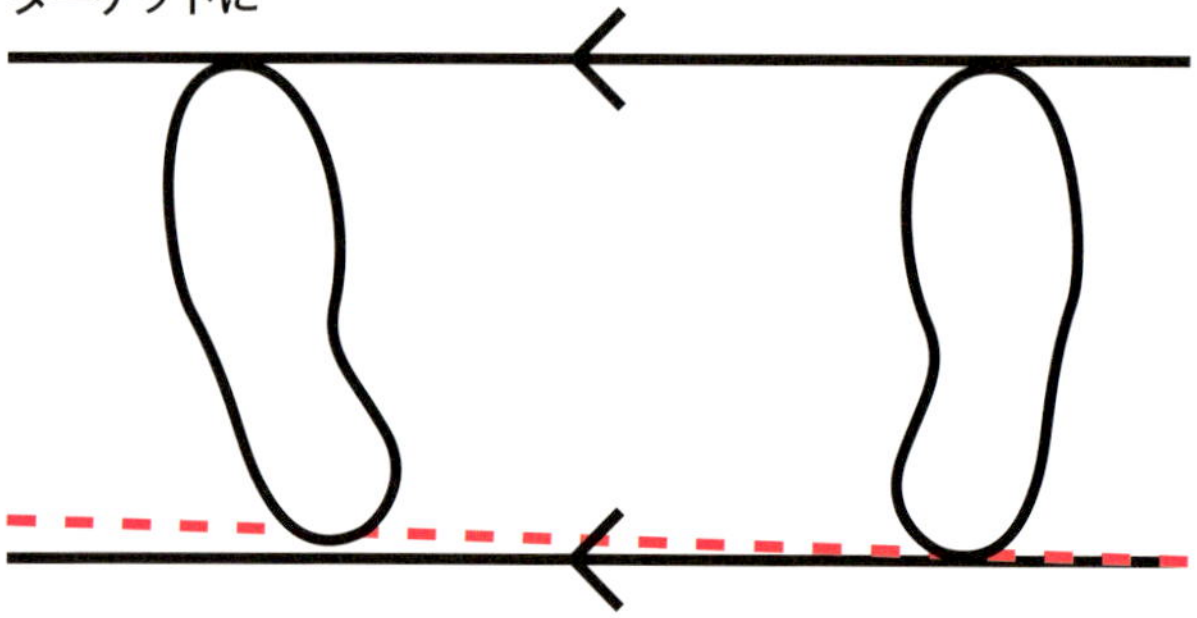

クロスタイプでフォロー重視のＡ１は左肩と対側の右足を引き伸ばしたい。そのためややクローズド気味に構えたり、グレッグ・ノーマンのように、インパクト前後で右足を引き、結果的にクローズドでインパクトしてパワーを出すケースも多い。パッティングも少しクローズドスタンス（クローズドフェース＝結果、カラダに対してクローズドフェース）気味の傾向が多い。カラダに対してインサイドに振り抜きたい傾向が見られる。クロスタイプなのでインサイド・アウトに振り抜くこともできるのでオープンスタンスでもよい

［ A1の極端な例 ］

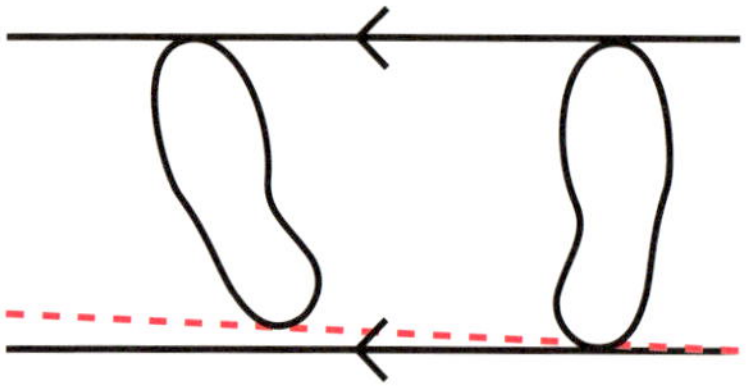

左足軸で引き上げるため、フォローでインに抜けるスイング軌道になる。カカトのラインをちょっとクローズドにするとスクエアに振れる

NGワード：右ツマ先を思いきり開け!

スクエアから
ややクローズドの

A2

基本的にはスクエア。足はクローズドになることもあるが、肩はスクエアに保つこと。気持ちはターゲットにではなく、ターゲットラインに対して平行に立つ意識が必要

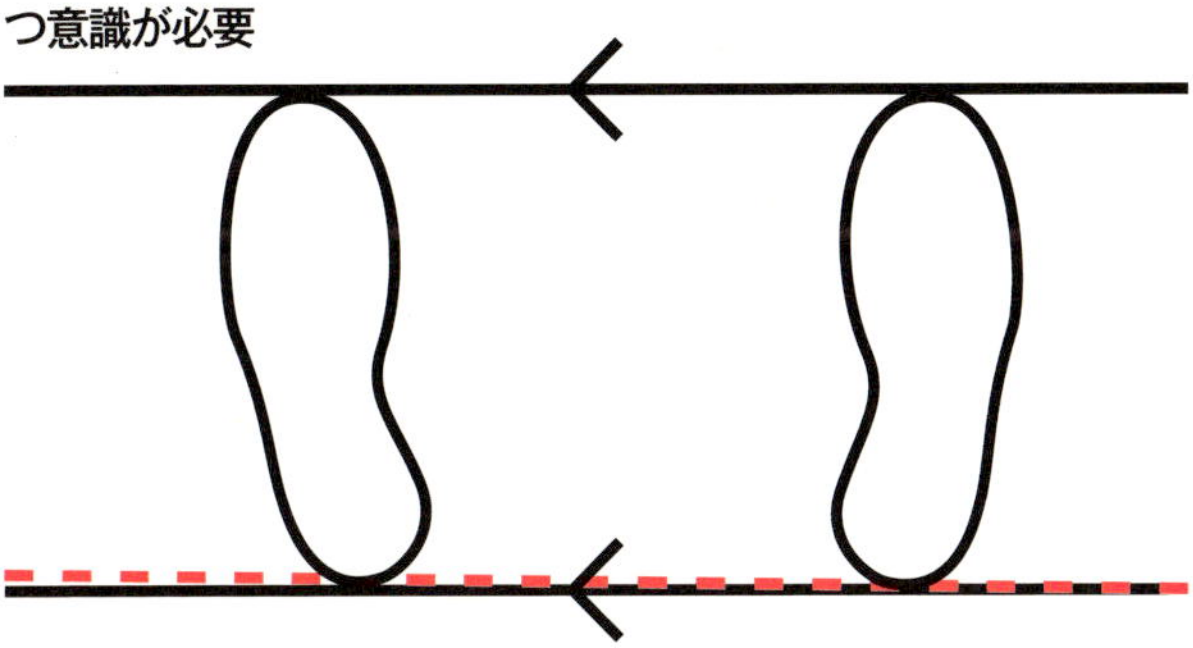

目標物に対して向いてしまうと、カラダのラインがかぶってしまうので注意が必要（Ａ２はたまにクローズドもいる。理由は左軸で、左サイドへの引き腕重視のため。Ａ１同様インサイドに振りやすいからと思われる。しかし、スタンスはクローズドでも肩はスクエアがいいだろう）。
特に肩がかぶらないように注意。肩が目標を指すと、右を向くことになる。肩は目標ラインと平行に

［ A2の極端な例 ］

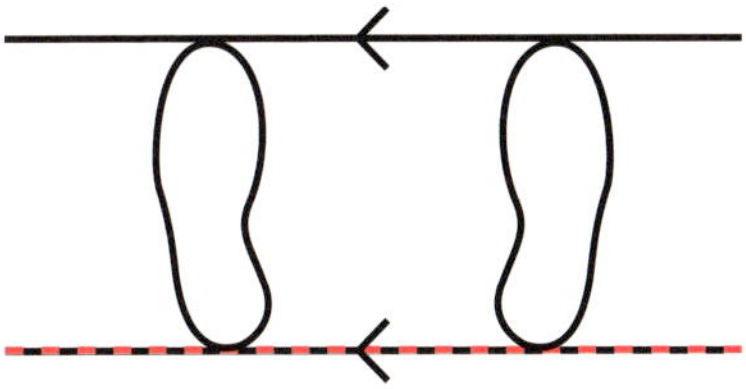

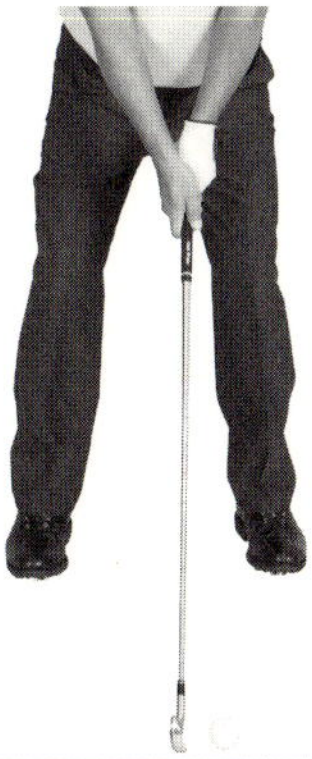

あくまでスクエアにこだわるのがＡ２。左右のツマ先をほとんど開かず、カカトのラインも揃っているカタチが極端な例となる

NGワード：右ツマ先を開け!

スクエアの
B1

基本的にはスクエア。気持ちはターゲットにではなく、ターゲットラインに対して平行に立つ意識が必要

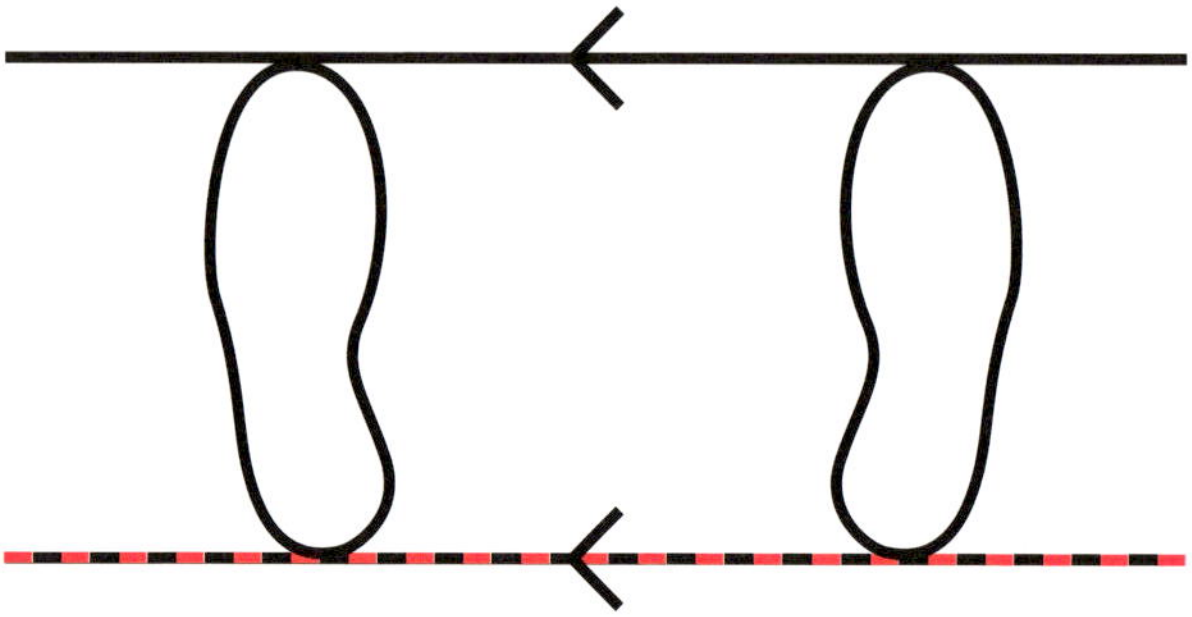

目標物に対して向いてしまうと、カラダのラインがかぶってしまうので注意が必要。肩が目標を指すと、右を向くことになり、クラブが寝て入る原因になる。Ｂ１が右を向くと一時的にはよくなるが、スイング自体は悪くなるので注意が必要だ

[B1の極端な例]

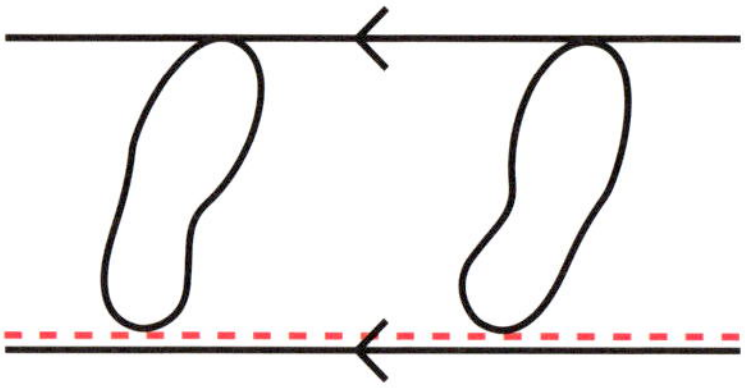

早めにフェースローテーションしたいＢ１は、左ツマ先を開きすぎると左サイドのカベがなくなり振り遅れる。バックスイング重視のＢなので、フルスイングでは右足を締めすぎない

NGワード：左ツマ先を開け!

郵便はがき

お手数でも
郵便切手
をお貼り
ください

104-8233

東京都中央区京橋3-7-5
京橋スクエア11F

実業之日本社

「愛読者係」行

ご住所　〒
お名前
メールアドレス

ご記入いただきました個人情報は、所定の目的以外に使用することはありません。

お手数ですが、ご意見をお聞かせください。

この本のタイトル

お住まいの都道府県

お求めの書店

男・女

歳

ご職業　会社員　会社役員　自家営業　公務員　農林漁業　医師　教員　マスコミ　主婦　自由業（　　　　）　アルバイト　学生　その他（　　　　）

本書の出版をどこでお知りになりましたか?

①新聞広告（新聞名　　　　　　）②書店で　③書評で　④人にすすめられて　⑤小社の出版物　⑥小社ホームページ　⑦小社以外のホームページ

読みたい筆者名やテーマ、最近読んでおもしろかった本をお教えください。

本書についてのご感想、ご意見（内容・装丁などどんなことでも結構です）をお書きください。

どうもありがとうございました

強めのオープンから軽いクローズドの
B2

強めのオープンでも軽いクローズドでもOK。気持ちはターゲットに

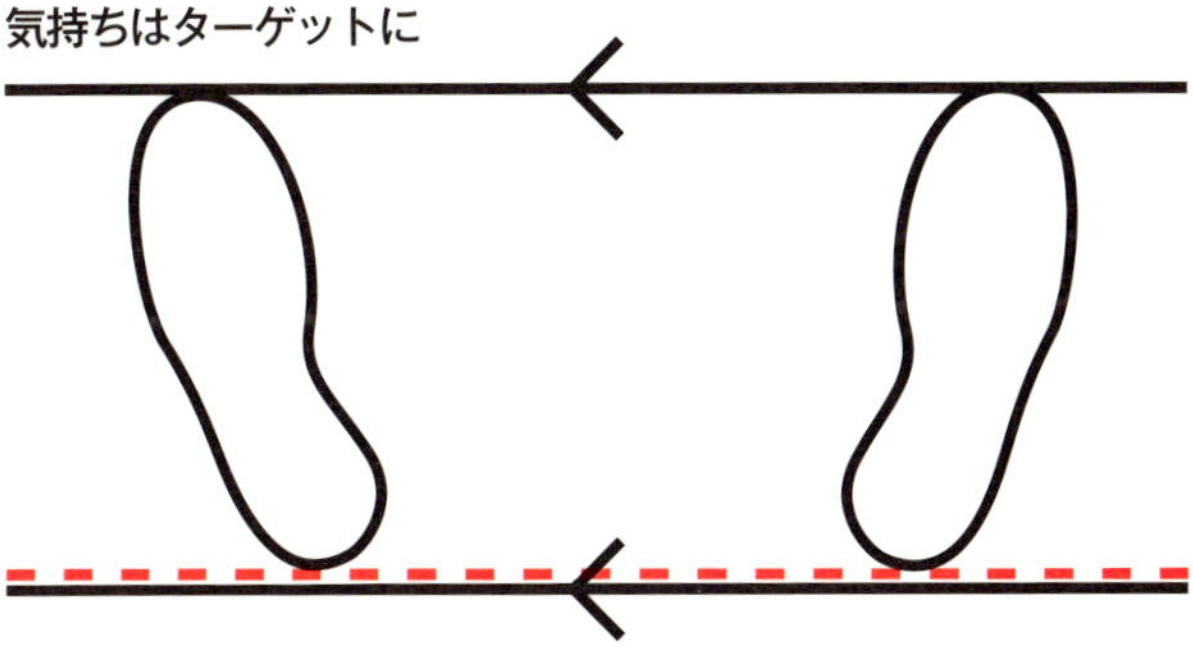

ややや強めのオープンスタンスやスクエアから、大きく右に飛び出すフックを打つタイプが多い。カラダに対してインサイドアウトに振りたがるのは、右足軸で右足に圧力をかけるため。切り返しで対側の左肩を開かないよう、左肩と右下半身に沈みながら圧力をかける。結果、肩は右を向いてインパクト。パワーをためるほど右を向く。このためパワーを出すドライバーのボール位置は右足軸にもかかわらず左足寄りに置く傾向もある。フィル・ミケルソンやアーニー・エルスのように、足や肩のラインをクローズドにする人も多い。やや右を向き、対側を縮めて左に引っぱり込むことにより、体幹をクロスして圧縮、フォローで気持ちよく振り抜くタイプだ

[B2の極端な例]

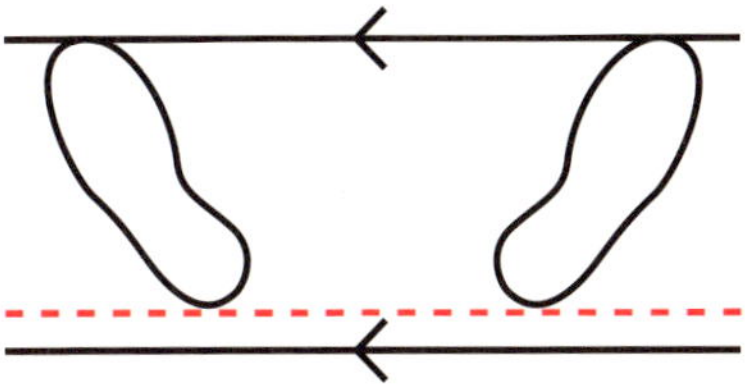

フルショットの場合はハの字型になる傾向が強い。ツマ先側を閉めると打ちづらい

NGワード：両ツマ先を開くな!

第4章

アドレス

ゴルフでもっとも重要と言われるアドレスだが、
一般的によいとされているアドレスの中には、
あるタイプにはまったくそぐわないスタイルがある。
自分のタイプに合ったアドレスをしてはじめて、
ナイスショットのお膳立てができる。

1 ヒジのポジション（重要）

ベストなヒジ位置

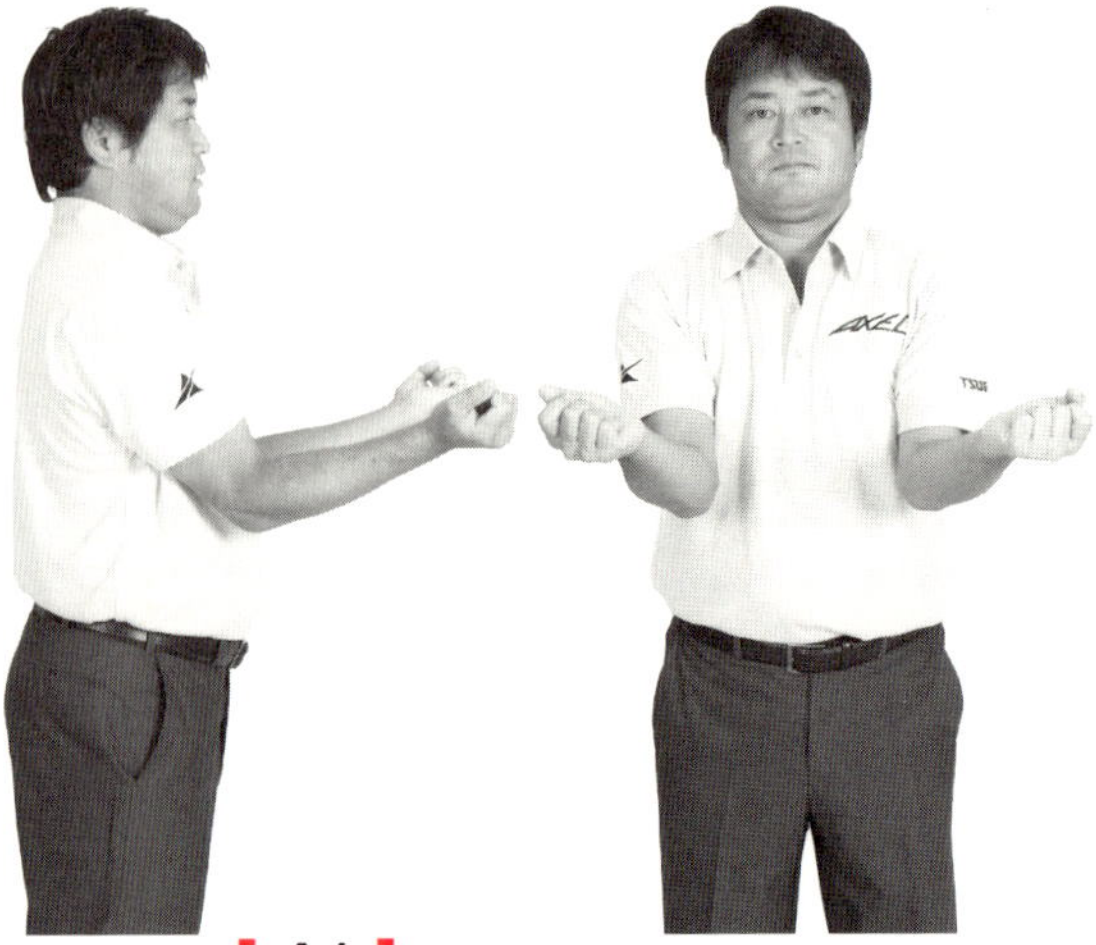

[A1]

上半身の腹筋タイプ。４つのタイプの中では両ヒジの間隔がもっとも狭く、いちばんお腹側にヒジがくる

[A2]

上半身の背筋タイプのＡ２は、カラダの真横、体側にヒジがくる

筋トレのアームカールなどで力を入れるとき、力が入りやすいヒジの位置が4タイプそれぞれで違う。最高のパフォーマンスが生まれるポジションを知っておくことが大切な要素になる。

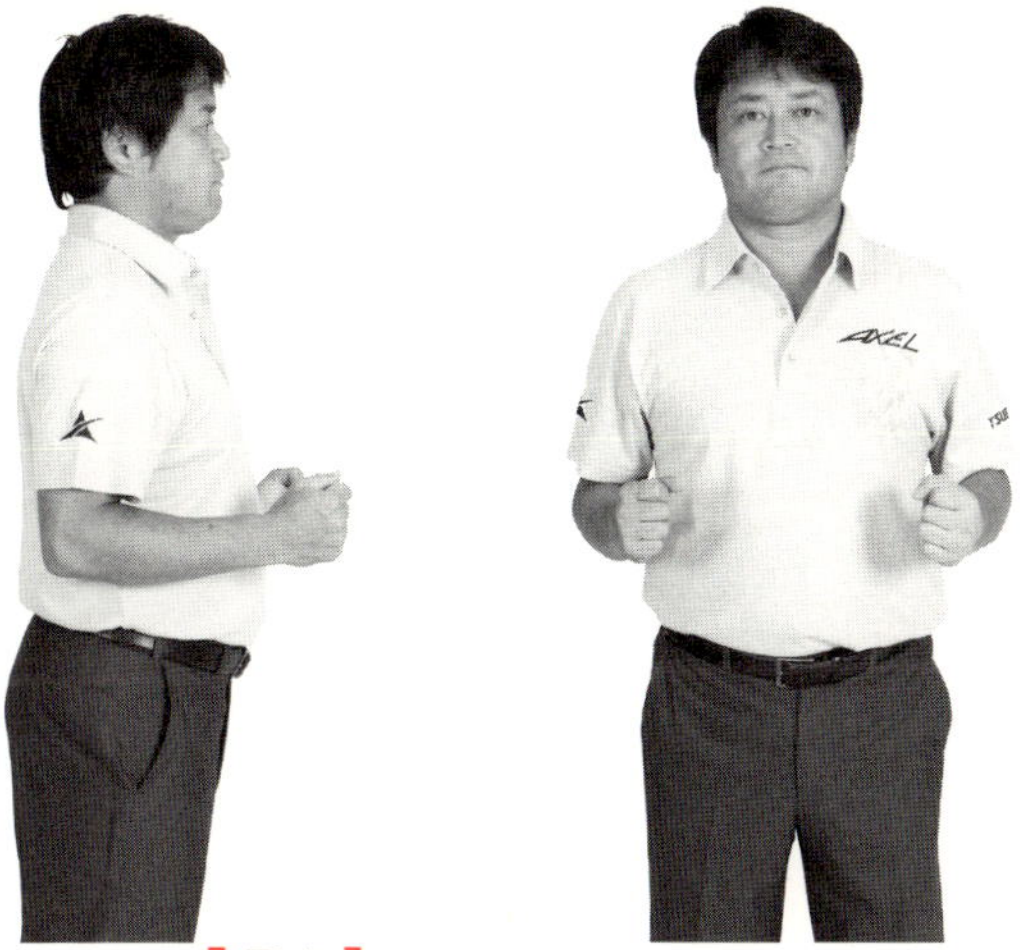

[B1]

上半身の背筋タイプ。4つのタイプの中でヒジの位置がもっとも背中側にくる

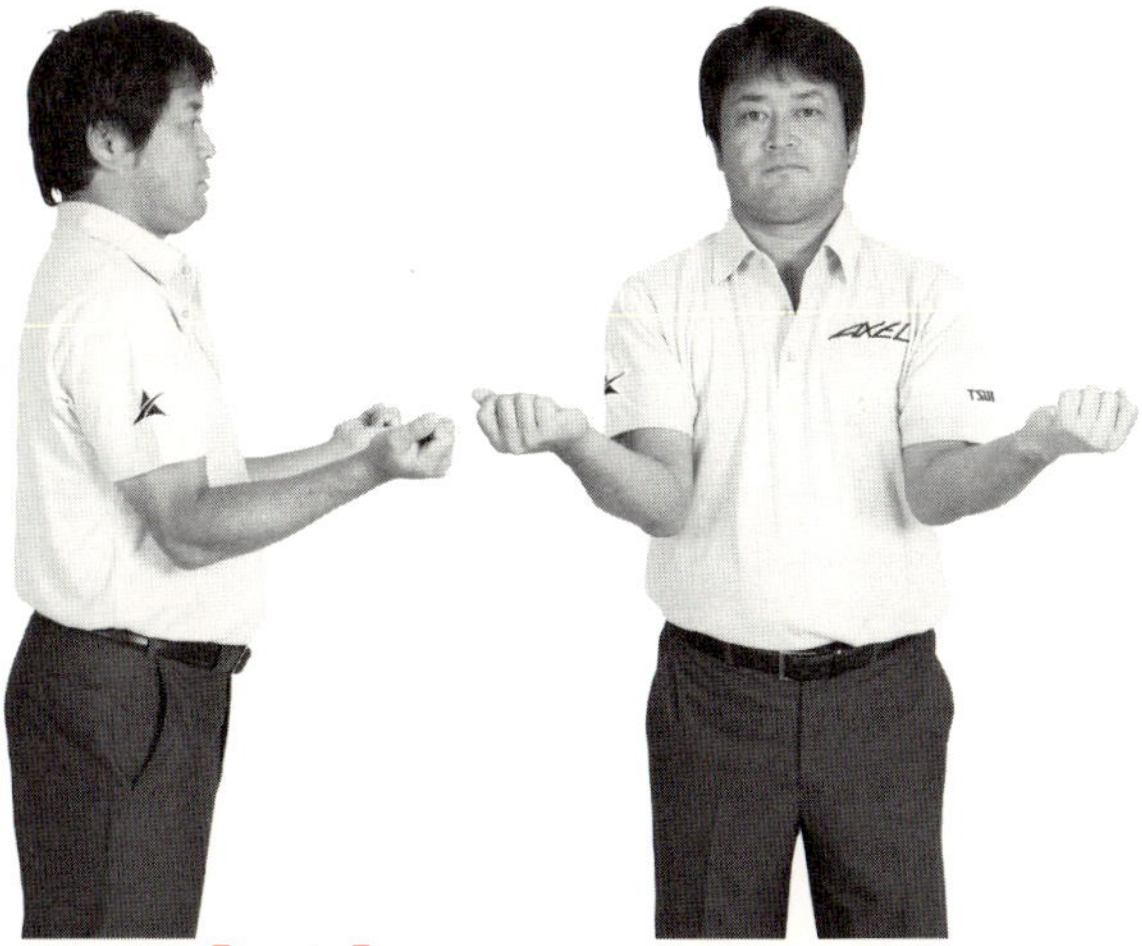

[B2]

上半身の腹筋タイプなので、ヒジの位置はお腹側にくる

フトコロを作る

A1

② 背すじを伸ばすか、伸ばさないか

フトコロを作るA1

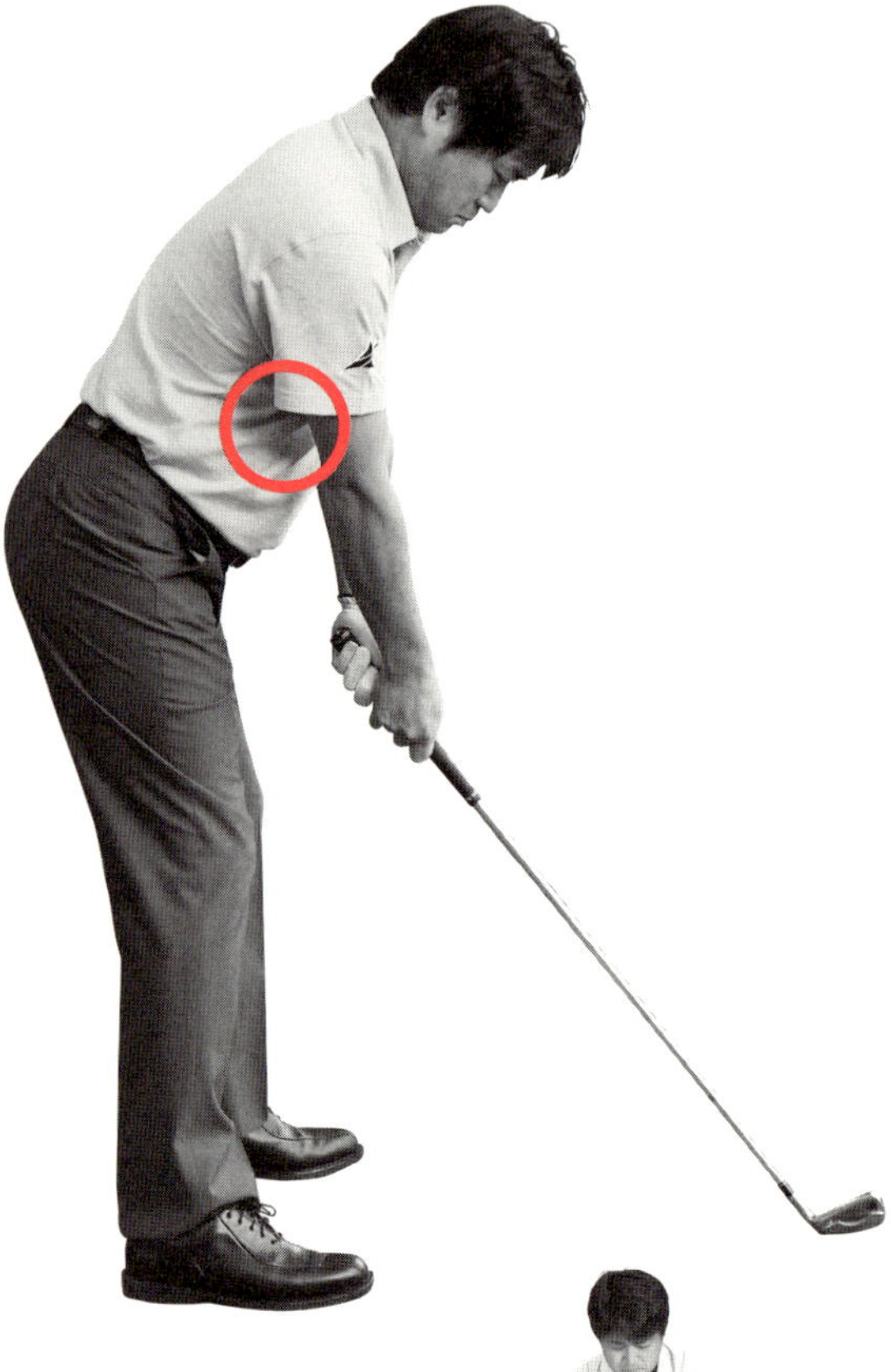

クロスタイプのA１はヒジをみぞおちの前でセットしフトコロを作り、腕の通り道を確保する。前面のP２（みぞおち）にボールが入っているイメージもよい。背中を反らせないこと

背中を張る

A2

背中を張るA2

背筋を張るタイプのパラレルは猫背になると機能しないので、背中側のP２（みぞおち）にやや張りをもたせる。ただし、張りすぎたり背中が反ってしまうと動かなくなるので注意する

腰に
張りをもつ

B1

❷ 背すじを伸ばすか、伸ばさないか

腰に張りをもつB1

背筋を張るタイプではあるが、背中のみぞおちを張るとカラダがロックしてしまう。Ｐ３（腰）に張りをもつと姿勢がよくなる。丸めることで張りをもつ青木功プロタイプもある

背すじを
伸ばさない

B2

背すじを伸ばさないB2

もっとも重心が低く、丹田にふところを作るイメージ。丹田が安定すると他の部分が動き出す。背すじを伸ばしたらアウト

※丹田…… 東洋医学で言う体内部位のひとつ。ヘソの下の下腹部に位置し「ヘソ下三寸」などとも呼ばれる。(三寸=約9センチ)

3 ボールを見る意識

Ｐ２やＰ３でボールを見る

４タイプのアドレスは、どこでボールを見るかを意識することで、そこに中心が生まれて軸ができる。

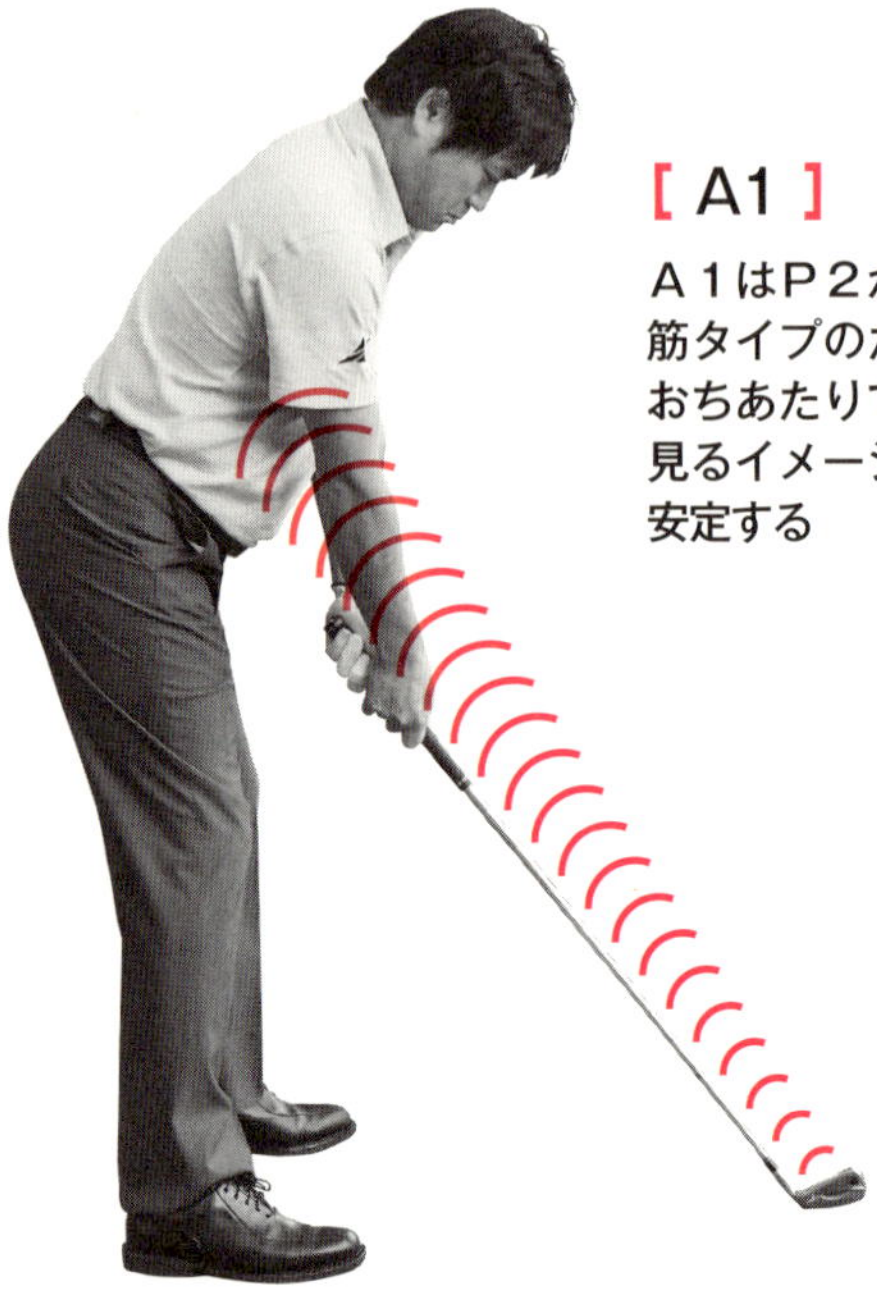

[A1]

Ａ１はＰ２が基点の腹筋タイプのため、みぞおちあたりでボールを見るイメージをもつと安定する

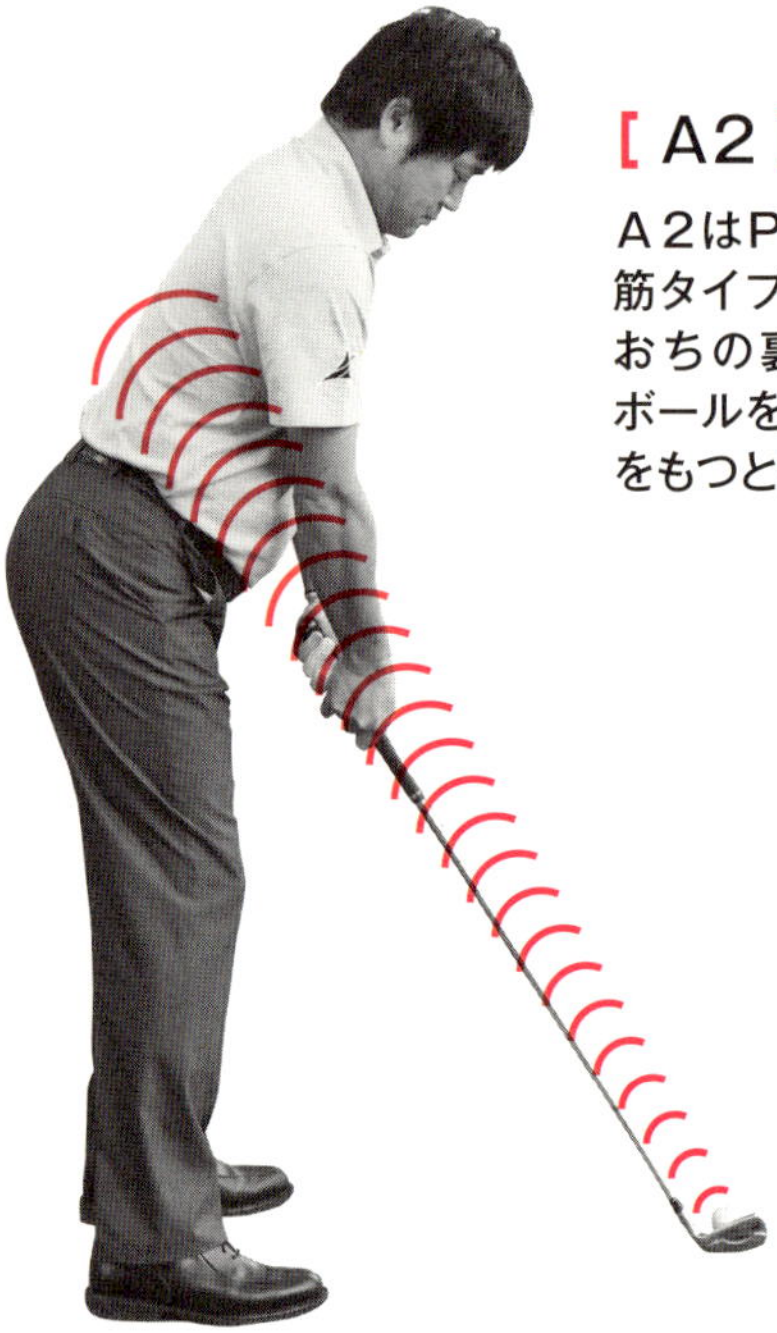

[A2]

Ａ２はＰ２が基点の背筋タイプのため、みぞおちの裏の背中側でボールを見るイメージをもつと安定する

Bタイプは P1とP3が基点となる。B1タイプは上半身主導なので特にP1でボールを見ると安定する

[B 1]

B1はＰ３が基点の背筋タイプのため、背中側の腰の尾てい骨のあたりでボールを見るイメージをもつと安定する

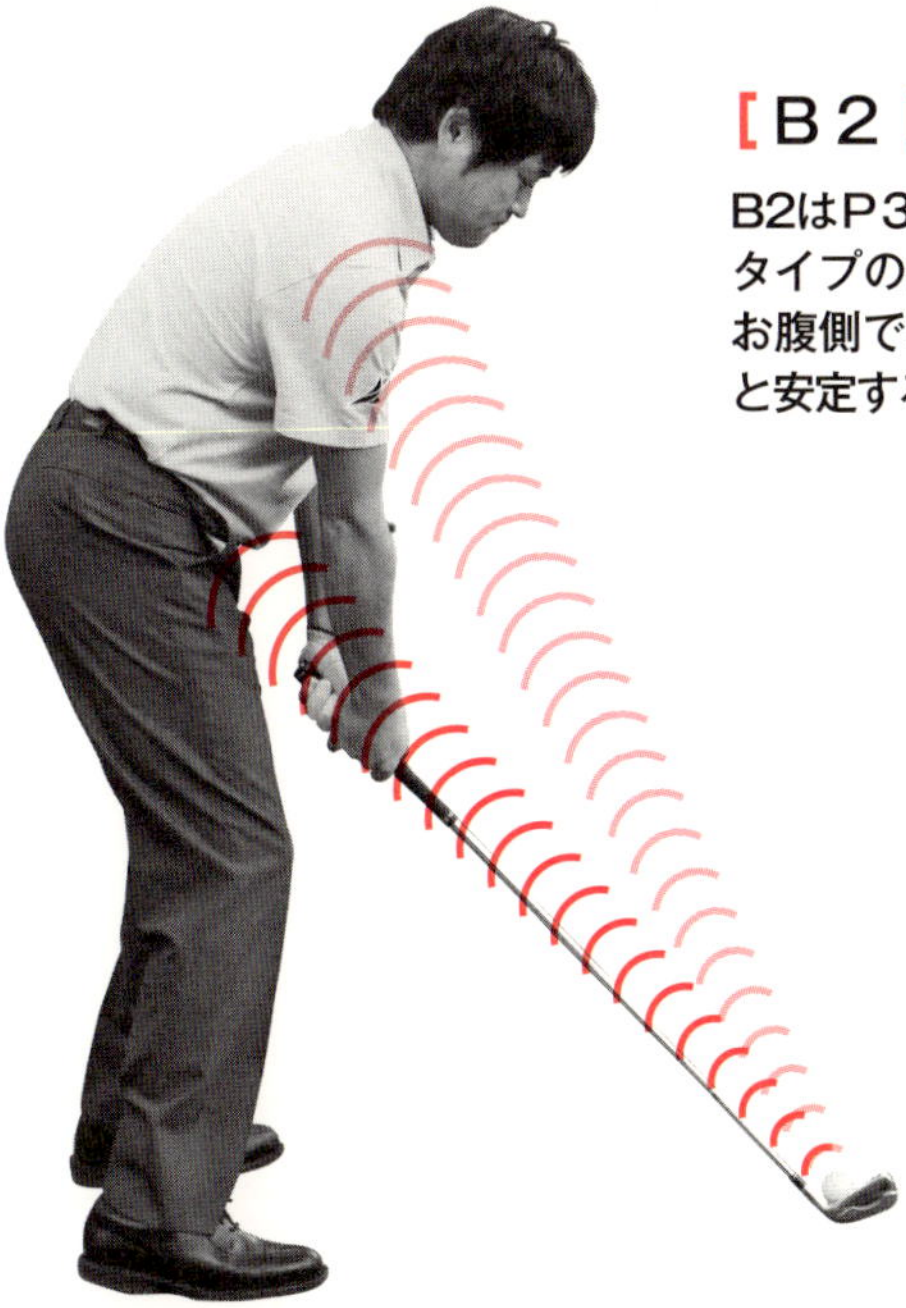

[B 2]

B2はＰ３が基点の腹筋タイプのため、腰でもお腹側でボールを見ると安定する

4 5ポイントの確認

AはP2、4、5が正しい位置で揃っているか確認

[お尻が出るA]

[A1]

P2、4、5を揃える
イメージ

[A2]

P2、4、5を揃える
イメージ

BはP1、3、5が正しい位置で揃っているか確認

[B1]

P1、3、5を揃えてからアドレスに入るイメージ。この段取りを踏めば、お尻は出てもよい。3つを揃えるためヒザが少し前に出る

[ヒザが出るB]

[B2]

P1、3、5を揃えてからアドレスに入るイメージ

第5章

スイング

グリップやアドレスでタイプごとに違いがあれば、
当然スイングにも違いが出る。
自分のタイプがわかったところで、
どのようなスイングができれば
持ち前のポテンシャルと生かせるのか。
ここでじっくりスイング作りに取り組もう。

❶ AとBの「動かす場所」、「止める場所」

肩と腰が動くA

肩と腰が
動く

A みぞおちに
ボールが入っているイメージ

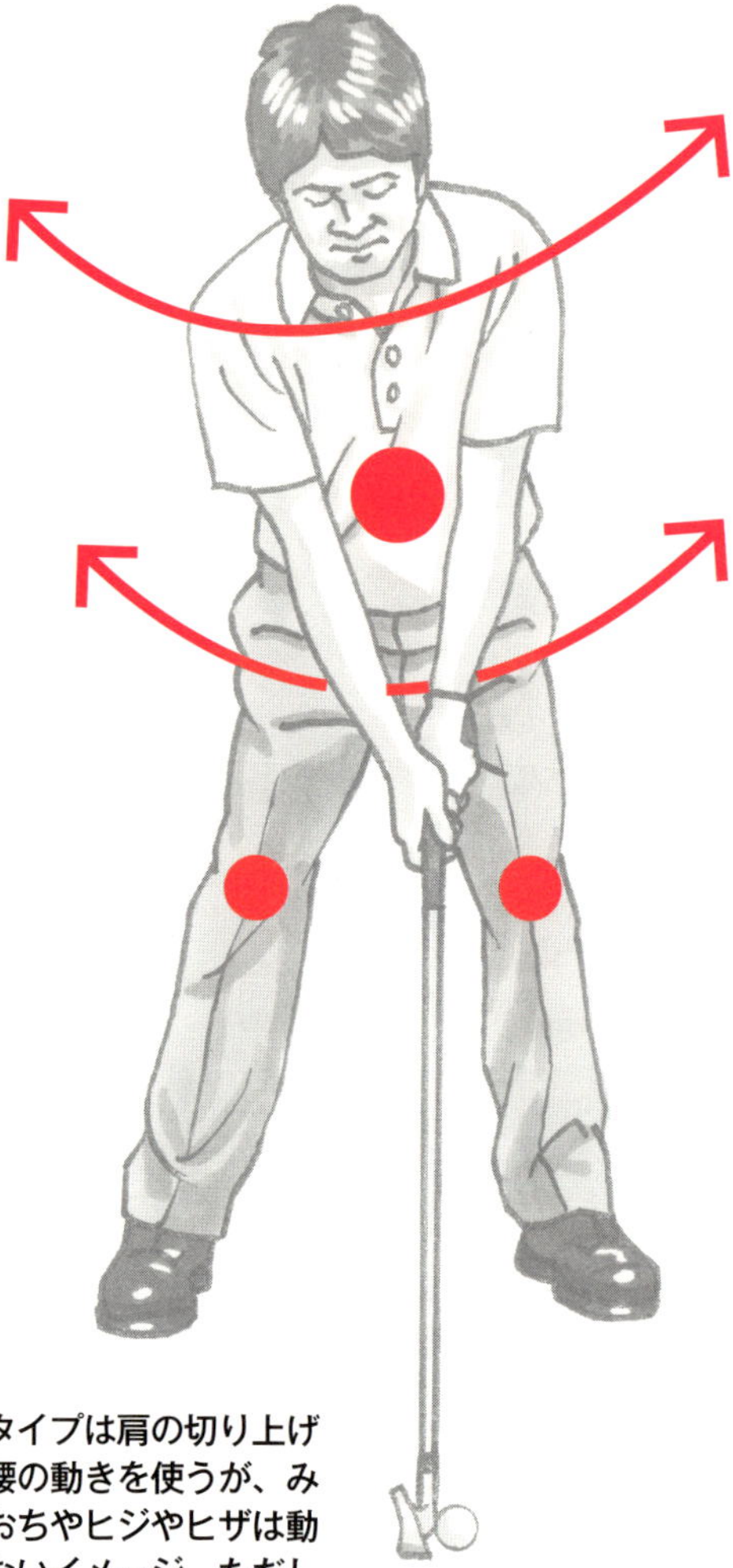

Aタイプは肩の切り上げと腰の動きを使うが、みぞおちやヒジやヒザは動かないイメージ。ただしA2はパラレルタイプなので下半身が上半身についてくる。インパクト後はヒザが上半身について“パタン”と右足が上がるので動いても構わない

ヒジやヒザが動くB

ヒジとヒザが動く

B

首のつけ根や
丹田を安定させる

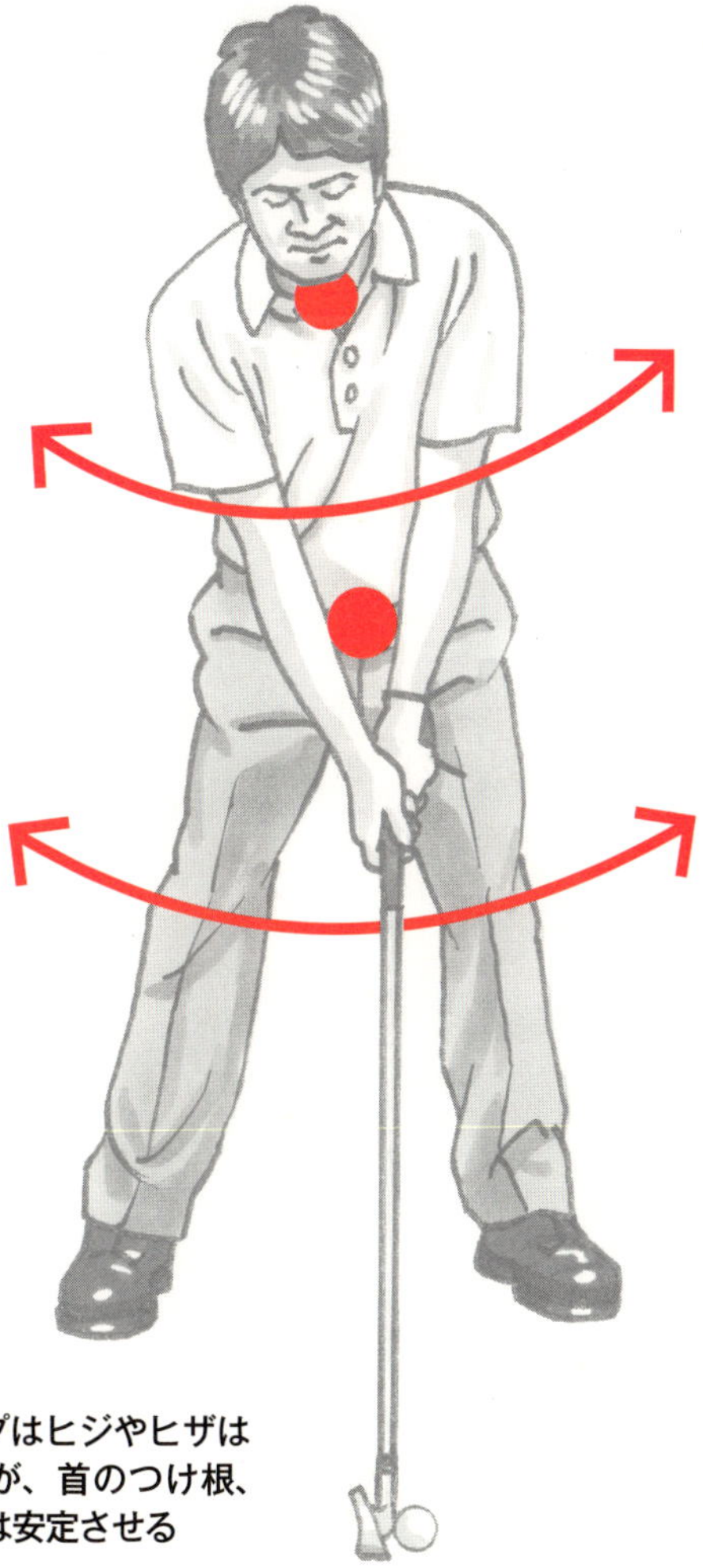

Bタイプはヒジやヒザは
動かすが、首のつけ根、
肩や腰は安定させる

2 クロスとパラレルのスイングイメージ

クロスは対角線

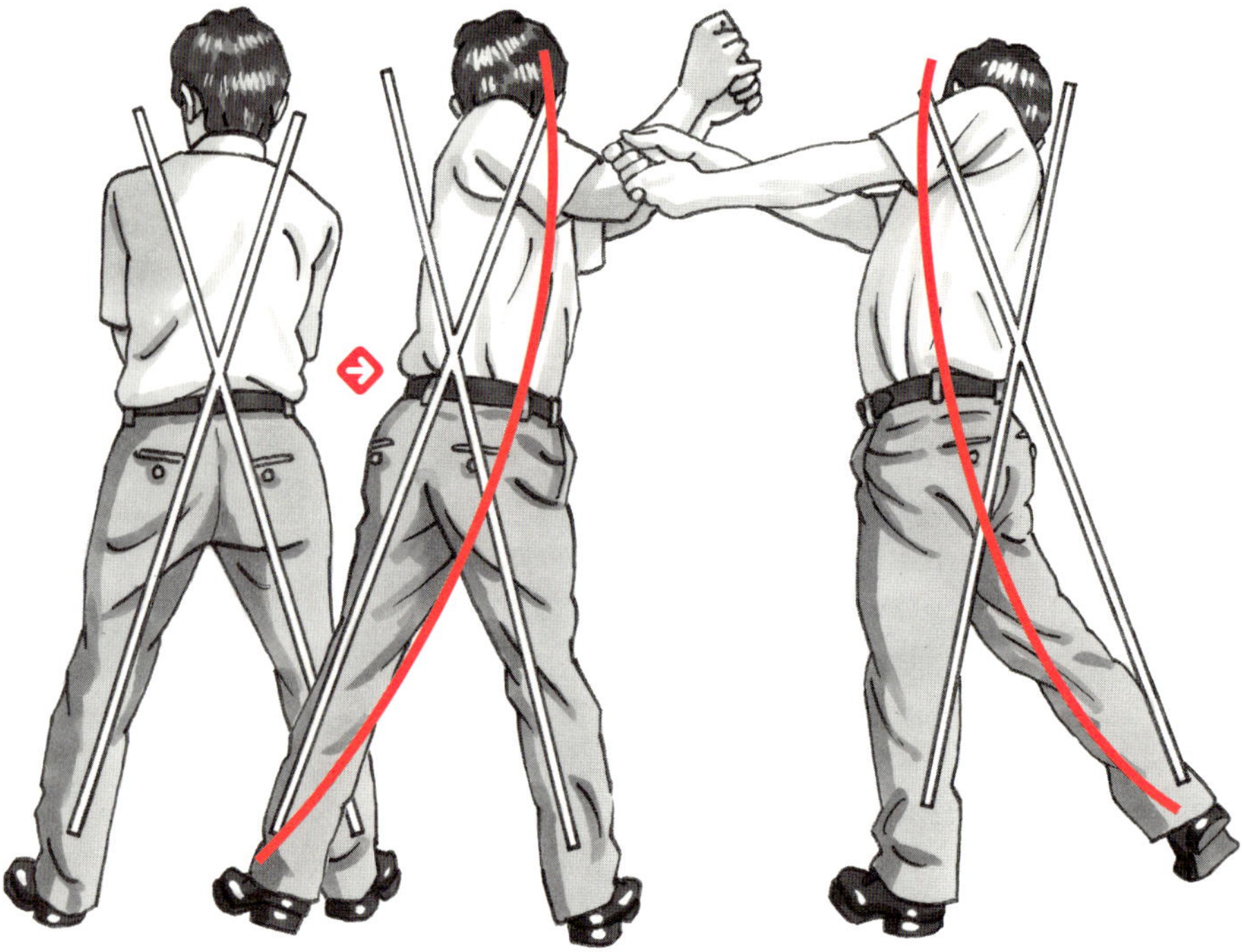

クロスは斜め対側に体幹を使い、斜めに切り上げたり沈めたりしながらクロスして体幹を使う。このためヨコにゆするような体幹の使い方をしないと体幹が動いてこない。そのためパラレルタイプとは違い、頭が動かなくても左右への体重移動ができる

上半身が
一軸

パラレル

パラレルは上半身一軸

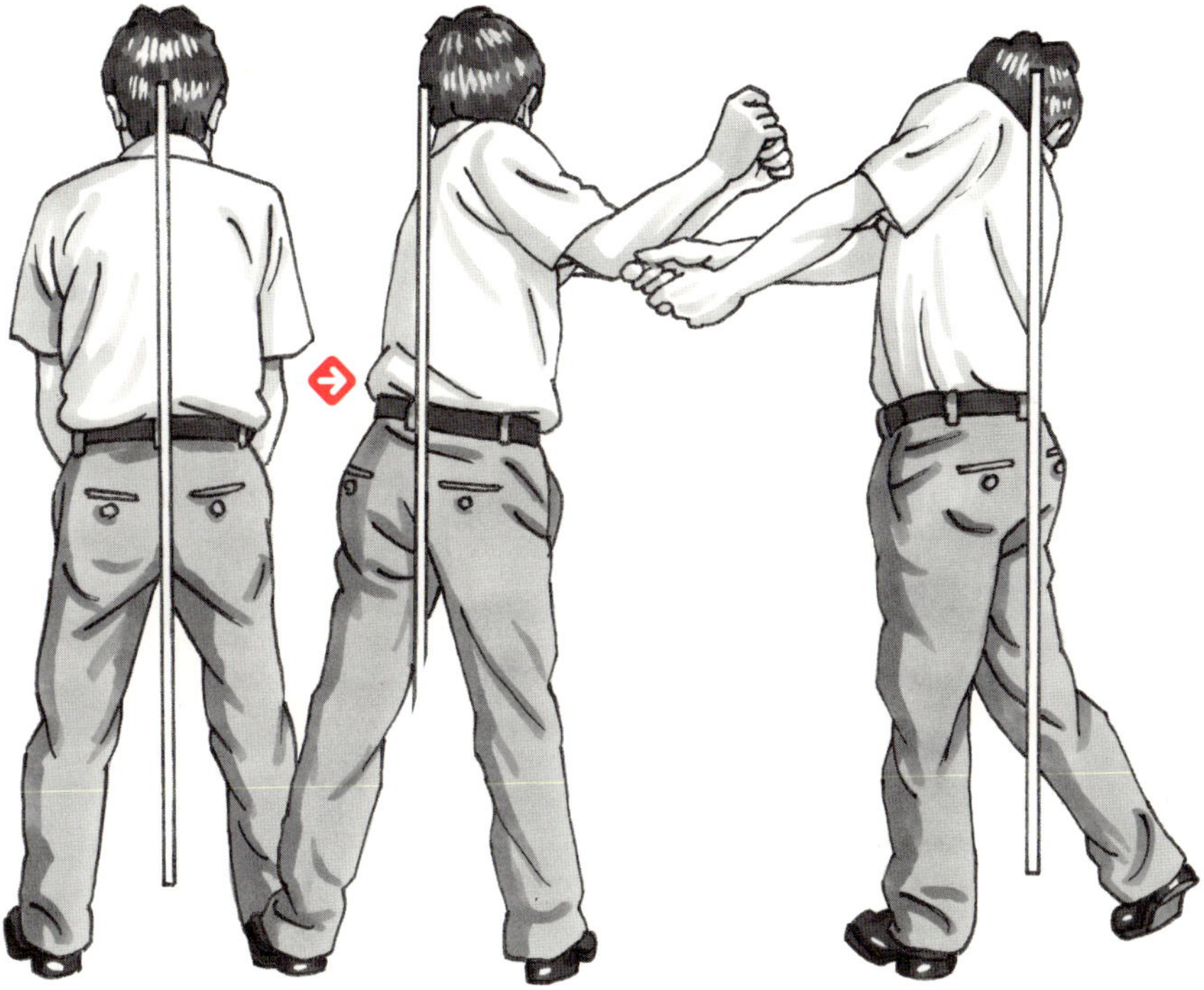

パラレルは体幹を垂直（タテ）に使う。背中にピアノ線が1本入っている感じをもつと軸がブレない。気をつけたいのは一軸であるが5ポイント理論を忘れないこと。5ポイントを揃え軸移動を行なうため、実際には体重移動がまったくないわけではない

クロスの

A1

③ 体幹の入れ替え［Aタイプ］

クロスは対角線を伸ばす

体幹がクロスで機能する。やや広めのスタンスをとり、左ヒザから右肩についたゴムひもを引き伸ばすようなイメージでバックスイングに入り、逆にフォローでは右ヒザから左肩についたゴムひもを引き伸ばすようにする

パラレルの

A2

パラレルは同サイドを伸ばす

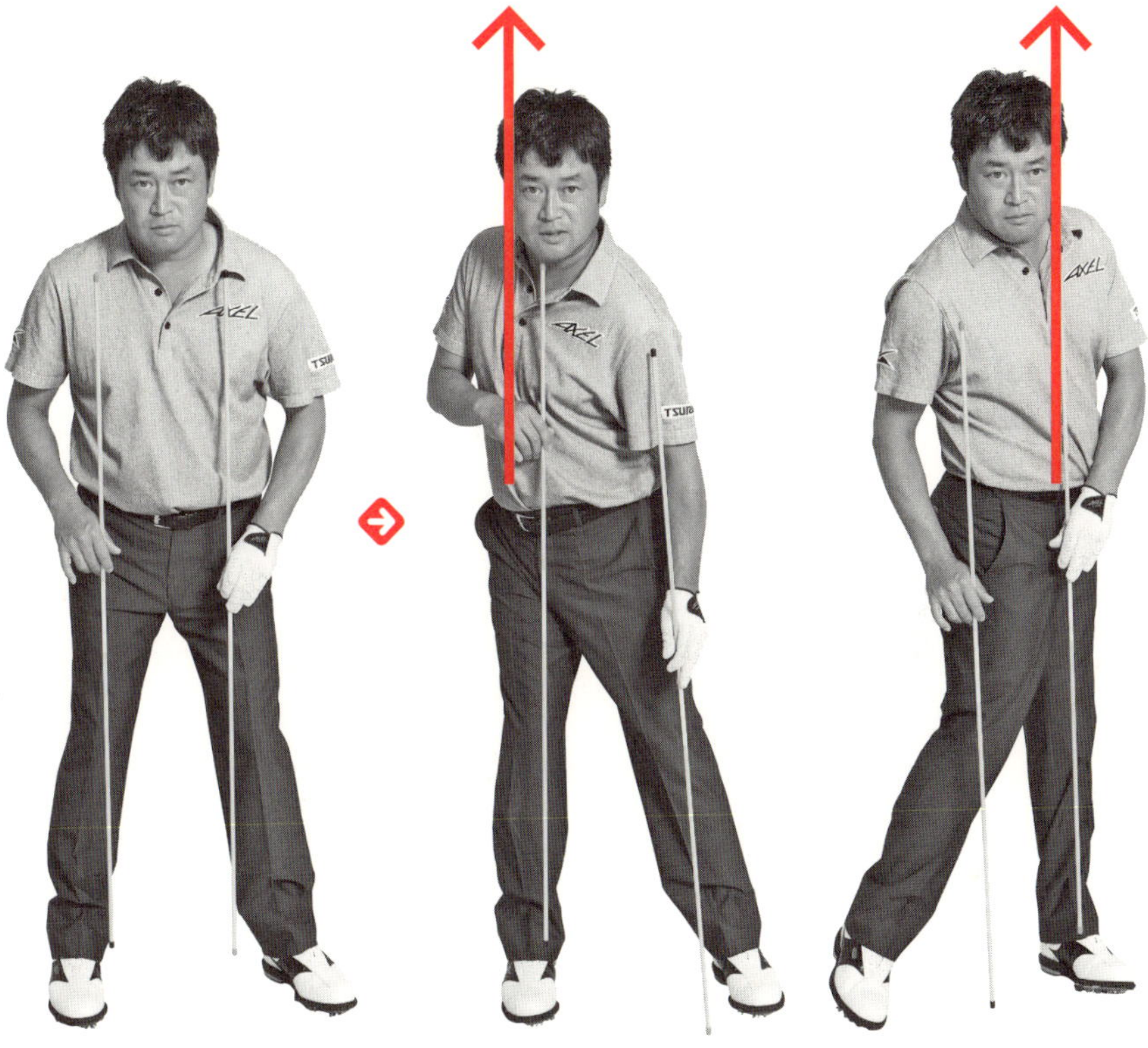

体幹がパラレルで機能する。やや狭めのスタンスをとり、右ヒザから右肩についたゴムひもを引き伸ばすようなイメージでバックスイングに入る。フォローでは左ヒザから左肩についたゴムひもを引き伸ばすように

※ただし、肩といっても本当に肩を上げてしまってはいけない。図のように背骨にほど近い体幹を使って、つられて肩が上がっていくような感じ。カラダの内側から行なうこと

❸ 体幹の入れ替え［Bタイプ］

Bタイプはカラダを沈めた反動で伸びる

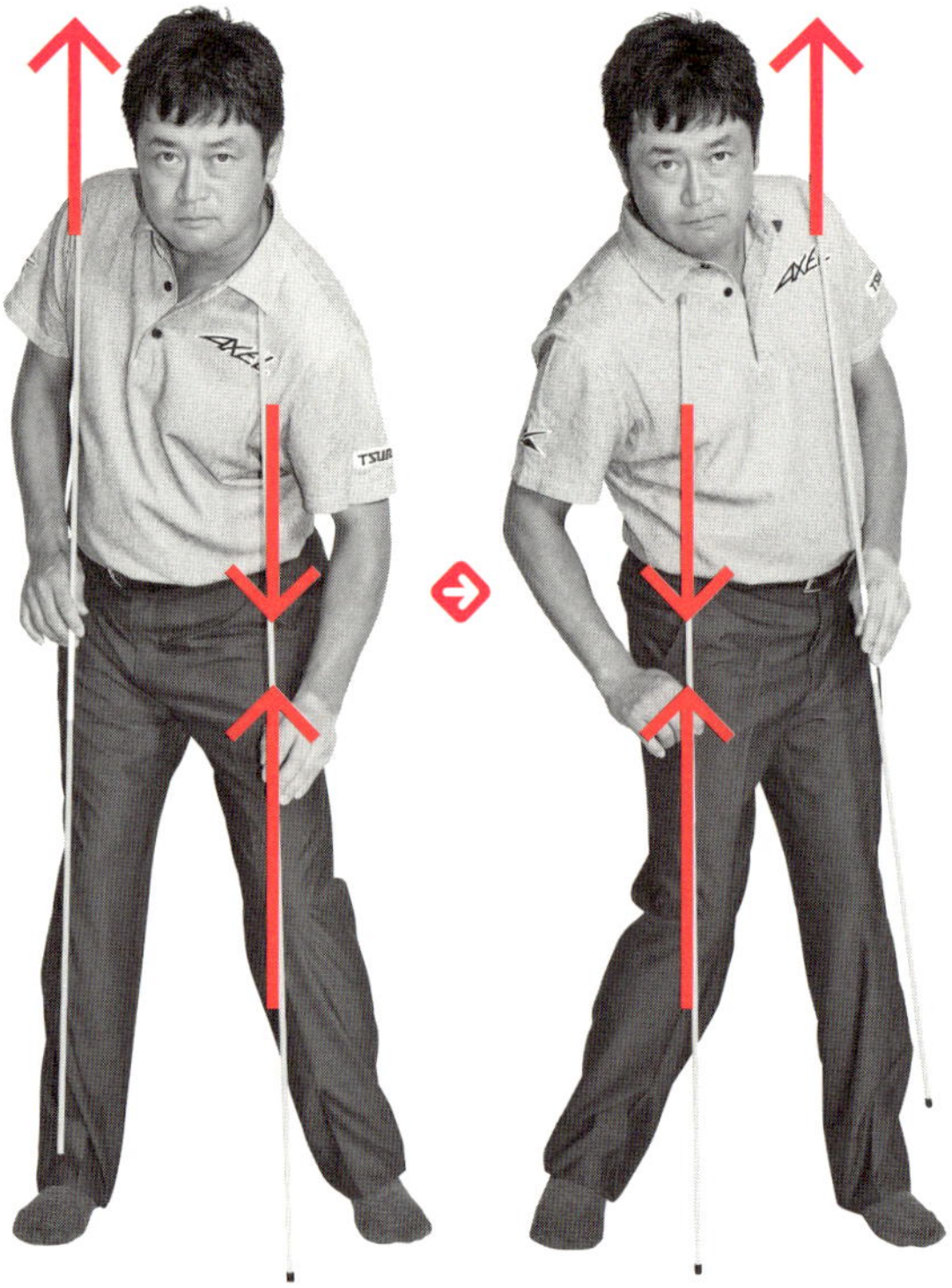

体幹がパラレルで機能するため、やや狭めのスタンスのほうが同側で伸び縮みしやすい。どこかで一度沈みたいので、バックスイングでカラダが沈んだり、左肩と左ヒザが縮めばフォローにかけては思いきり伸び、パワーを爆発させられる。バックスイングで縮まなければ、ダレン・クラークやリー・ウエストウッドのようにダウンスイングでカラダが思いきり沈んだりする。また、ブラント・スネデカーやジム・フューリック、岡本綾子各プロのようにフォローで右足が折れて右サイドを縮めながらフォローに入るケースもある。要は同側の縮み

クロスの B2

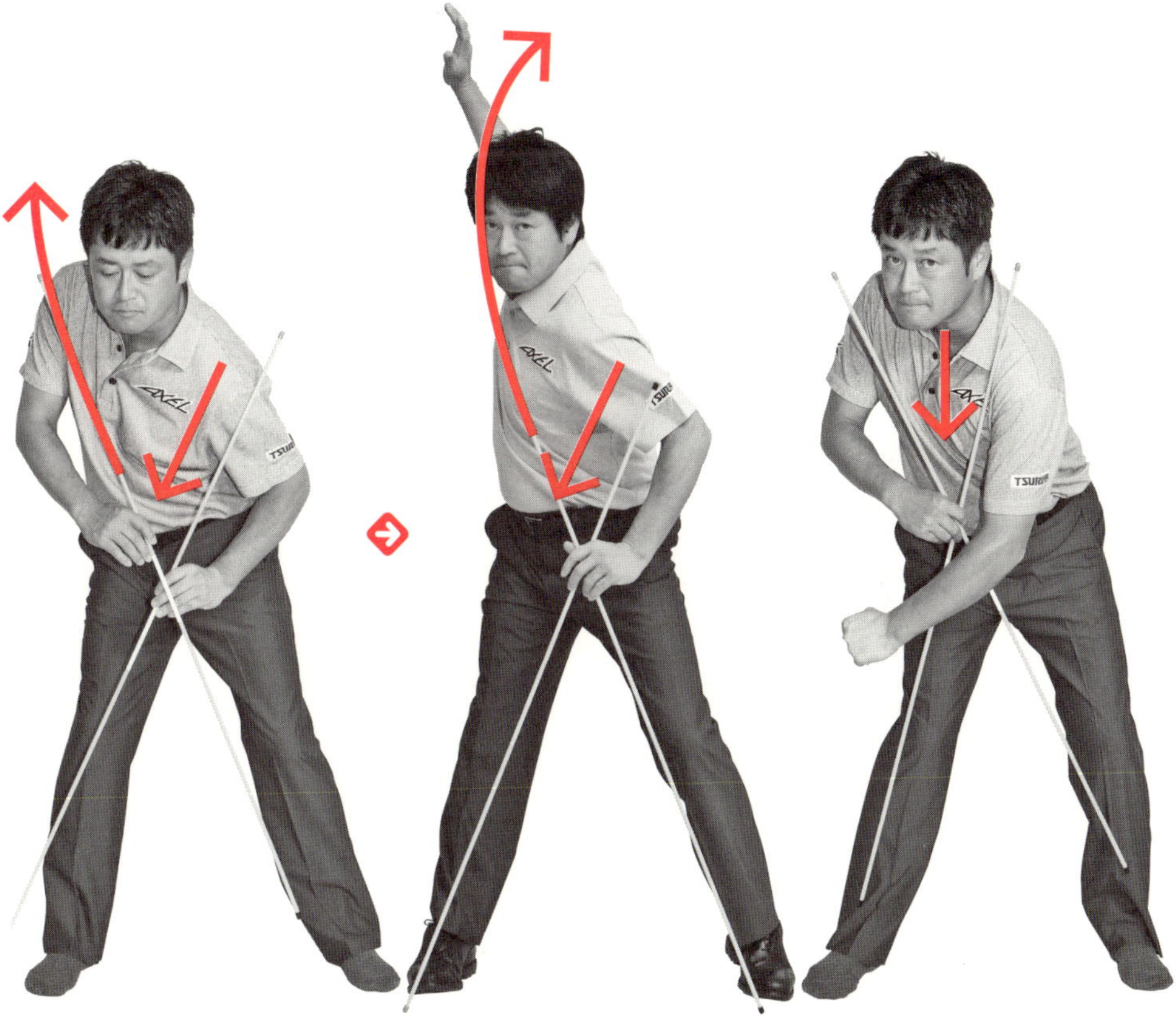

体幹がクロスで機能するため、やや広めのスタンスのほうが対側を使ってねじりやすい。テークバックの初動ではクラブを持ち上げる分、少しだけ力が必要になるが、写真左のように一瞬だけ対側を沈めることでスムーズにクラブが上がる。その後、伸び上がる（写真中央）が、再び写真右のようにカラダを沈めてパワーをためてからフォローに移る。一度もしくは二度スイング中に沈むのがB2。大きくゆすってかまわない

左ヒザ前の

A

4 フェースローテーション

Aは左ヒザで手のひらが入れ替わる瞬間がインパクト

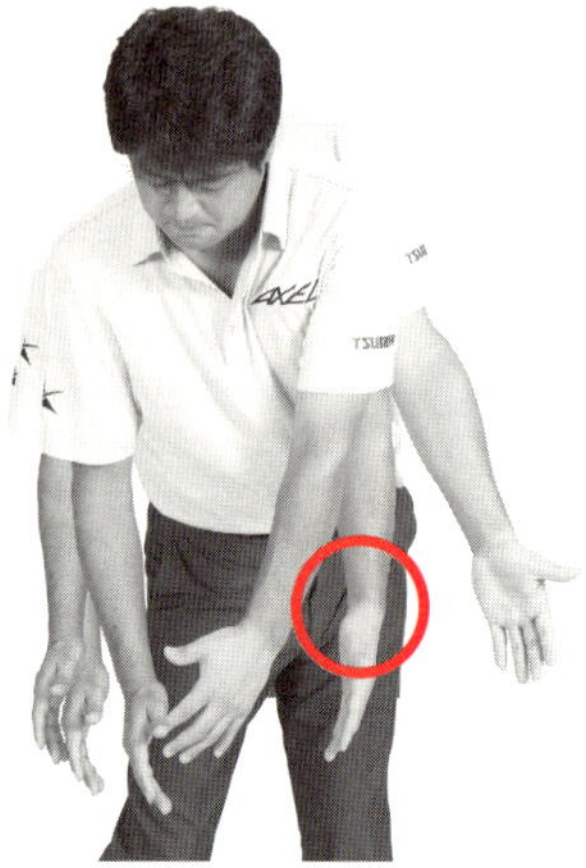

［ Aタイプのフェースローテーション ］

左手が左ヒザの上にきたところ。左軸なので、左手が左ヒザのところにきた瞬間に左腕でローテーションする

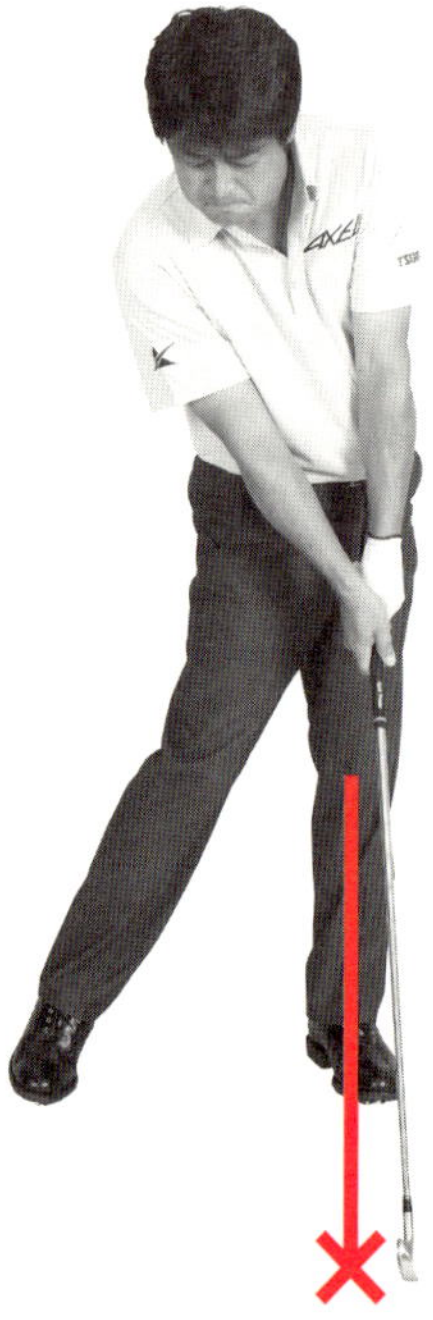

［ Aタイプは前軸でインパクト ］

Aタイプは左軸なので、左手が左ヒザのところにきた瞬間に伸び上がりながらローテーション。その結果、カラダの左サイドでインパクトする

プロとアマチュアの一番の違いがここにある。プロが打っているのを見ると「なぜゆっくり振っているのに飛ぶのか?」と強く感じる。これはプロのフェースローテーションの時間が短いから。フェースローテーションは短ければ短いほど飛ぶ。プロはこの入れ替えを一瞬のうちにやっているのだ。さらに、ドライバーでは素早く、アイアンではなるべく使わない、というようにテクニックを二分してもいる。もちろんアイアンでもローテーションが遅れれば振り遅れとなりヒッカケやスライスを招く。

右股関節前の

B

Bは右股関節前で手のひらが入れ替わる瞬間がインパクト

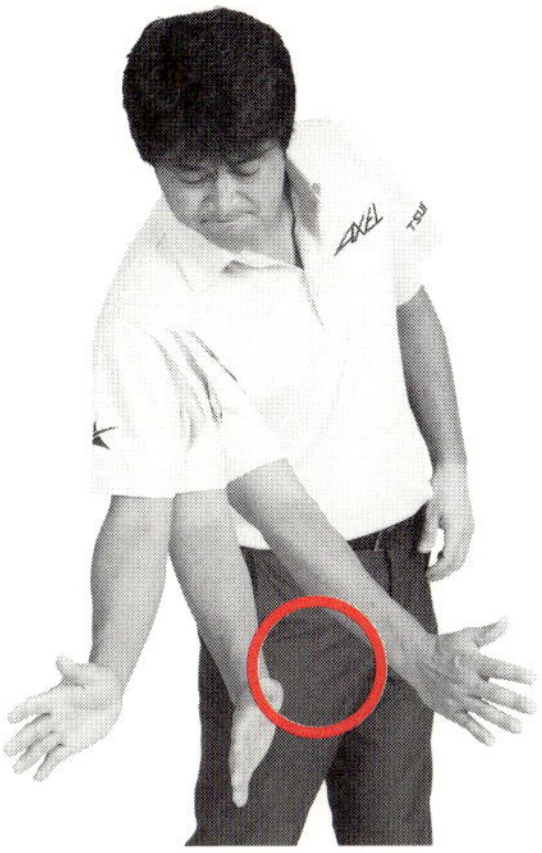

[Bタイプのフェースローテーション]

右手が右股関節の前にきたところ。右手が右股関節の前にきた瞬間に右軸、右腕でローテーション

[Bタイプは後軸でインパクト]

Bタイプは右手が右股関節前にきた瞬間に右軸でローテーション。その結果、カラダの右サイドでインパクトする

5 伸びるか縮むか

体幹をU字に使うA

Aタイプは体幹を伸ばしながらU字に使う

序編第1章の②でも紹介したとおり、Aタイプは力を出すときにカラダを伸ばすタイプ。同様にBは縮めるタイプである。スイングにもそれは反映され、Aタイプはバックスイングやフォローで体幹を伸ばす。イメージ的にはU字型に使うと動きやすい。一方、Bタイプは体幹を伸ばさずに使うので、スイングではカラダが水平に回る感じになる。

ベルトのラインでできる前傾をキープしながらスイング

体幹を
平らに使う
B

体幹を平らに使うB

Bタイプは体幹を縮める感じで平らに使う

ベルトのラインは実際
には前傾しているが、
スイング中、水平を保
つイメージで

6 入射角のイメージ

ゾーンで打つクロス

[クロスの入射角]

クロスは右肩から遠回りして鈍角にバットを下ろす。ゾーンで打つのがクロス

パラレルタイプは入射角が鋭角になるため、ミスをするとボールにスピンがかかりやすい。球が吹け上がって飛距離をロスする傾向がある。このことからわかるようにパラレルタイプはスピン量にばらつきが多く、クロスタイプのほうがスピン量が安定している傾向が強い。

点で打つ

パラレル

点で打つパラレル

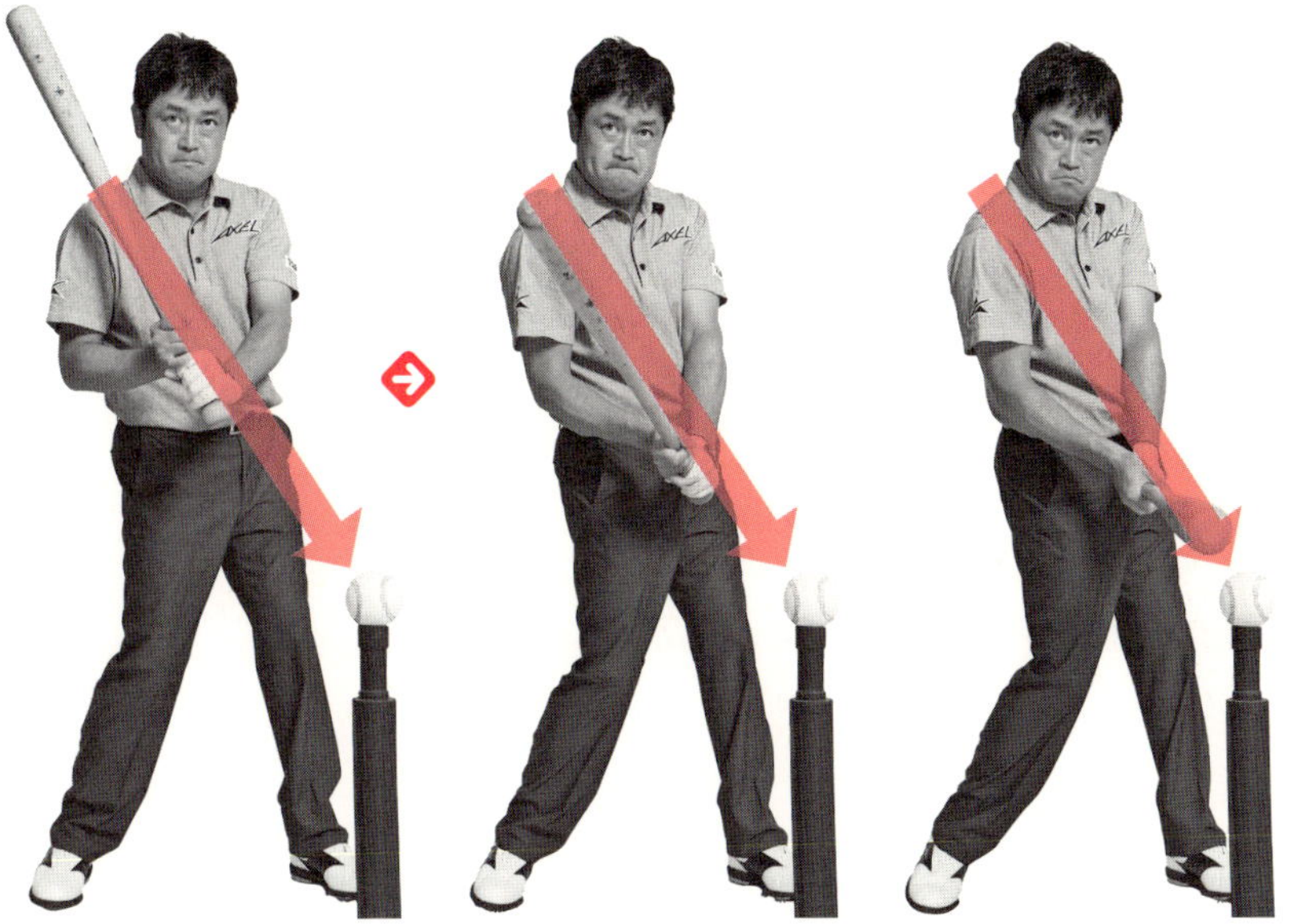

[パラレルの入射角]

パラレルは右肩から鋭角にバットを下ろす。点でたたくのがパラレル

6 入射角のイメージ

クロスはゾーンで打つ

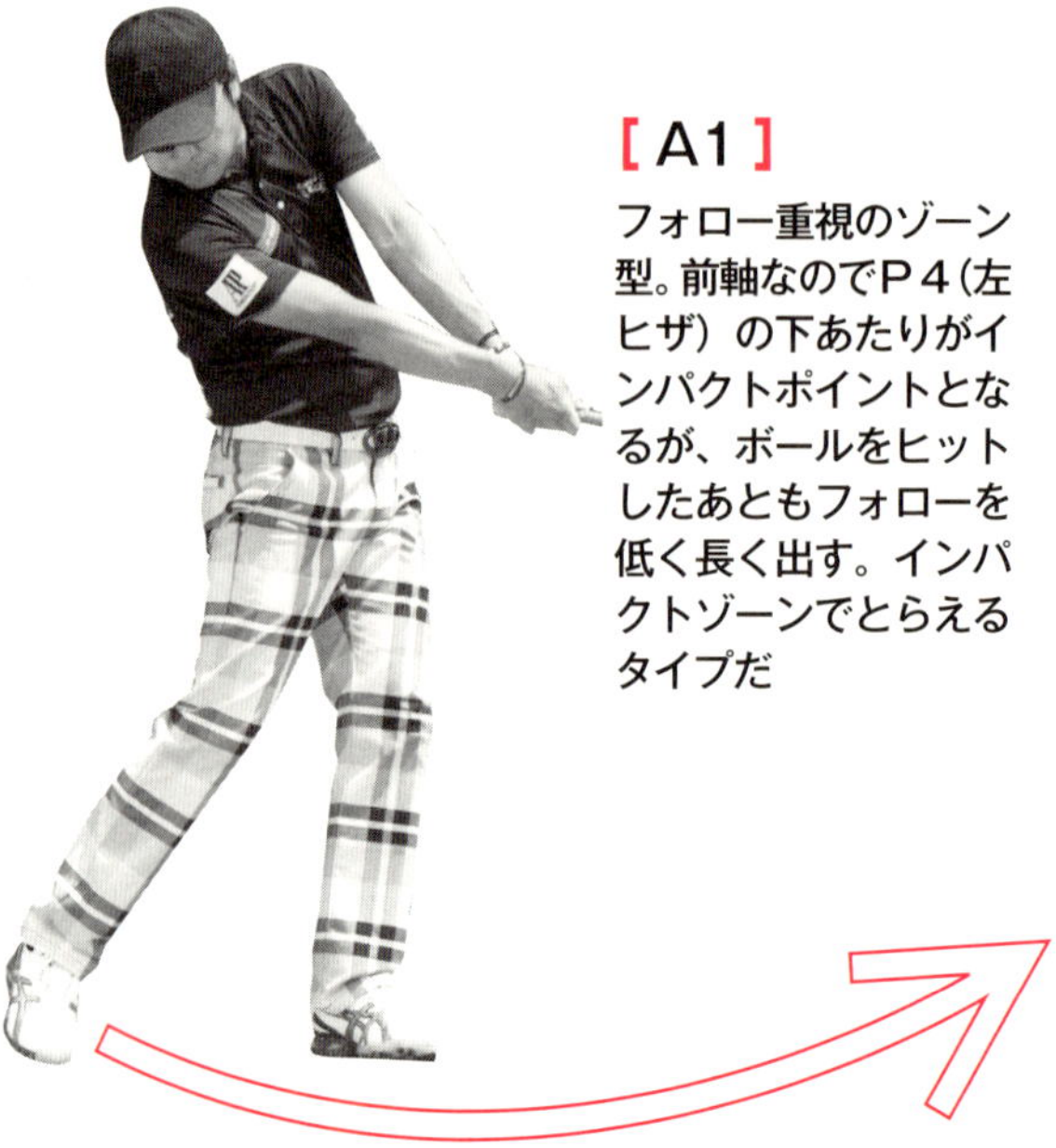

[A1]

フォロー重視のゾーン型。前軸なのでＰ４（左ヒザ）の下あたりがインパクトポイントとなるが、ボールをヒットしたあともフォローを低く長く出す。インパクトゾーンでとらえるタイプだ

[B2]

インパクト重視のゾーン型。インパクトポイントはＢ１同様Ｐ３（股関節、腰）の下。クロスタイプなので比較的ゆるやかにインパクトへ向かいゾーンを意識して打ち抜く。右軸でとらえるが打って終わり、のイメージではない

パラレルは点で打つ

[B1]

インパクト重視のインパクト型。Ｂタイプは後軸なのでＰ３（右股関節、腰）の下あたりがインパクトポイント。さらにパラレルの特性からインパクトは強めになり早めにヘッドが上がる。４タイプの中では一番ボールを点でとらえるタイプとなる

[A2]

フォロー重視のインパクト型。A1同様前軸なのでP4（左ヒザ）の下あたりがインパクトポイントだが、パラレルタイプの動きに支配されるためインパクトは強めになる。点でインパクトするタイプだ

モモを
寄せてくる
1

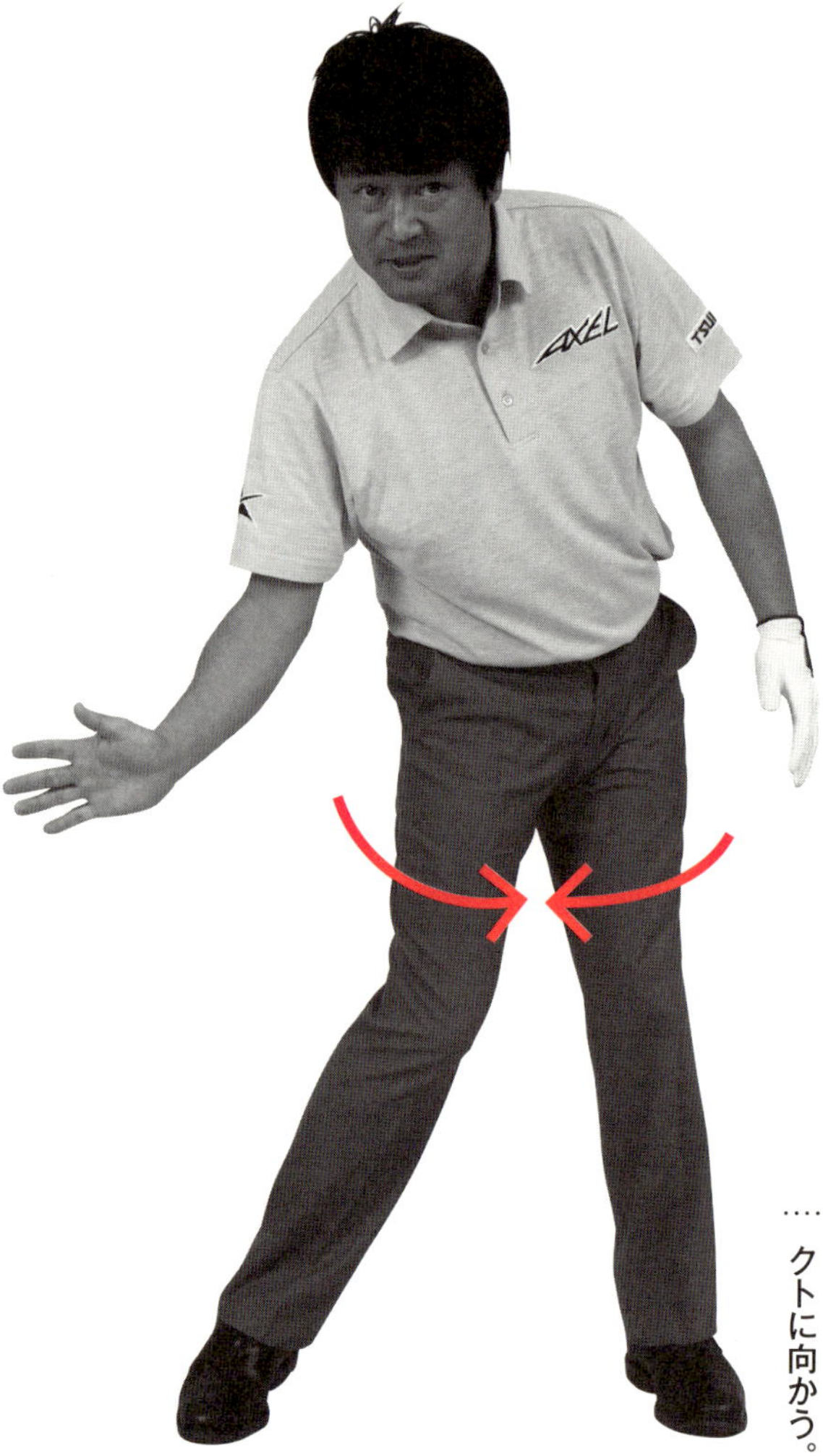

ダウンスイングからフォローに向かうタイミングで左右の太モモが寄ってくる。ヒザを近づけながら打つ、というアドバイスがあてはまるタイプだ

7 動きの中でモモを寄せるか開くか

モモを寄せる1タイプ

序編第2章の②で述べたように、1タイプは太モモ内旋型で重心が内側にくるタイプ。2タイプは太モモ外旋型で重心が外側にくるタイプ。スイングではダウンスイングでの太モモの動き方に顕著に出る。1タイプは左右の太モモが近づきながら、2タイプは離れた状態でインパクトに向かう。

モモを開く
2

モモを開く2タイプ

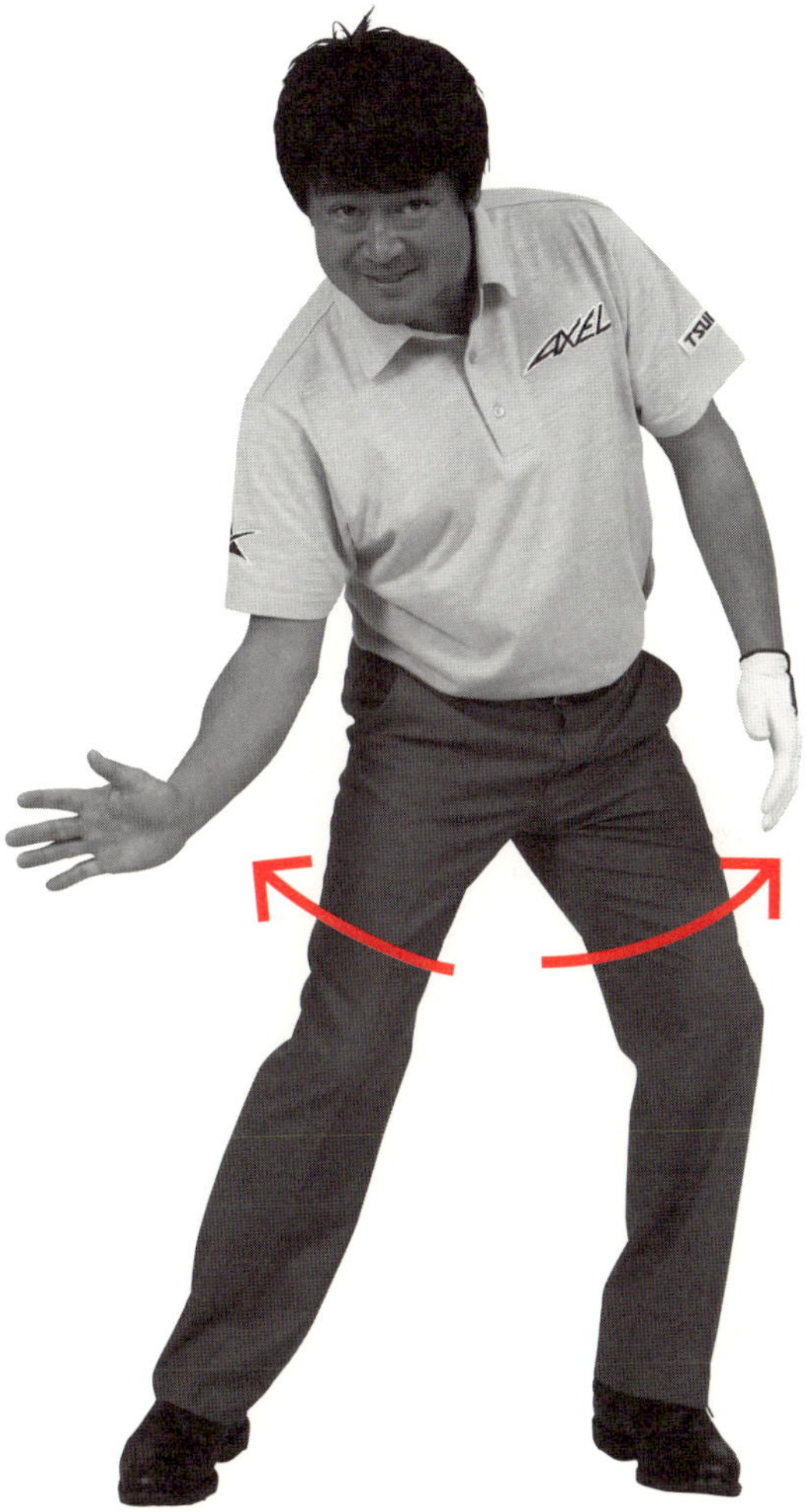

ダウンスイングからフォローに向かうタイミングで左右の太モモ同士が割れるように動く。ガニ股スタイルでスイングする傾向が強いタイプだ

左手でインパクト

A1

8 インパクトからフォローのイメージ

Aは左手でインパクトするイメージ

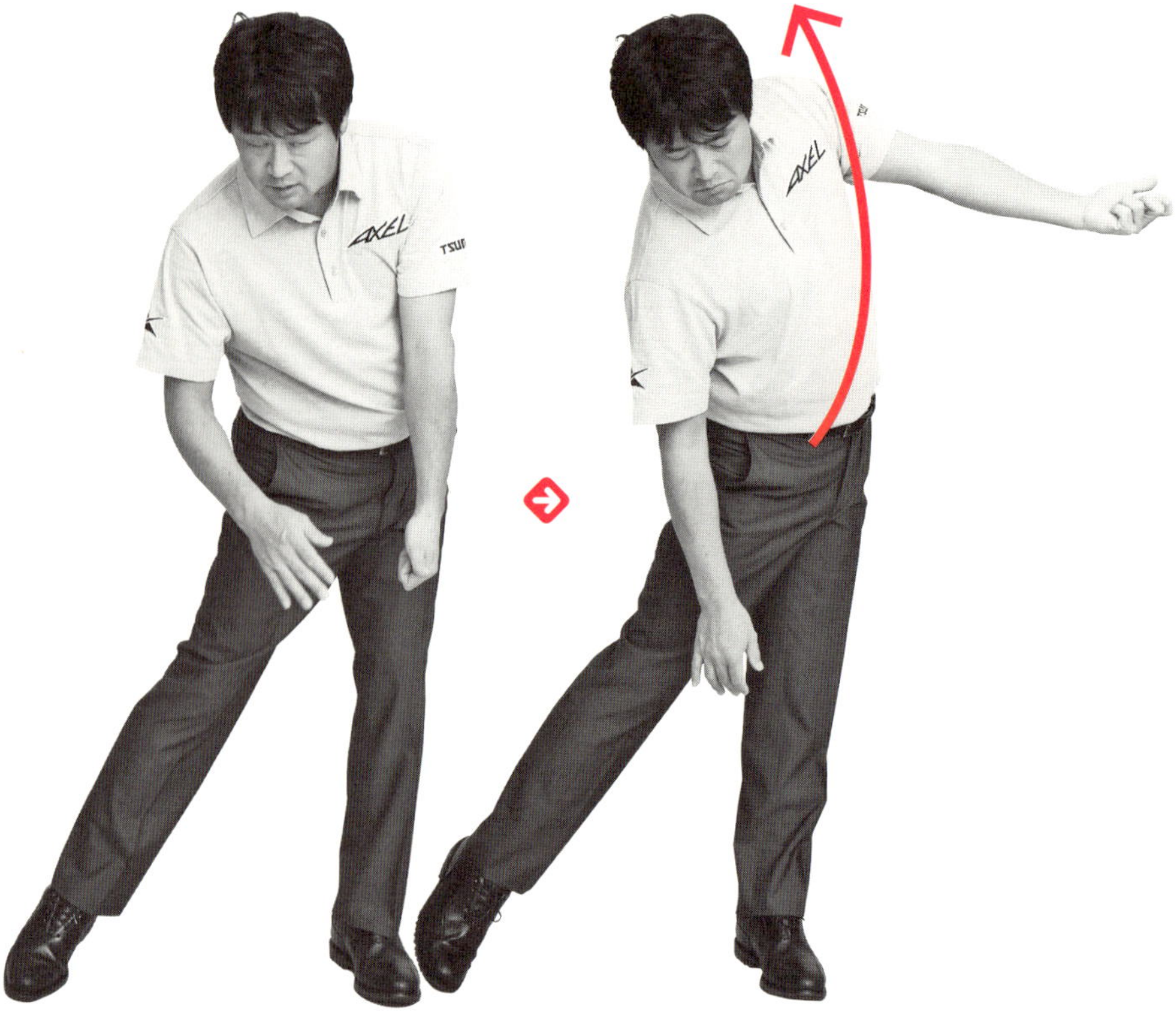

[左手で引っぱる。斜めに引き上げる]

前足軸側の左サイドが主体となり、左サイドで引っぱるので主導となるのは左腕。フォローでは対側の引き上げがあるため右足が残ってカラダが逆C字型になる。基本的にカラダ自体はあまり回転しないほうだが、勢いがつけば当然回転することになる

左手でインパクト

A2

[左手で引っぱる。真上に引き上げる]

Ａ１同様、前足軸側の左サイドが主体となり、左サイドで引っぱるので主導となるのは左腕。ただしフォローではカラダの左サイドを真上に引き上げるパラレルの動きが入る。このためカラダがＩ字型に。左手がやや背屈するのもＡ２の特徴だ

8 インパクトからフォローのイメージ

Bは右手でインパクトするイメージ

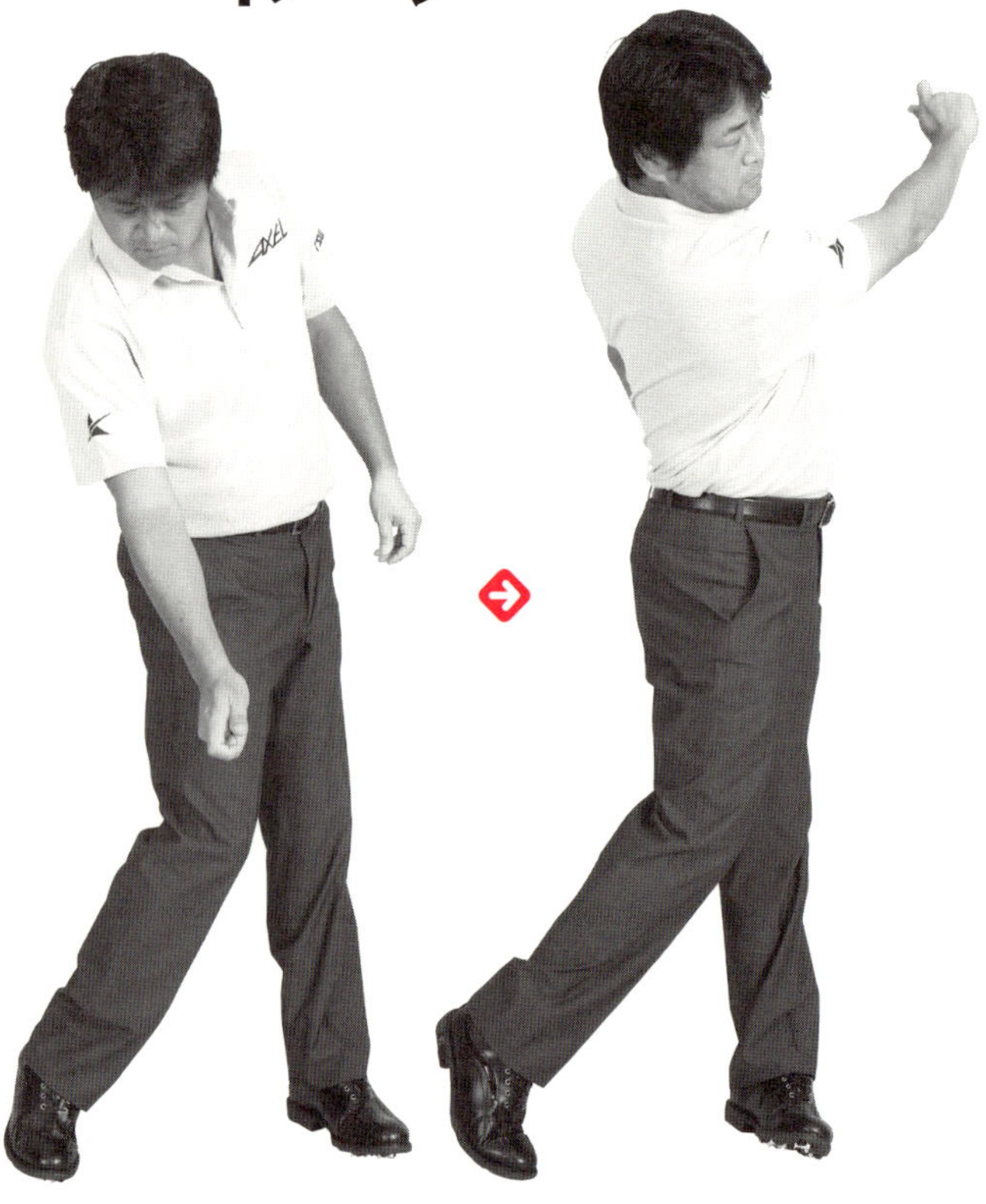

[後足側の右サイド主体で回転する]

後足軸側の右サイドが主体となるため、フォローは右サイド、および右手主導で動く。その際、右腕全体でローテーションされるのがＢ１の特徴。トップの切り返しから右手で叩くイメージ

右サイド主体で
押し込む

B2

[後足側の右サイド主体で押し込む]

後足軸側の右サイドが主体となるため、フォローは右サイド、および右手主導で動く。フォローではカラダが残るのでカラダが回らずにクラブが立ってくる

9 リズム

クロスは曲線的なリズム

曲線的な

クロス

ヨコ揺れで曲線的

A１と思われるアーチスト
田原俊彦、氷川きよし、
ATSUSHI（EXILE）、ビヨンセ、
JUDY AND MARY
前田亘輝（TUBE）

B２と思われるアーチスト＆楽曲
美空ひばり、河村隆一、
ジャスティン・ティンバーレイク、
ブルックナー・交響曲第８番第２
楽章スケルツォ

いち、
チャー、
（チャーのとき、止まっていられるクロス）
にのぉう
シュー、
（この間が特有）
さぁ～ん
メン

［ クロス ］

曲線的なリズム
ゆっくりまあるい間が必要

タイプ別おすすめリズム
［A1］いーち　に
［B2］いち　にーさん

切り返しの間が必要。さっさとシンプルに打つパラレルとは対称的に、ループしたり、上半身と下半身に時間差を作ったりして間を作りたい。パラレルが淡白だとすれば、ねっとりと動くのがクロス。上半身がトップに行きながらも下半身はダウンに行きたいし、フィニッシュに行ったら引き戻したい。反作用を使うクロスならではのタイミングとなる

直線的な

パラレル

パラレルは直線的なリズム

直線的なリズム

A２と思われるアーチスト
桜井和寿（Mr.Children）、
西城秀樹、槇原敬之
マイケル・ジャクソン、
TAKAHIRO（EXILE）

B１と思われるアーチスト
大友康平、松田聖子、
五木ひろし、
レディー・ガガ

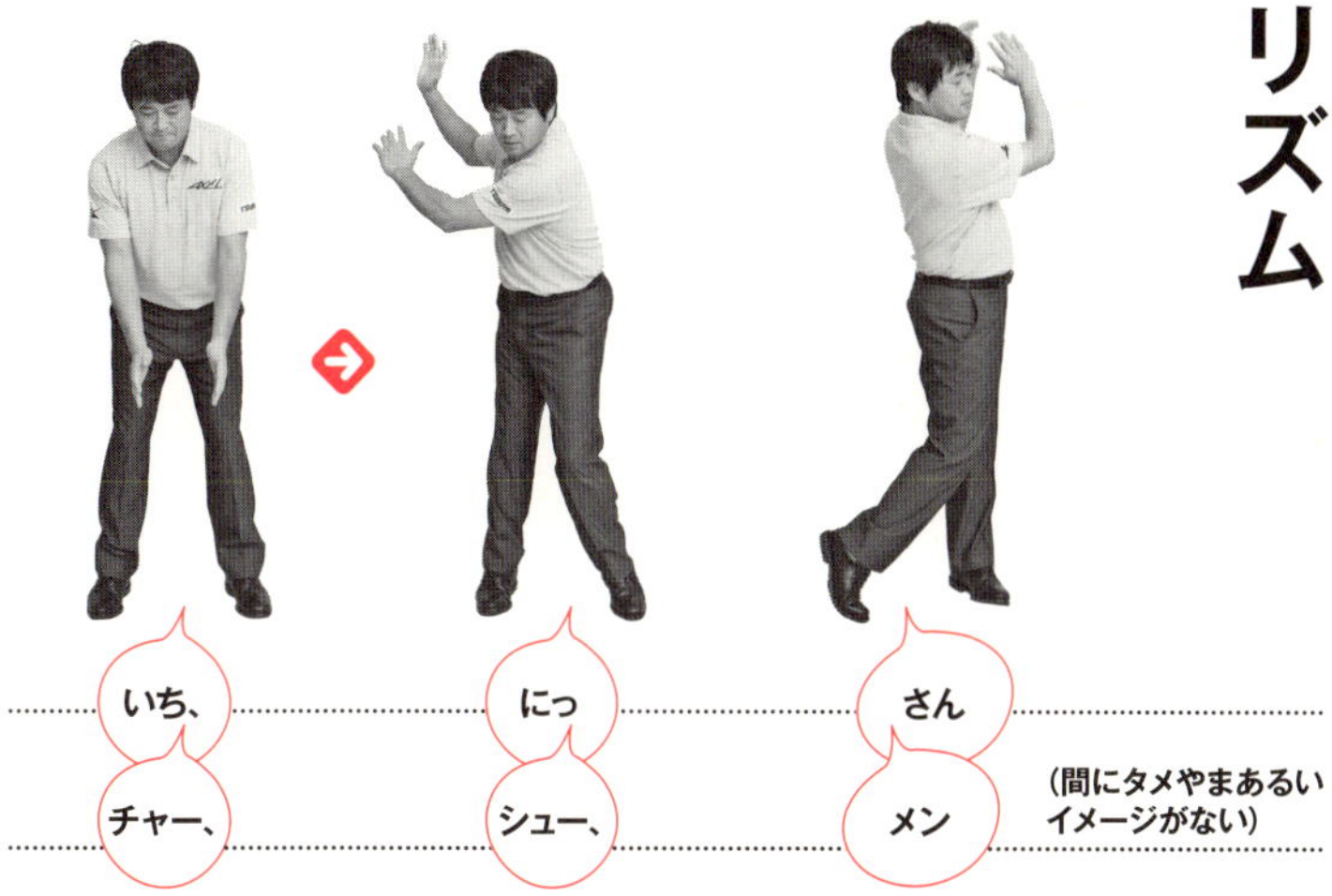
いち、
チャー、
にっ
シュー、
さん
メン
（間にタメやまあるい
イメージがない）

［ パラレル ］

短い直線的なリズム。
間は必要だが短い

タイプ別おすすめリズム
［A2］いち　にっ
［B1］いち　にい　さん

パラレルタイプは直線的。短い音のほうがカラダに心地よく感じる。簡単に打つタイプはパラレルに多く「切り返しまで待てない」人も多い。打ち急ぎで間が欲しい人はスッ、ポン、パンのようにスッと上げたら切り返しでポンと言って止まって待つ。イメージだけだと雑に上がる人は「スーッと上げて」と口に出してもいい。間のとり方はクロスと違う

A1

10

A1のスイング

切り返しで下半身がスイングをリード

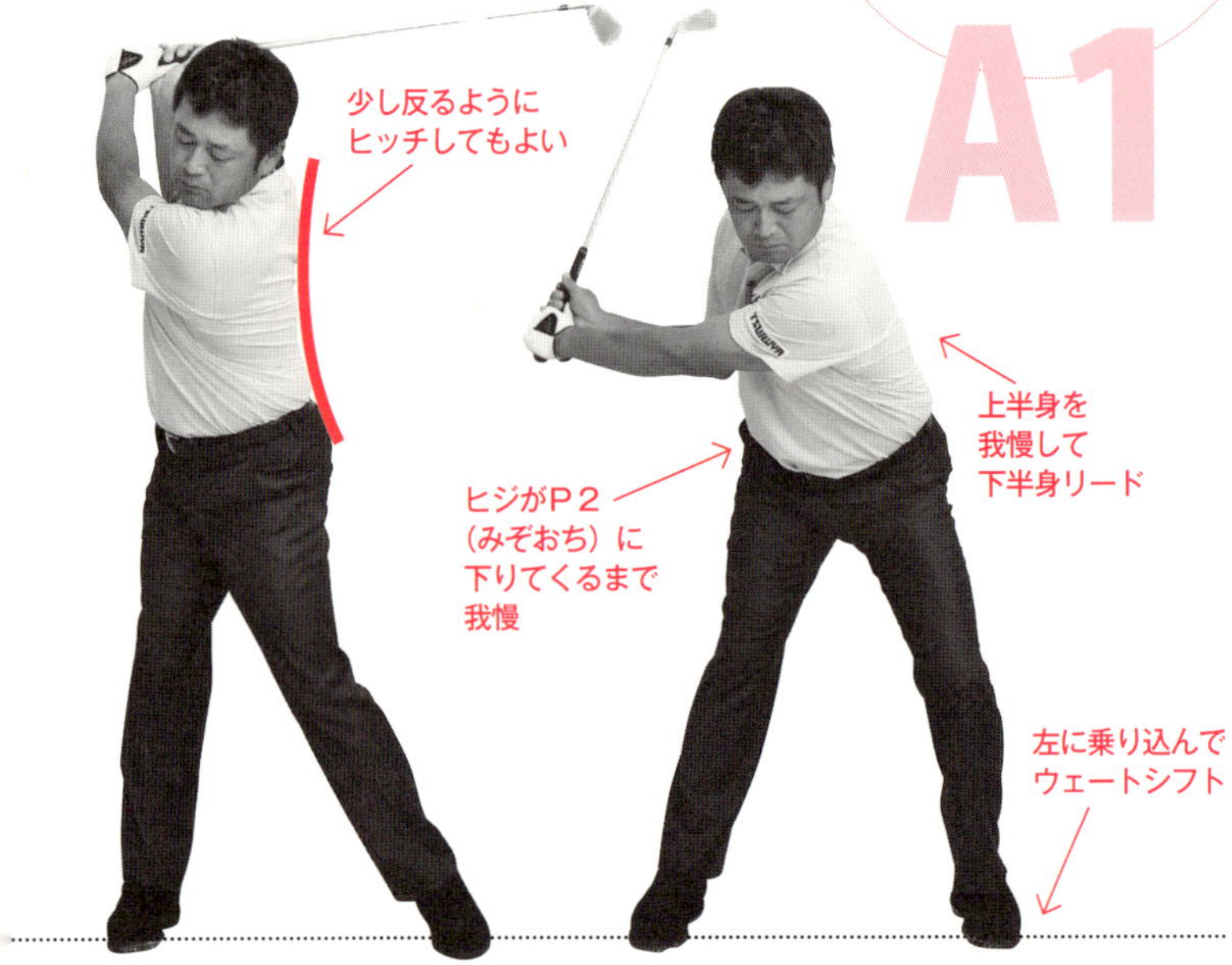

少し反るように
ヒッチしてもよい
上半身を
我慢して
下半身リード
ヒジがＰ２
（みぞおち）に
下りてくるまで
我慢
左に乗り込んで
ウェートシフト

［ アドレス～テークバック ］

フトコロのスペースを空けてクラブの通り道を作ったら、右腰の切り上げを行ないながらヨコに（腰がスエーする感じでもＯＫ）体重移動（前軸なので移動しすぎないように）がはじまる。そして右ヒジを基点にヒジ先でのローリングもはじまる（イメージはノーコック）。内側重心だがダウンスイングで左足に重心を移しやすくするため、左足は少し外側に重心をかけ張りをもたせる傾向もある

［ テークバック～バックスイング ］

左ヒザは止めておきながら対側の上昇によりハーフウエイバックまで持ち込む。トップはわずかにカラダが反ってもかまわない

［ 切り返し～インパクト ］

切り返しはクロスタイプ特有で、クラブより下半身がリードする。そして軸の左サイドに乗り込み、ヒジがみぞおちの高さに下りてきたら打つ体勢ができあがる。そこから加速するとパワーが出せるが、ヒジが下りてくるまで我慢が必要。左ヒザの前がインパクト（ローテーション）ポイントになる

逆C字型の
フィニッシュ

［ フォロー～フィニッシュ ］

フォローもみぞおちにヒジがくっつきながら、ヒジ先のローリングでローテーションが行なわれるフォローになる。そしてＡ１タイプでもっとも特徴的な逆Cのフィニッシュができあがる

ノーコックのイメージで
ヒジを基点に
ヒジ先をローリング
スタンス幅は
やや広め
P２（みぞおち）に
ヒジが近づいたまま
ヒジ先で
ローテーション
この逆C字型が
A１の特徴
右ヒザと
左肩を
伸ばすように

A1

10 A1のスイング
上体の前傾角度が最後まで崩れない

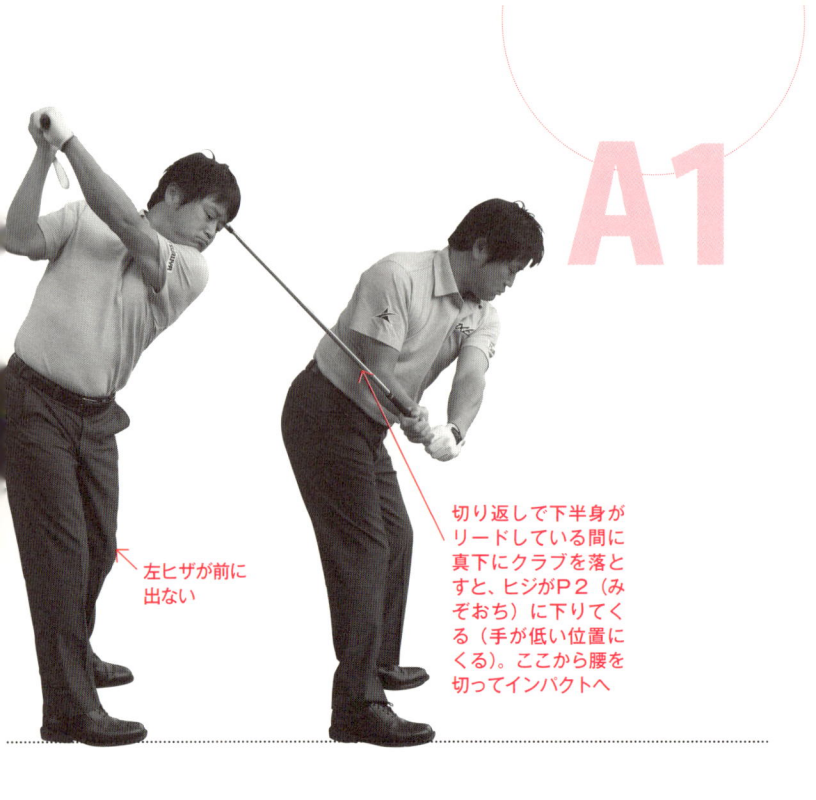

左ヒザが前に出ない
切り返しで下半身がリードしている間に真下にクラブを落とすと、ヒジがP2（みぞおち）に下りてくる（手が低い位置にくる）。ここから腰を切ってインパクトへ

前傾を保つことが重要。クラブシャフトが目標方向に真っすぐ抜けるイメージをもってフトコロを通す
前傾は最後まで崩れない。両ヒザのすき間からは前方の景色が見えない

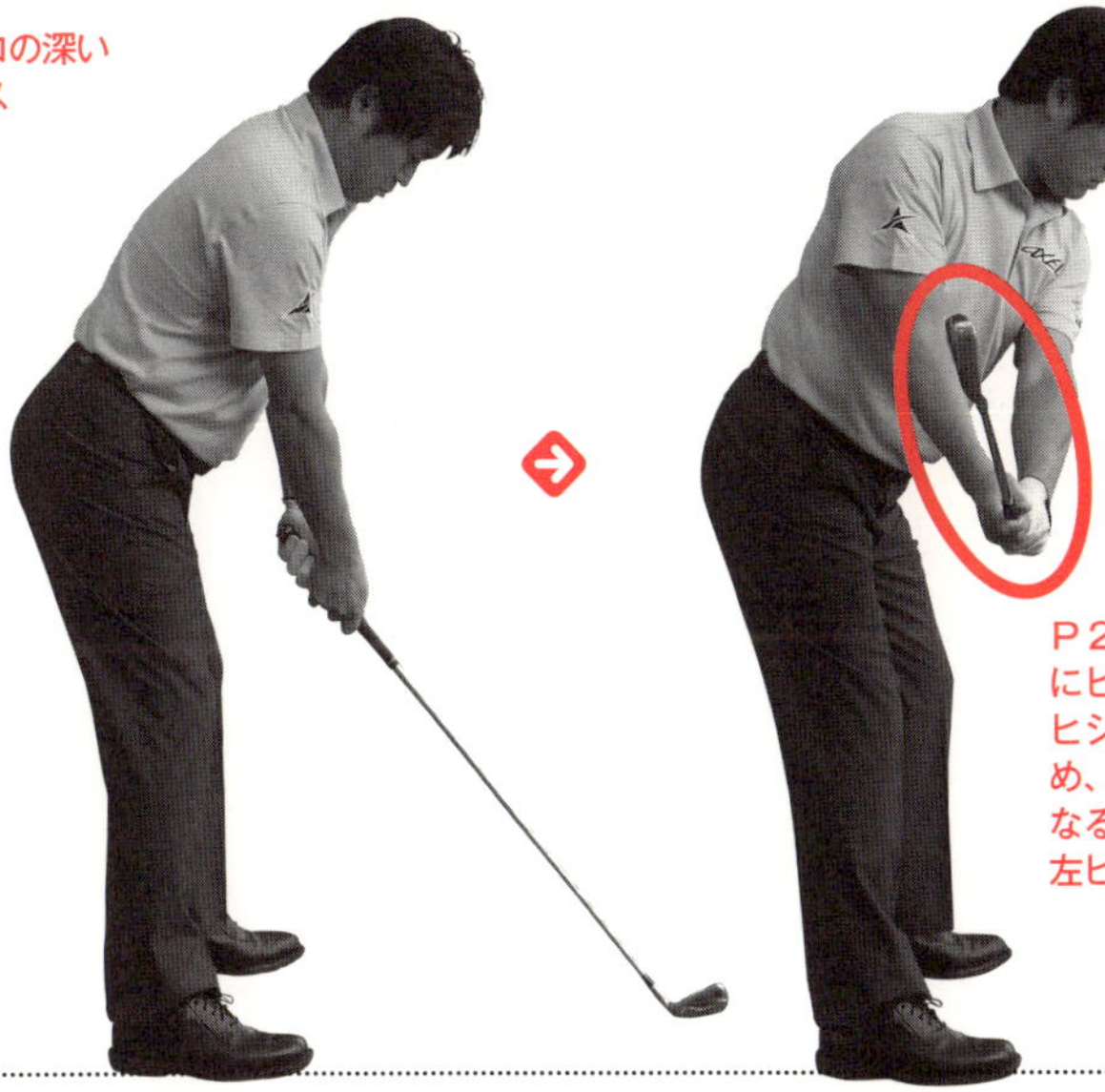
フトコロの深い
アドレス
P2（みぞおち）のすぐワキにヒジがつき、そこを支点にヒジ先のローリングが入るため、ややオープンフェースになることもある。後方からは左ヒザがあまり見えない

[A1のNGワード]

「フットワークを使え」
「クルッとその場で回る」
「上げたらトップからその場で打て」
「バックスイングでヒッチするな」
「バックスイングで腰をスエーさせるな」

[A1のGOODワード]

「下半身を重たく使え」
「ノーコック」
「フォローでシャフトを目標に放り投げる」
「前傾したまま打て」
「フォローで打て」

インパクトでも
腰は切れるが、
右ヒザは前に
出てこない

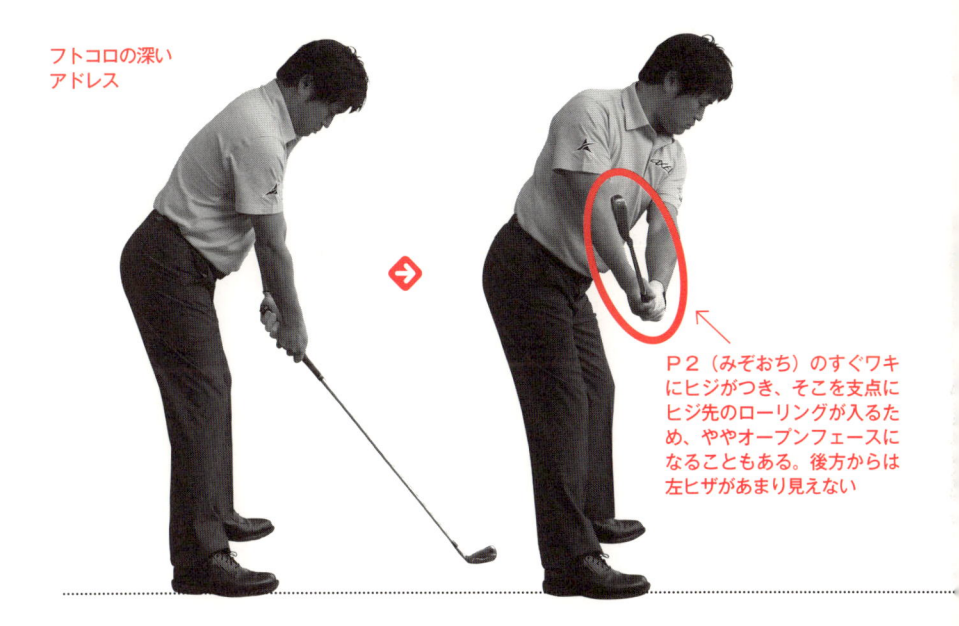

タイプ別

ベーシックスイング

片山晋呉

A1

対角線にカラダを使い逆C字型のフィニッシュへ

右腰、対側を切り上げながら体重移動
背中が反ったリバースピボット
ほとんど動かない左ヒザ
目標方向に腕が伸び
逆C字型のフィニッシュへ
前傾もくずれない

左ヒザを止めたまま右腰を切り上げるようにテークバック。カラダを対角線で使う。インパクト以降も同様で、右ヒザを止めたまま左腰を切り上げる。その結果、フォローからフィニッシュで特徴的な逆C字型になる

スタンス広め内側重心
左足を残し左軸を残す
ノーコックでヒジ先をローリング
ヒジが下りるまで下半身リード
左軸に移行しつつ
対側の伸びでインパクト

11

A2のスイング
タメを作らずシンプルにスイング

A2

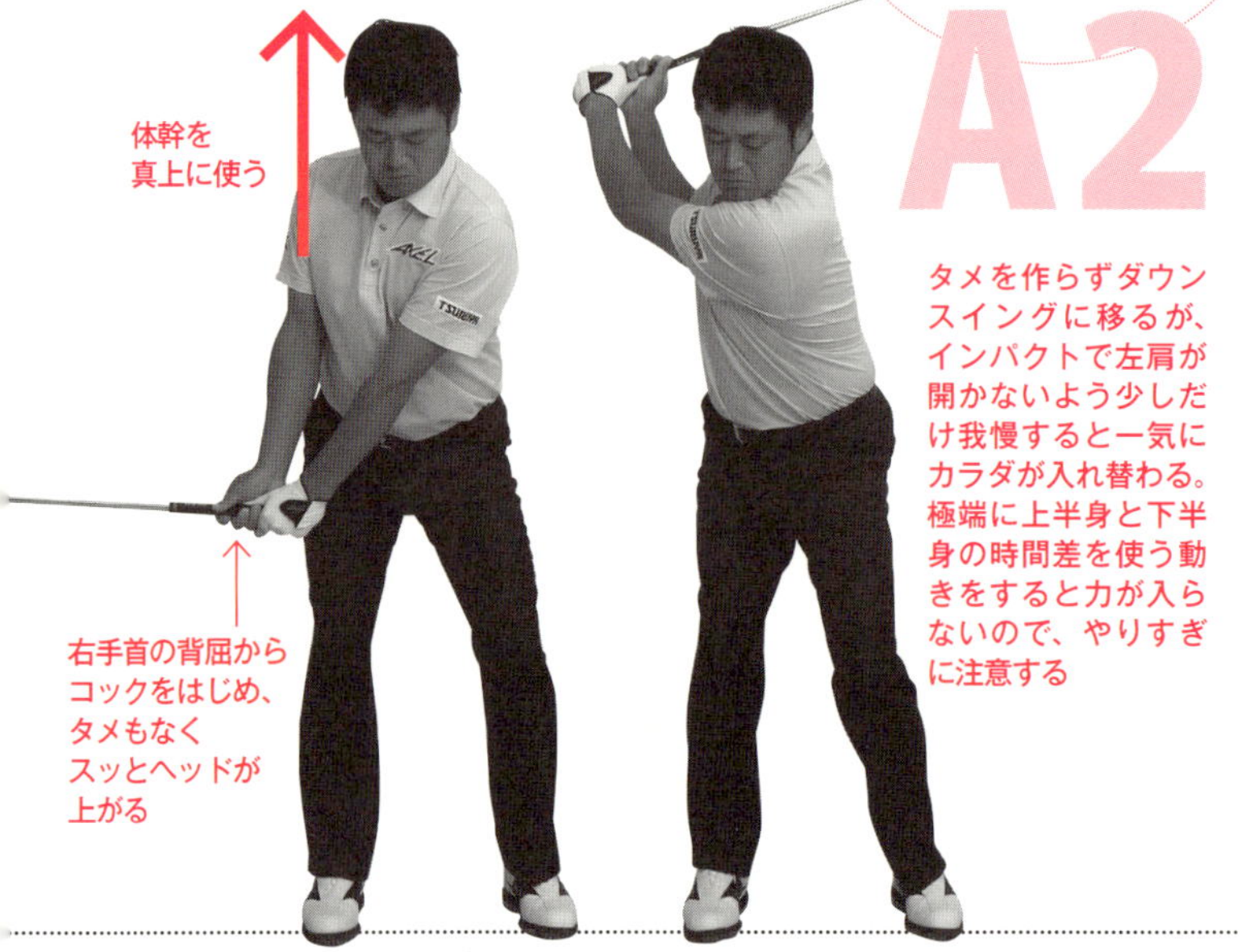
体幹を
真上に使う
右手首の背屈から
コックをはじめ、
タメもなく
スッとヘッドが
上がる

タメを作らずダウンスイングに移るが、インパクトで左肩が開かないよう少しだけ我慢すると一気にカラダが入れ替わる。極端に上半身と下半身の時間差を使う動きをすると力が入らないので、やりすぎに注意する

ここから
“パタン”と
勢いよく
右足が上がる
左手首が
背屈するので
フェースが
オープン気味に
なりやすい
左足に下半身が
乗り込んだ
真っすぐな
Ｉ字型の
フィニッシュ

[アドレス～テークバック]

狭いスタンスでスッと立ったアドレス。やや外旋なので外側に重心をかけ、やや張った構えから右手の背屈のコックをきっかけにテークバックがはじまる。カラダの右サイドは伸びてもかまわない

[トップ～インパクト]

トップからの間は少なく、特に切り返しのタメもない。すぐにダウンスイングに入り、左肩が上昇し体幹を入れ替えたくなるが、左肩は少し我慢してダウンを切り返す。そのほうが逆に一気に体幹が入れ替わるし、インパクトで左肩が上がりすぎるのを防げる。インパクト（ローテーション）ポイントは左ヒザ前

[フォロー～フィニッシュ]

左足軸で一気にフォローに入る。A１より少し左ヒジが引け気味になる傾向もあるので、ローテーションは少なめになる。また、左手が少し甲側に折れるのでフォローがオープンフェース気味になる傾向も。パラレルタイプなのでフィニッシュに向け右カカトが粘らないため、カカトはパタンと上がってよい。フィニッシュはIの字になる

左ヒザ前が
インパクトで
フェース
ローテーションが
行なわれる

A2

11

A2のスイング
I字型のフィニッシュが特徴

右手の甲に
やや張りをもつ
イメージでもよい

素早く切り返したくなるが、体側にヒジがある。Ｐ２（みぞおち）にヒジがくると安定するＡタイプの特質を使い写真の位置で少し我慢してもＯＫ。体側にヒジをもっていくことで手が低い位置に収まる

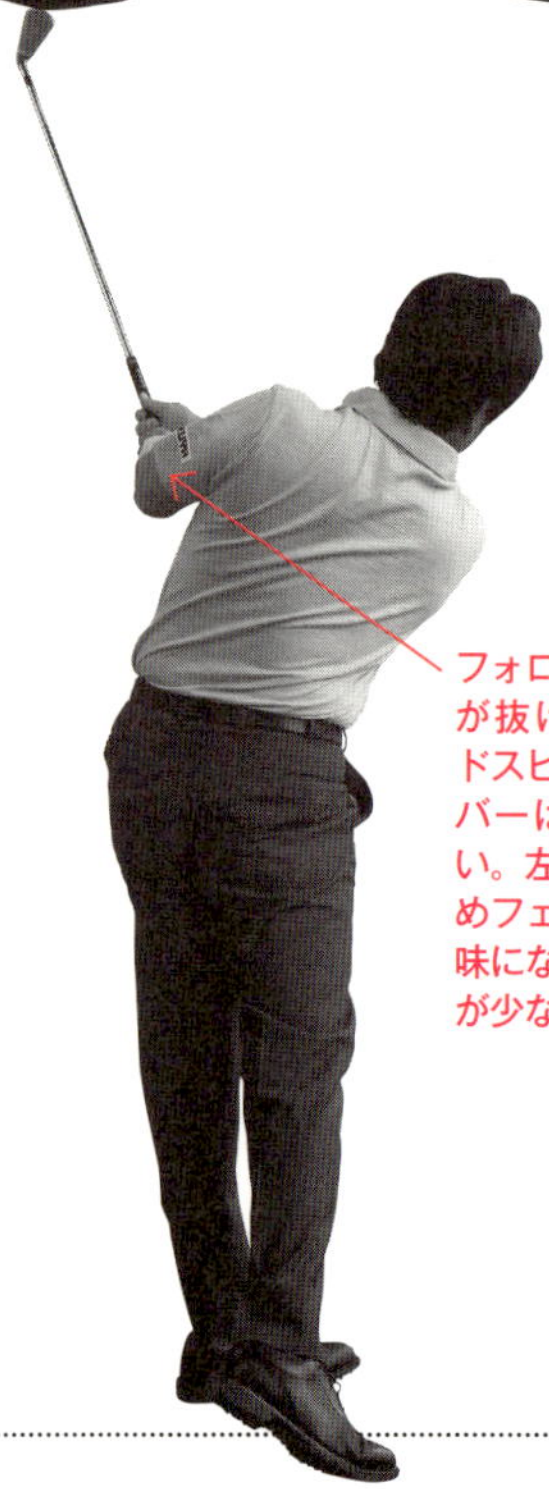

フォローでも体側にヒジが抜けたがるが、ヘッドスピードが速いドライバーはここまで抜けない。左手甲が背屈するためフェースがオープン気味になりローテーションが少ない

ここまで振ってもいいが、
1カット前の流れで
フィニッシュしてもよい。
カラダが起きてＩ字型になる

スッと立った
アドレス
右手甲の背屈で
コックが少し入る。
Ｐ２（みぞおち）への
スイングプレーンが
きれいに収まる

[A2のNGワード]

「ハンドダウンする」
「ダウンでタメろ」
「左に乗り込むまでダウンで待て」
「モモを寄せるようにする」
「スタンスを広くする」

[A2のGOODワード]

「背すじを伸ばせ」
「上げたら下ろせばいい」
「フォローでフェースを返すな」

フィニッシュでは
カラダが起き上がるが、
この位置では前傾を
キープする

タイプ別
ベーシックスイング
伊澤利光 A2

よどみのないシンプルで美しいスイング

体重移動は少ない
右サイドの体幹が伸び
切り返しの間は少なく
左手首が背屈し
シンプルなI字型のフィニッシュ

狭いスタンスから右手首の背屈を使ってクラブを上げる傾向があるが、静かに動くので流れるような印象。トップからの間も少なくシンプルにクラブを下ろしてくるので４タイプの中ではもっとも美しいスイングといわれる

スタンスは
狭め
モモが開き
外側重心
スッと
ワンピースに
上げ
瞬時に
左サイドが
切り上がり
背骨を軸に
入れ替わる
上と下が
同調する

B1

12 B1のスイング

下半身と上半身を同調させる

コックは手首を
親指側に曲げる
とう屈の動きとなる
左ヒザは前や
内側に大きく
動く

内旋した左足の
内側でカベを作って
フォローへ。
股を挟む
イメージでもOK
肩を基点に
右腕全体が
ローテーション。
クルッと回転して
フィニッシュへ

スタンス幅は
狭めで、
やや内側に
重心をかけると動きやすい

[アドレス～テークバック]

狭いスタンスでやや内側に重心がかかる。上半身と下半身が一緒に回転する感覚をもつB 1にとっては、テークバックで左ヒザが少し内側に入ったほうが､バックスイングが入りやすい。ただし距離を落としても方向性を上げたいときは、逆に外側に重心をかけて、わざとカラダにロックをかけるケースもある。左サイドの圧縮を抜かないようにテークバックしてもよい。右ヒザが内側に入りやすく、下半身ごとクルッと回る

[切り返し～インパクト]

右腰の前がインパクト（ローテーション）ポイント。インパクトのとき左足が開くと飛球線方向にカラダが流れるためローテーションが遅れる。左足の内旋（内側）でカベを作りフォローに入る（またを挟むイメージ）

[フォロー～フィニッシュ]

右軸からのパワーを左足で受け止めると、肩を基点に右腕全体がローテーションする｡ルーク・ドナルドや青木功プロが代表的。そしてクルッと回転していくフィニッシュとなる

右腰の前がインパクトポイント。左足が開いてしまうと飛球線方向にカラダが流れるので注意する
上体につられて
右足が内側に入る

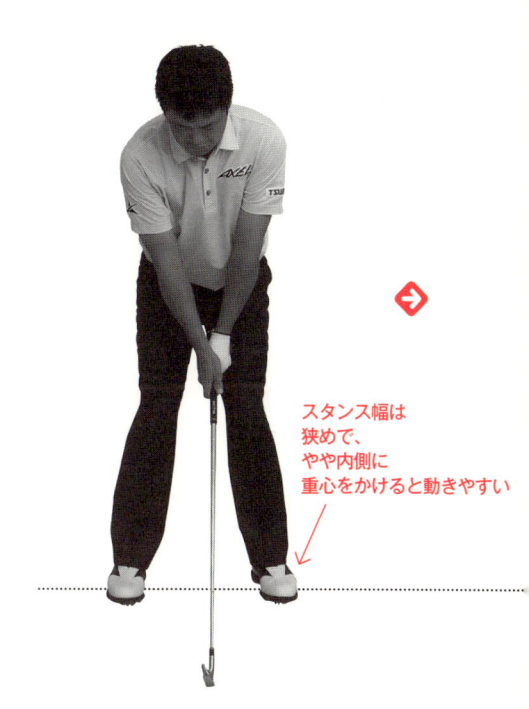

B1

⑫ B１のスイング
トップで左ヒザが大きく前に出る

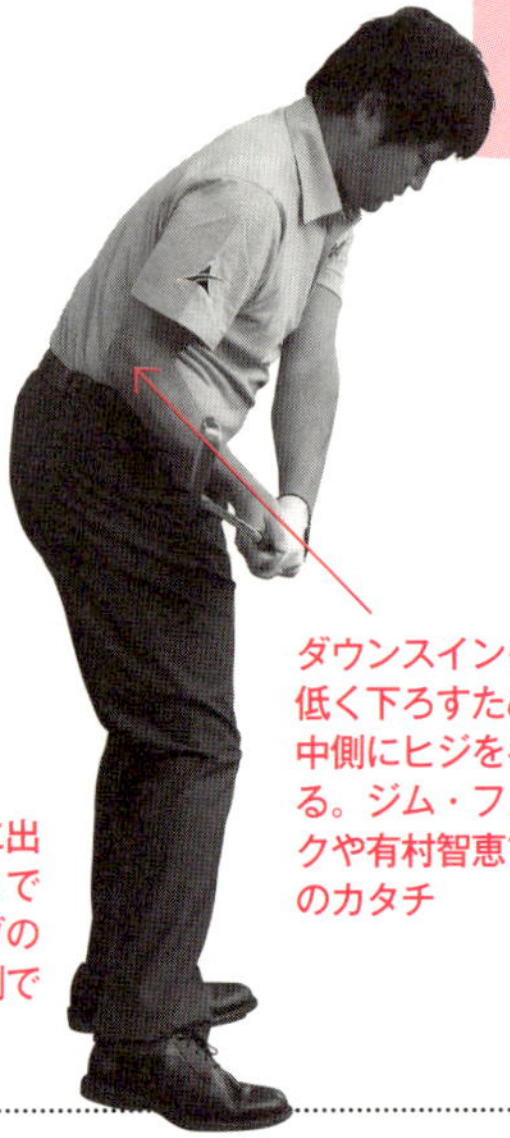

ダウンスイングで手を低く下ろすために、背中側にヒジをキープする。ジム・フューリックや有村智恵プロがこのカタチ

さらに左ヒザを前に出すことでトップまでもっていく。カラダの前側ではなく背中側でワキが締まる

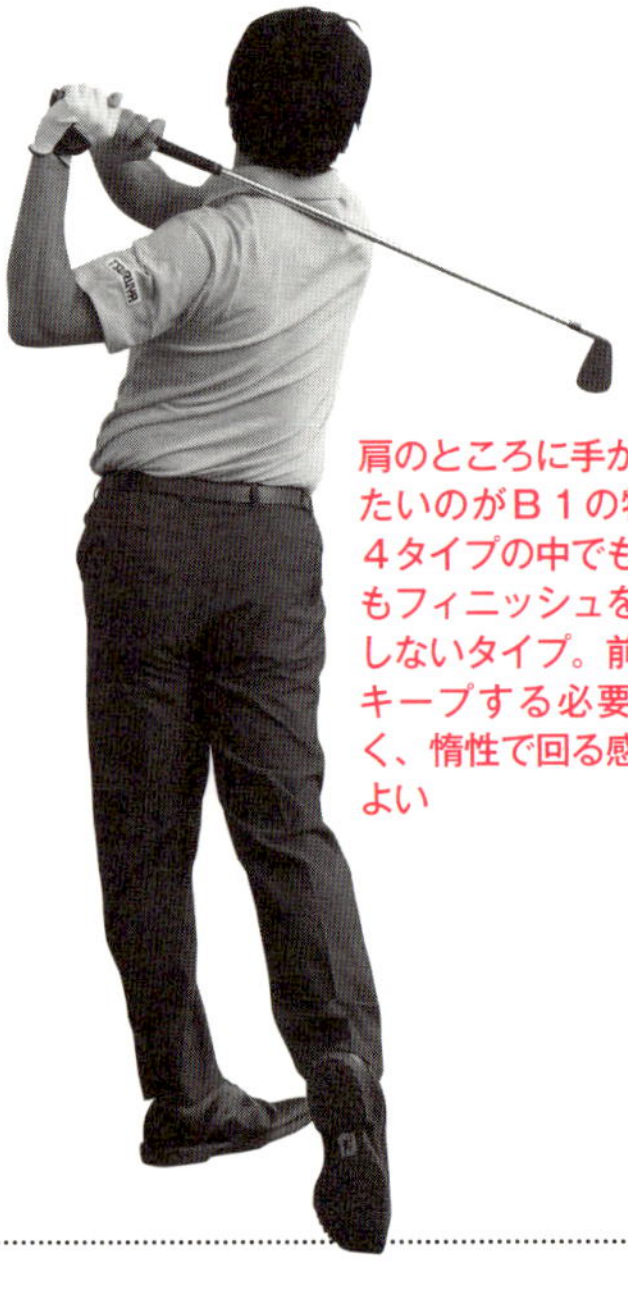

肩のところに手が行きたいのがＢ１の特徴。４タイプの中でもっともフィニッシュを意識しないタイプ。前傾をキープする必要はなく、惰性で回る感じでよい

ハンドダウンの構えから手首を親指方向へコック。テークバックは首のつけ根に向かってアップライトに上がる傾向が強い。テークバックと同時に左ヒザが前に出る
少数派ではあるが、セルヒオ・ガルシアのように腰方向にフラットに上がる人もいる

[B1のNGワード]

「ハンドアップしろ」
「ヒザを止めろ」
「ダウンで左に乗り込むまで待て」
「スタンスは広めに」
「背すじを伸ばせ」

[B1のGOODワード]

「思いきり手打ちで」
「下半身の筋肉細胞を一つも動かすな」
「足は動いていい」
「胸を小さく使え」

インパクトまでは前傾角度をキープする。フィニッシュでは起き上がっていいが、ここではしっかりキープ

タイプ別
ベーシックスイング
深堀圭一郎 B1

左ヒザが
前にでる
沈んで
パワーをため
右腕全体で
ローテーション
上半身と
下半身が
同調して
フォロースルー

カラダを沈み込ませて打つ 職人芸的で淡白なスイング

４つのタイプの中ではもっとも自由奔放。特にカラダを沈み込ませ、体幹をくねらせてパワーを発揮するところは独特で職人芸のよう。動きを止めないで振るため変則的に見えるが、Ｂ１自身には振りやすい動きとなる

左足ツマ先は
開かない
ハンドダウンを
キープしたまま
左サイドの
同側の縮み
右モモが
内旋しだす
右ヒザが
内に入り
右軸で
インパクト

⑬ B2のスイング

ダウンスイングで沈み込んで力をためる

B2
ここでは少し伸び上がってOK。フライングエルボーになりやすいヒジだが、体幹を入れ替えることでループするので、そのままフリーにしていい
右サイドをつり上げ、左サイドを対側にやや沈める感じ。ヒザは動くが内側には入れず外旋したまま
後軸なので右サイドに残りながらクラブが跳ね上がる
やや右残りのフィニッシュ。カラダはあまり回転しなくてよい

スタンス幅は
広め

[アドレス～テークバック]

後軸だがつねにカラダを反作用で使うクロスタイプは、アドレスでは左足体重になるケースが多い。ハンドダウンでフトコロを作り、対側を縮めてテークバックに入るが、クラブはアウトに上がるケースが多い。体幹はインサイドに上がるイメージ。だが、わずかながら沈む感じになる（写真でわかるほどは沈まない）。そして伸び上がりながらトップへ

[切り返し～インパクト]

切り返しではもう一度沈んでパワーをためていたので、そのきっかけ作りとして伸び上がりヒジも空きやすい。そしてダウンで沈み込むことで力をためる。そのとき真下に、あるいは対側に圧をかけ、パワーをためる。右腰前でインパクト。その反動で、インパクトでは一気に伸び上がったりもする

[フォロー～フィニッシュ]

右足で蹴った余韻と反動で、右に残った回転しないフィニッシュとなる。常に反作用の体重移動や、ねじれでスイングするので、フィニッシュ後にクラブを一気に引き戻したりする動きもよくある。要はカラダが動きたくなったり、揺すったりする動きを止めないことだ

上半身を残し
下半身でリードする。
ダウンスイングは
沈み込んで力をためる

B2

13 B２のスイング

トップで伸び上がる。フライングエルボーもＯＫ

一度伸び上がる。
フライングエルボーに
なってもかまわない
ダウンスイングで力をた
め、腰の高さに手が下り
たときに力が出るので、
ここまでは上半身が開か
ないように我慢する
極端なインサイドアウト
の軌道になったり右を向
いて左に打ったり自由に

リストが
強いので
シャフトが
跳ね上がる
フィニッシュは
あまりカラダが
回転しなくてもよい
右ヒザは
内側に入れないので
前に出てきても
かまわない

いきなり肩口や腰にクラブが上がる。そのほうがループしやすく体幹が入れ替わりやすい
フトコロの深いハンドダウンのアドレス

[B2のNGワード]

「尻をツキ出して構えろ」
「ヒジを締めろ」
「8の字を描くな」
「シンプルに打て」
「左ツマ先を閉じろ」

[B2のGOODワード]

「フットワークを使え」
「ハンドダウンでよい」
「カラダを上下に揺すれ」
「反動を使え」
「体重移動を積極的に使え」

タイプ別
ベーシックスイング
丸山茂樹 B2

体重移動と反動を使って ダイナミックに振る

間のあるトップ
一気に沈みこんで
右サイドに残りながら
短いフィニッシュ時間で引き戻す
左足は開いて良い

テークバックから上半身と下半身を連動させるので、下半身がよく動く。ダウンスイングからはウエィトシフトをせず、右腕全体で早めにローテーションをかけるため、手打ちのイメージになる

スタンスは広め両ツマ先は開く
チンバック
大きめの体重移動
上半身をガマン下半身リード
両モモは開く
右サイドで打ち抜く

第6章

アドレス、スイングの応用

ゴルフでは状況によって
ドローやフェードを打ち分けたり、
普通にアドレスできない傾斜から
打たねばならないことも多い。
こういったケースでも
タイプ別に適した打ち方や構え方がある。

❶ ドロー、フェードの打ち分け

クロスとパラレルで振り方が変わる

インテンショナルにしろ、ナチュラルにしろ、ドローやフェードを打つにはどうするか？ この使い方はパラレルとクロスタイプで分けて解説する。

インにもアウトにも
振れる

クロス（どちらにも振れる）

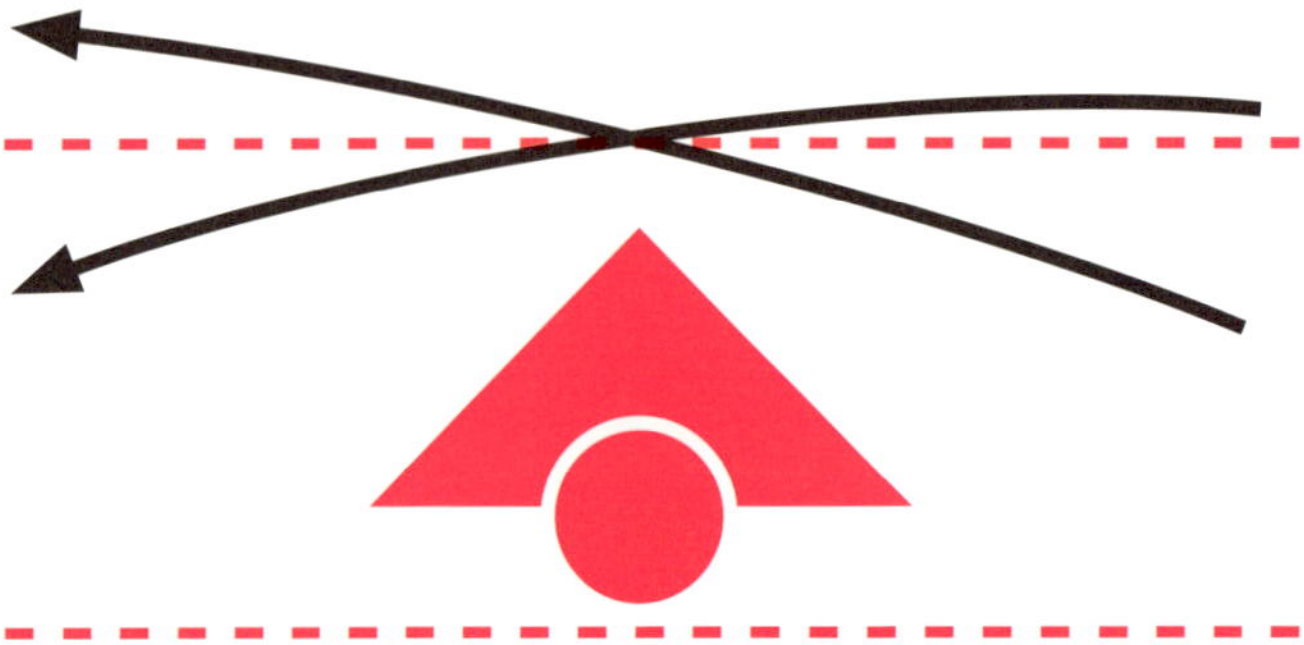

スクエアに構えたときに、右にも左にも振れるのがクロスタイプ。体幹をクロスに使うだけでアウトサイドイン、インサイドアウトどちらにも振れるので比較的容易に打ち分けができる

［インサイドアウトに打つ場合］

上半身を我慢すれば右に打ち出せる

たとえばドローを打つ場合、スクエアに構えて軸を真っすぐにしていてもインサイドアウトに振り抜くことができる

ストレートから
インサイドに振る

パラレル（ストレートorアウトサイドイン）

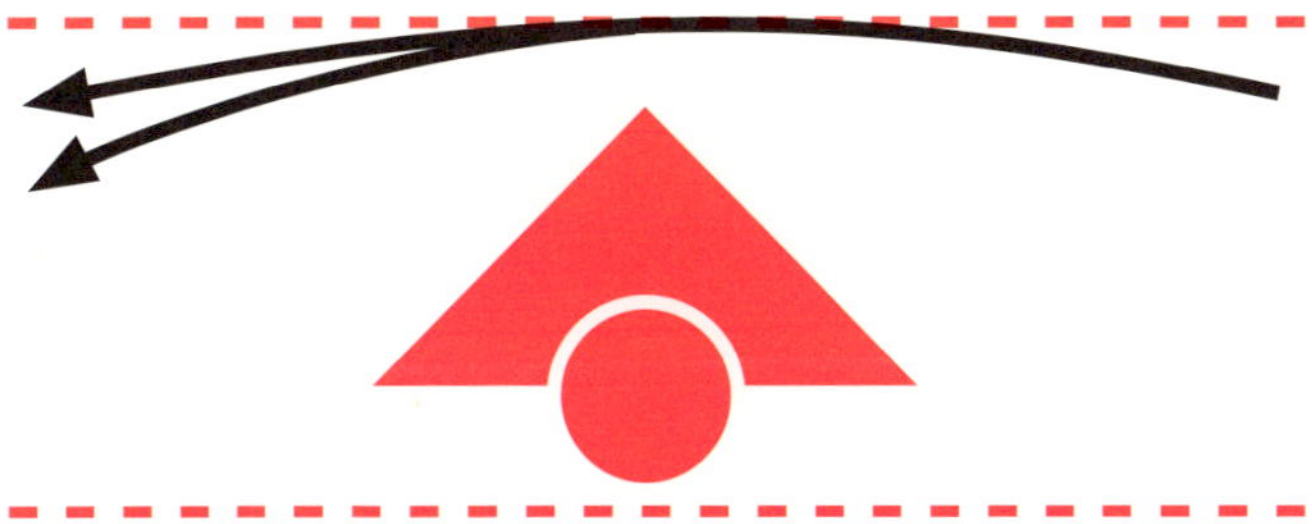

パラレルタイプの場合、肩口から直線的に振り下ろす性質と、カラダを早めに回転させることで左に振り抜けるため、フェードは簡単に打つことができる。だがインサイドアウトに振るには、上半身を止めてカラダのねん転を使わなければならず、なかなか難しいカラダの使い方になる。パラレルタイプのドローヒッターにカラダが傾くプレーヤーがいるのはこのためである

インサイドアウトに打つ場合

**軸を倒さなければ
右に打ち出せない**

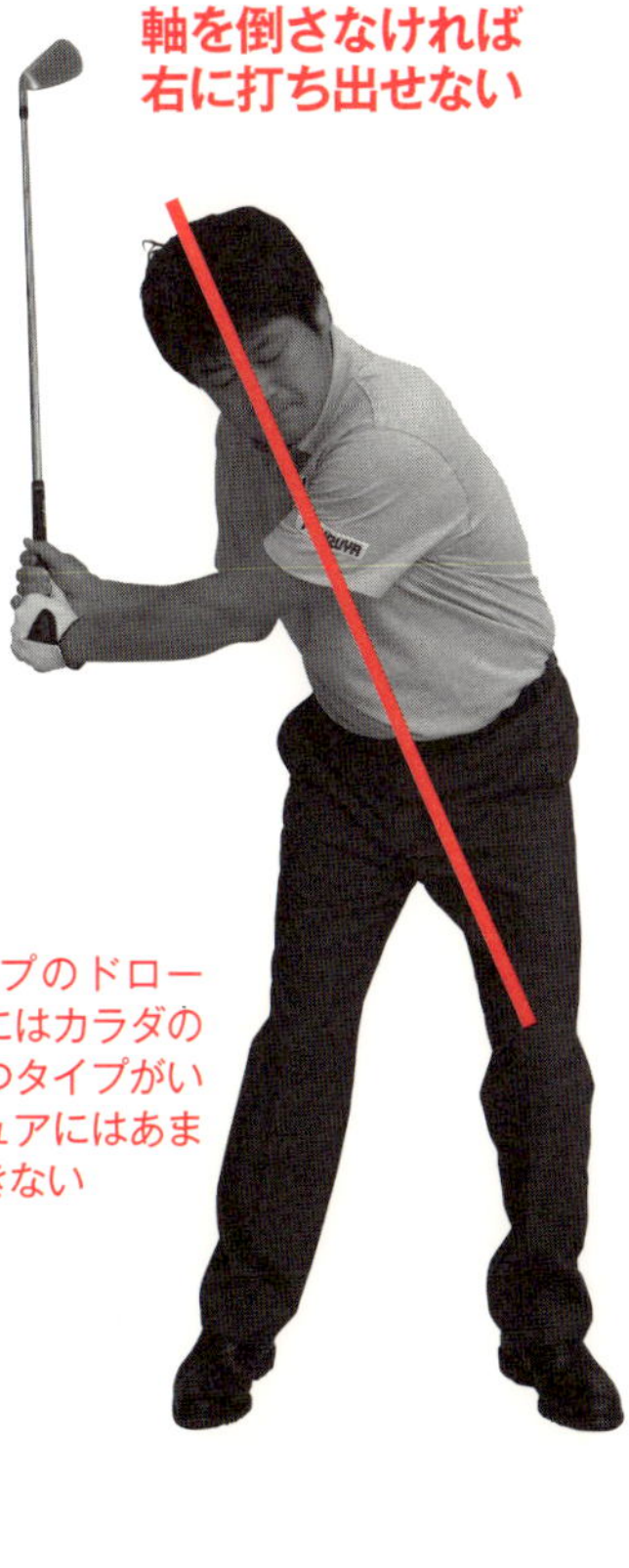

パラレルタイプのドローヒッターの中にはカラダの軸を傾けて打つタイプがいるが、アマチュアにはあまりおすすめできない

スイング軌道を
変える

クロス

1 ドロー、フェードの打ち分け［ドローを打つ］

クロスは軌道を変える

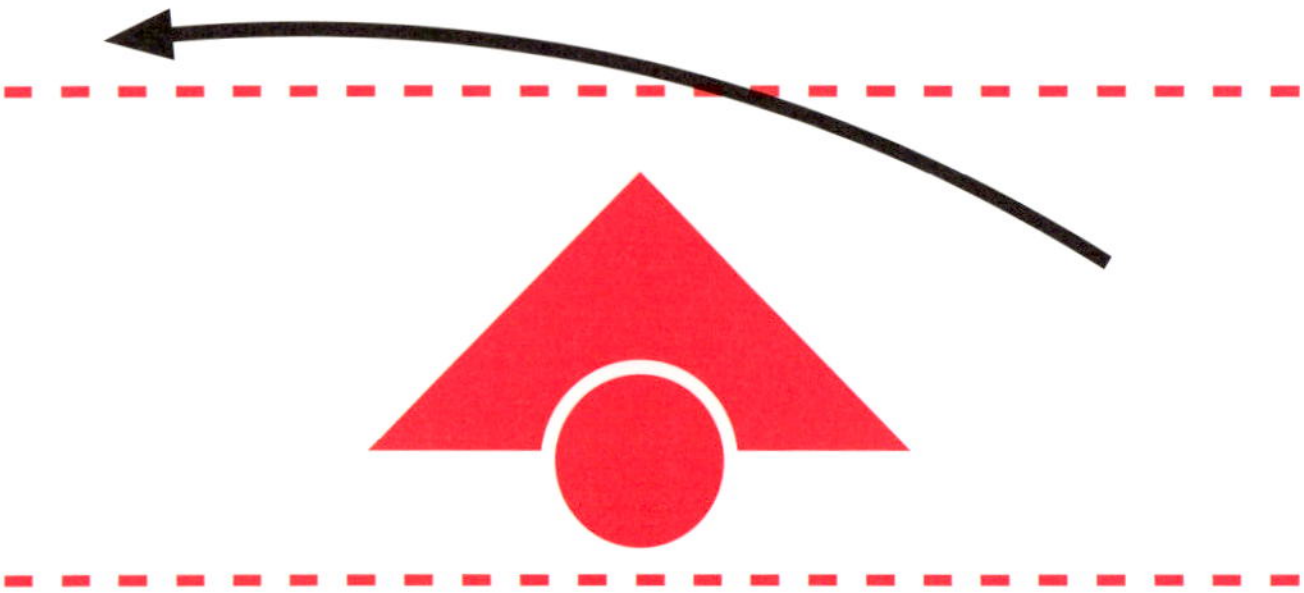

クロスは右にも左にも振り抜ける。ドローを打つときはインサイドからダウンスイングし、アウトサイドにフォローを出せばよい。アドレスはスクエアでOKだ

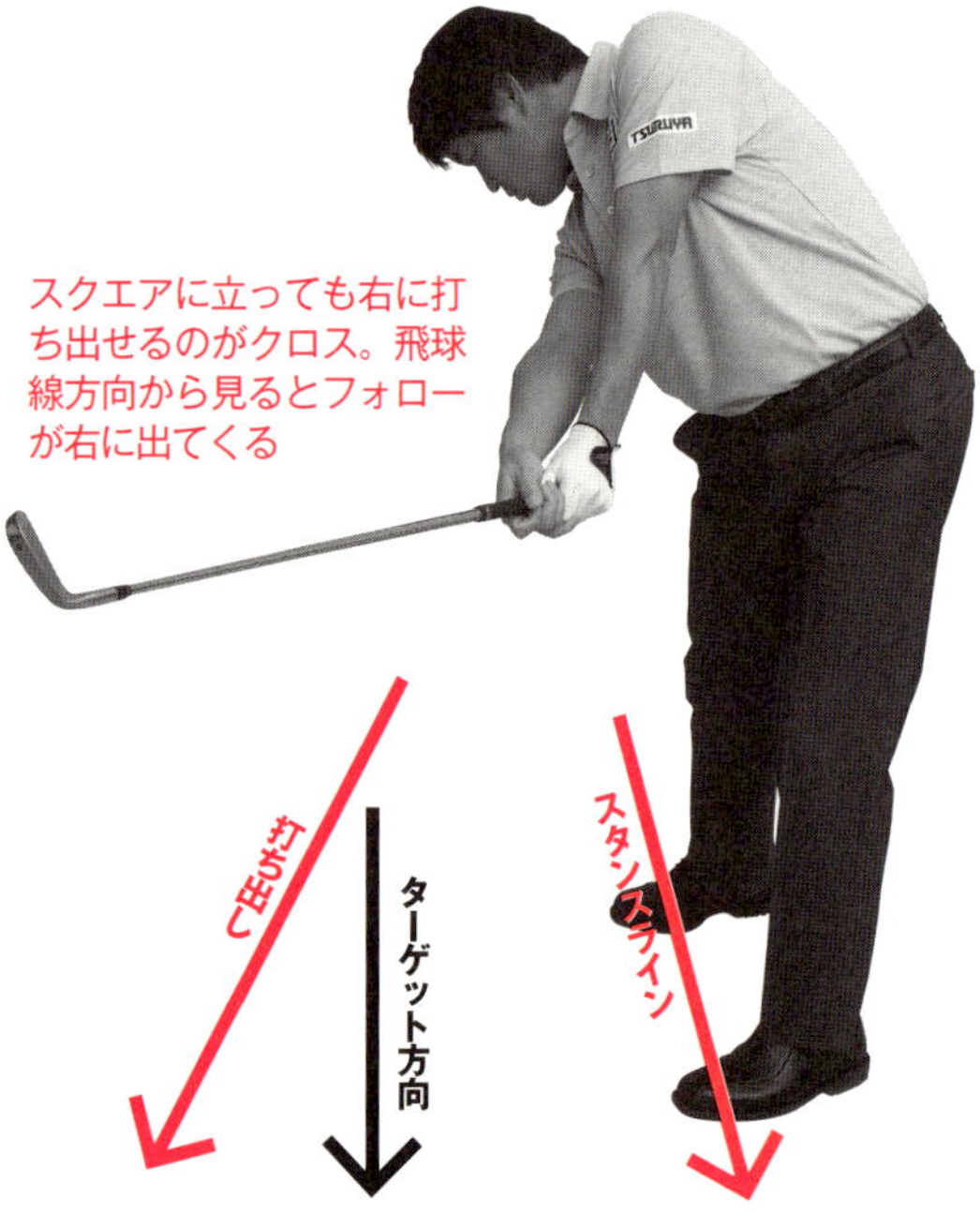

スクエアに立っても右に打ち出せるのがクロス。飛球線方向から見るとフォローが右に出てくる

向きを
変える

パラレル

パラレルは向きを変える

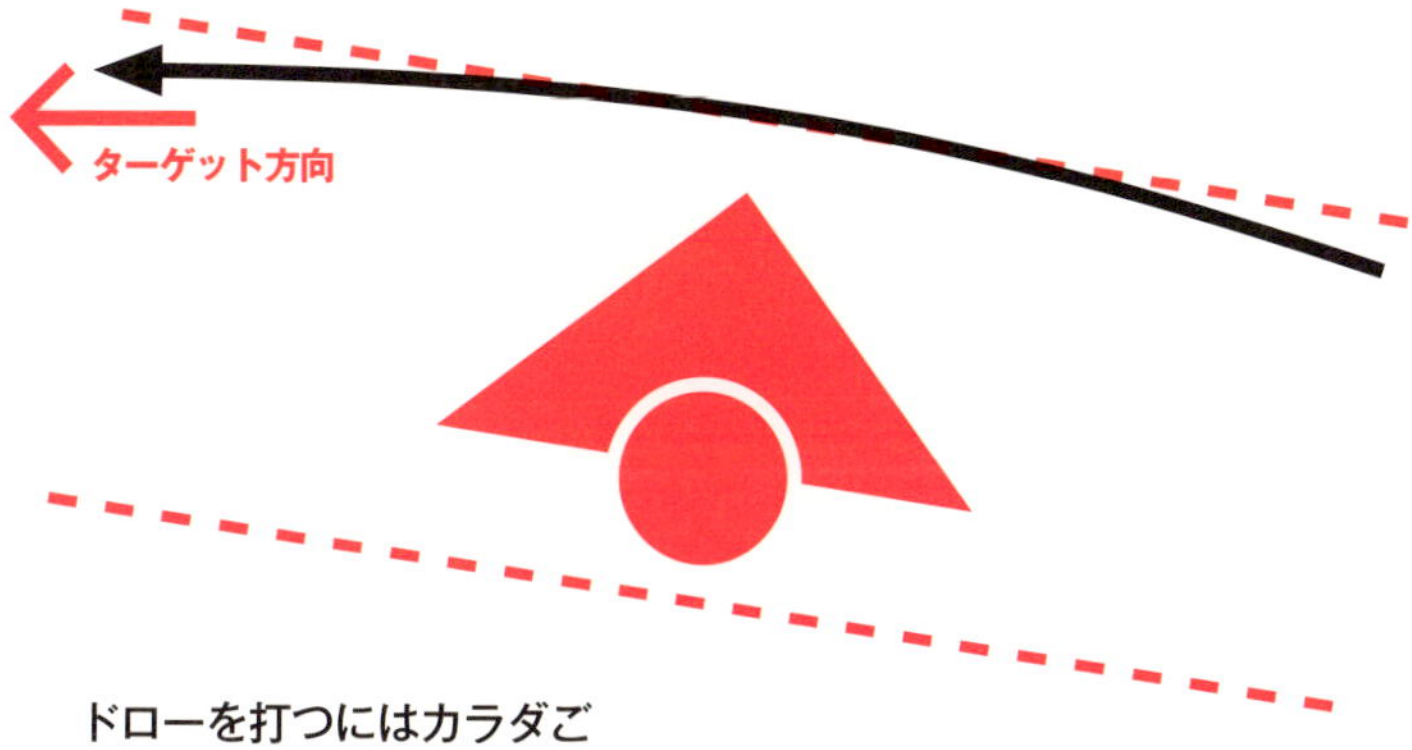
ターゲット方向

ドローを打つにはカラダごと右を向き、スクエアラインに対して右に振り出す態勢を作るのがパラレルの一般的なドロー打ち。上半身を止めてカラダのねん転を使うのは難しい

打ち出し
スタンスライン
ターゲット方向

クロスと違い右を向いてアドレス。フェースを目標に向けてスタンスラインと平行に振り抜くのがパラレルのオーソドックスなドロー打ちだ

1 ドロー、フェードの打ち分け［フェードを打つ］

クロスは左に振る

左に
振り抜く
クロス
カラダ全体をねじって
インに引っぱる
もちろん初めから
オープンスタンスでも良い

カラダの回転を
早める

パラレル

パラレルは回転を早める

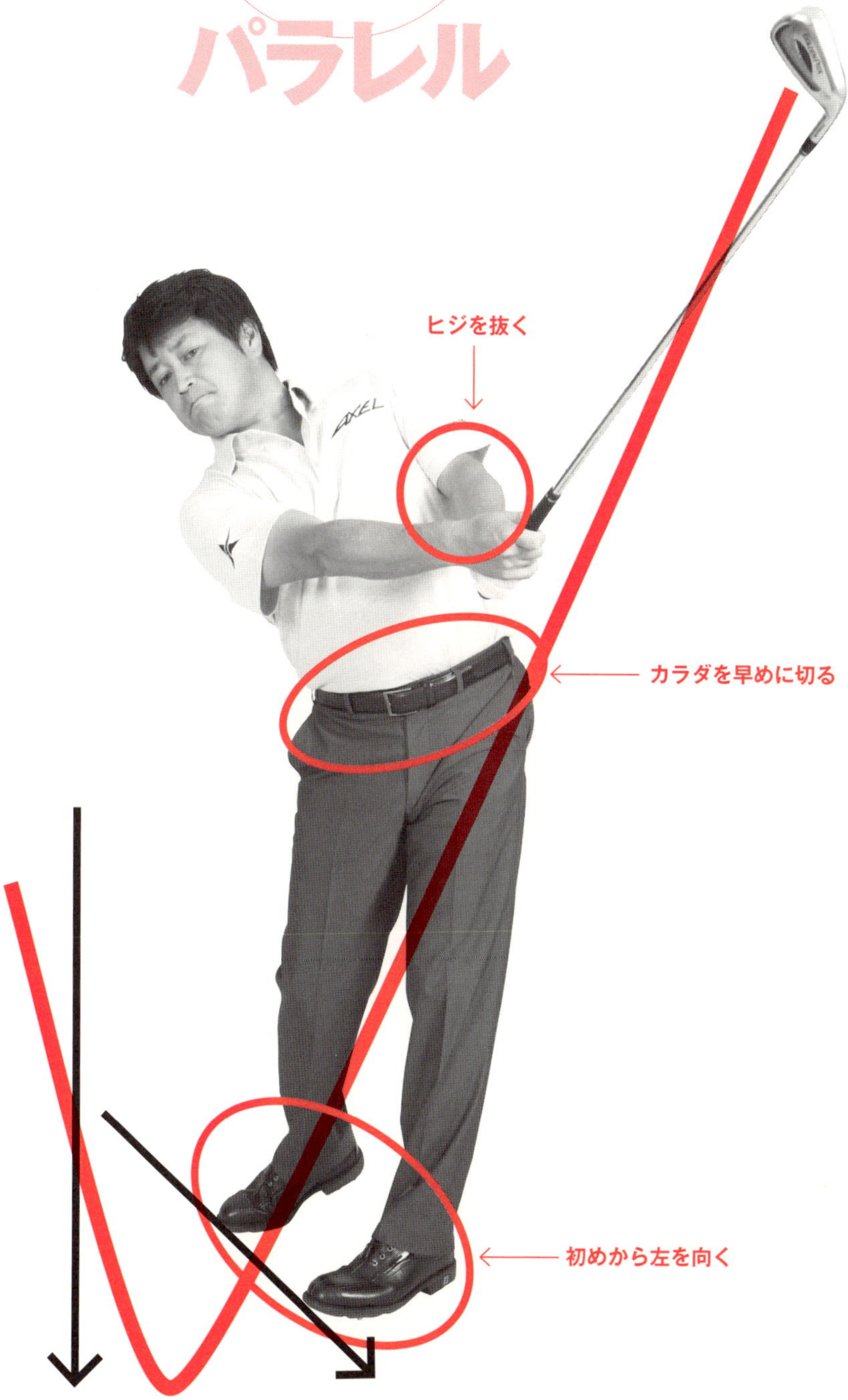
ヒジを抜く
カラダを早めに切る
初めから左を向く

2 傾斜地におけるアドレスイメージ
重力なりに立つクロス

[傾斜にさからい重力なりに立つ]

体幹をクロスに使って振るクロスタイプ（A1、B2）は斜面にさからうカタチでスイングできる。左足上がりの場合は右足に、左足下がりの場合は左足に体重がかかった状態で振ることができる

[クロスタイプが傾斜から打つ場合に気をつけること]

クロスタイプが両足をスクエアにしたまま傾斜にさからって立つと、左足上がりでは左ヒザ、左足下がりでは右ヒザというように、高いほうのヒザが曲がって前に出てくる。そのままだとスムーズにスイングできないので、曲がって前に出たほうのヒザを他方のヒザのラインに揃えることが必要となる。すなわち左足上がりは左ヒザを引いてオープンに、左足下がりは右ヒザを引いてクローズ気味に立つことになる

傾斜なりに
立つ

パラレル

傾斜なりに立つパラレル

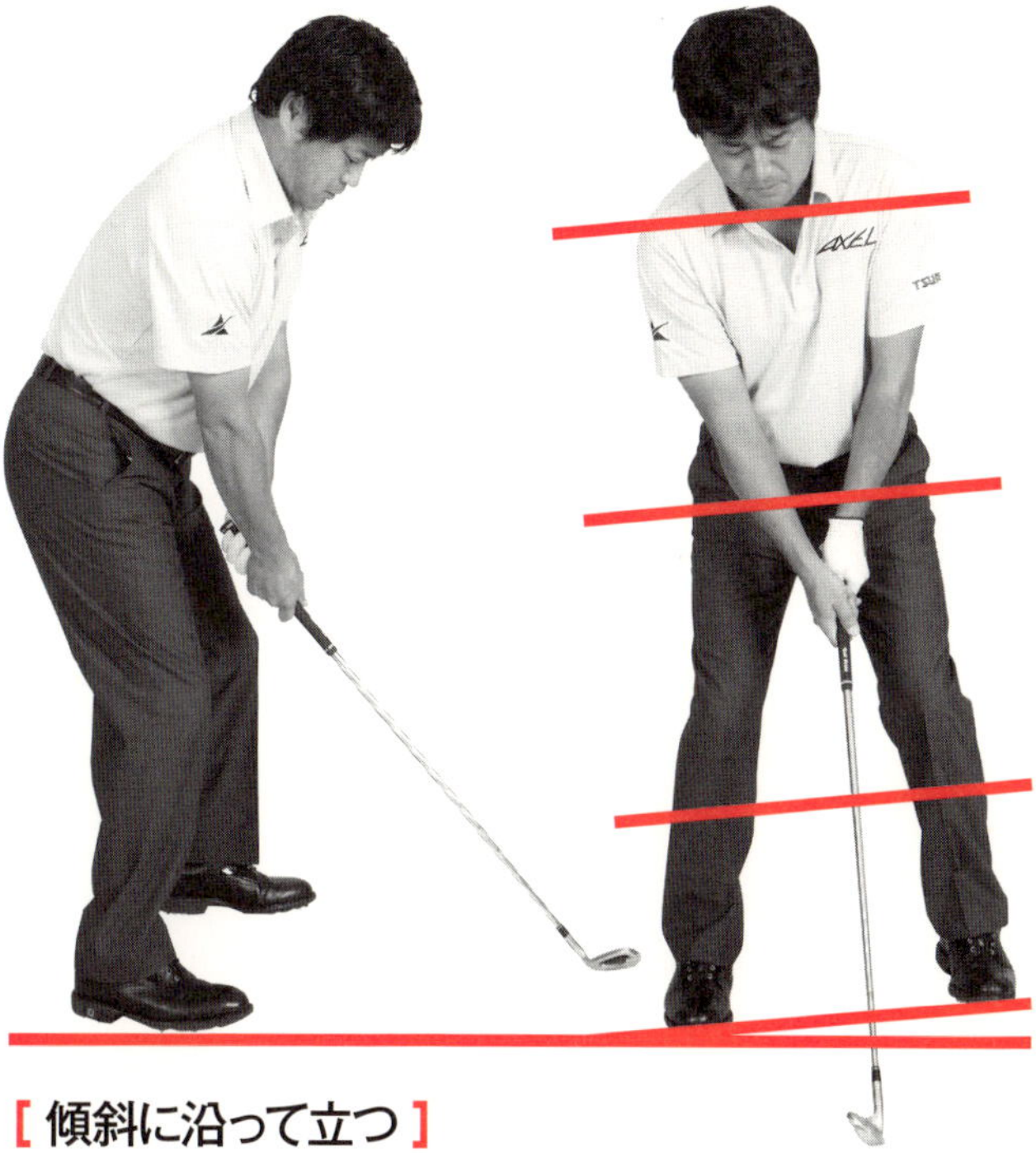

[傾斜に沿って立つ]

パラレルは、なるべく傾斜に沿って構えたほうがカラダのラインがパラレルに保てる。カラダの平行ラインを保ち、箱が全体で傾くイメージ。傾斜にさからい重力に対して構えるとカラダの目標ラインが崩れる

[パラレルタイプが斜面から打つ場合に気をつけること]

傾斜に対し肩、腰、ヒザなどカラダの全てのラインを平行にして立ちたいパラレルだが、傾斜が急になってくるとこのように立つことができなくなる。急傾斜ではクロスと同様、左足上がりで左ヒザ、左足下がりで右ヒザが前に出てくるので、出てきたヒザを足ごと引いてヒザのラインを揃えなければならない。カカトを上げるとカラダのラインが平行に揃うので、カカトを上げたまま打つこともある

3 ノックダウンショット

ヒジをP2のラインで合わせるAタイプ

ノックダウンショットはBタイプのほうが軸足が右のためインパクトが早く終わるので、比較的多用するケースが多い。ただ、Aタイプも球を低く抑えるために必要な手段である。

[A1]

お腹側のみぞおちにヒジをつけて

[A2]

体側側に少し抜けるノックダウンショット

肩や腰元で力が入るBタイプ

[B1]

右肩を支点に右手がローリングする

[B2]

押し込むようにノックダウンショット

第7章

アプローチ

アプローチで大切なのは
コントロールと距離感。
４スタンス理論を使えば
これらの精度を上げることができる。
小さな動きの中に現れる、
タイプ別のちょっとした
違いを感じとれるようになろう。

① 感覚を出す指

1タイプは人さし指と中指

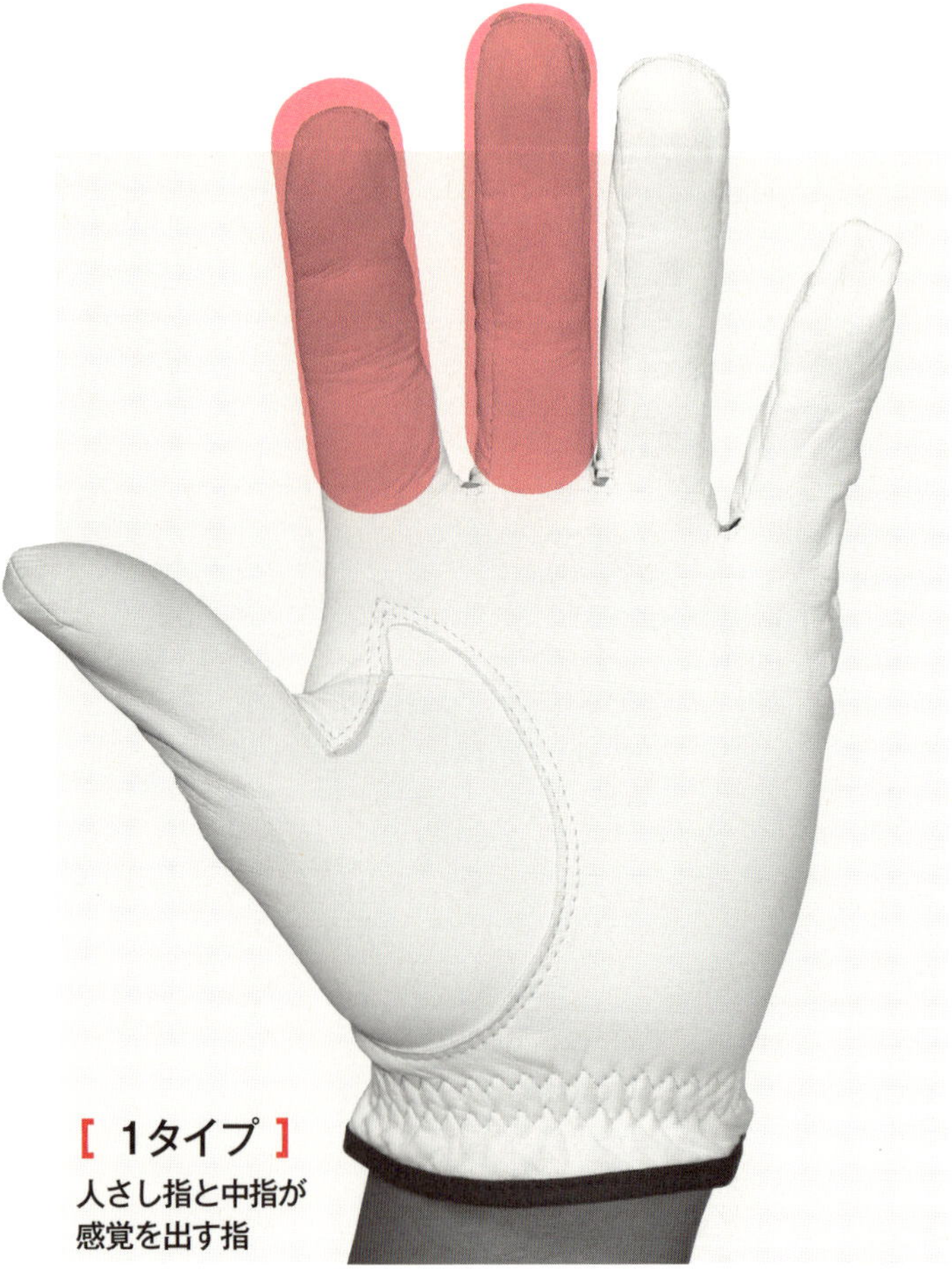

［ 1タイプ ］
人さし指と中指が
感覚を出す指

序編第2章「Aタイプの人間Bタイプの人間」の①（P52〜53）で述べたとおり、1タイプは人さし指と中指を、2タイプは中指と薬指をメインに使う。これはスイング全般に踏襲されることであるが、特にアプローチでは感覚を出す指の意識がとても重要になる。

　というのも、微妙な距離を打ち分けたり、フェース面を動かしてスピンをコントロールしなければならないアプローチでは、指先の感性が求められるから。たとえば人さし指でフィーリングを出すというB1タイプの青木功プロは、その都度指先を濡らしたというし、2タイプの中には中指と薬指だけ握っておけばOKという人もいる。

　ことアプローチに関して言えば、1タイプは人さし指が大切。2タイプは薬指をからめ、そこでイメージを出す感覚が大切になる。

2タイプは中指と薬指

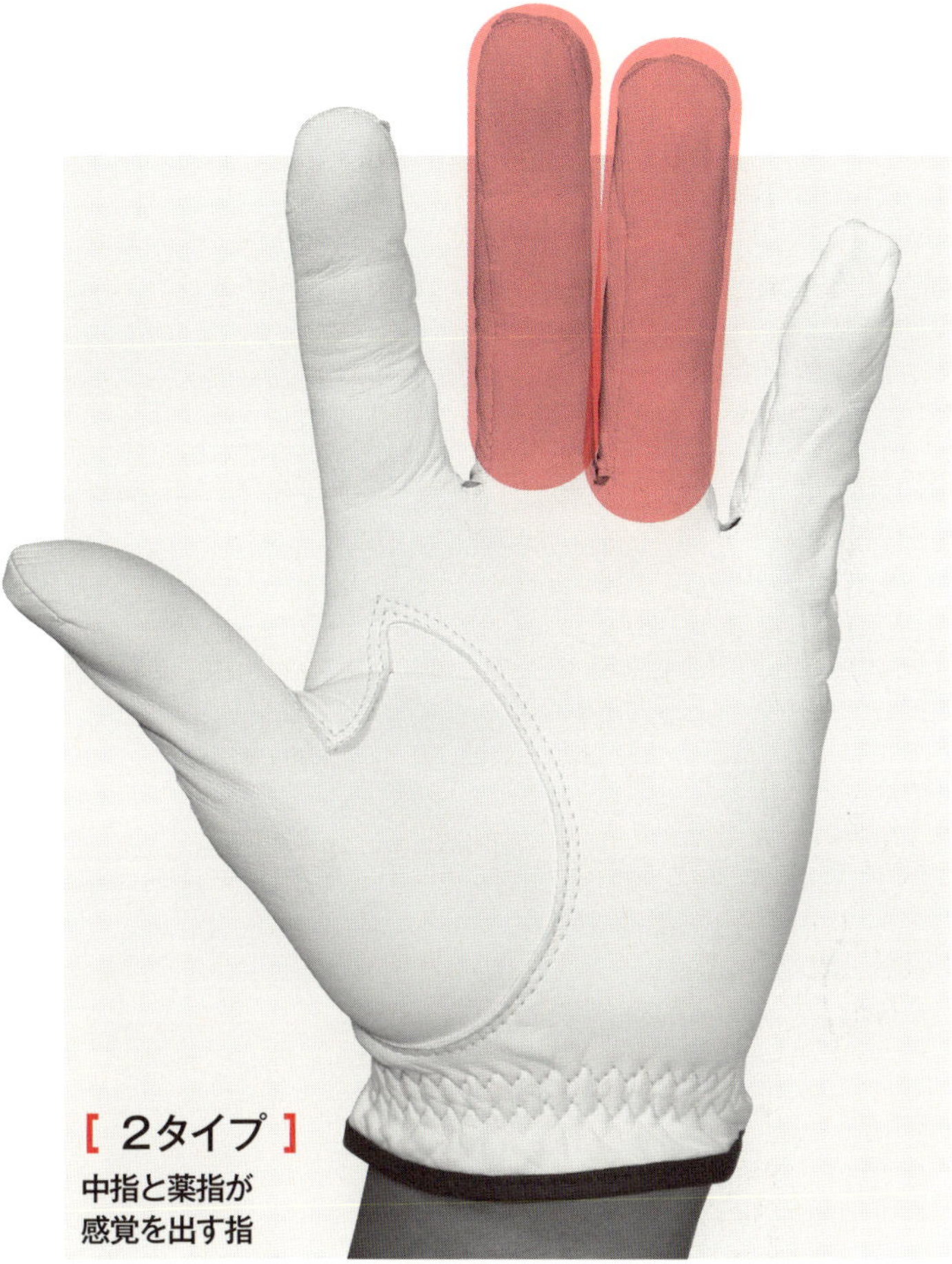
［ 2タイプ ］
中指と薬指が
感覚を出す指

2 ヒジの位置

最適なヒジの位置は四者四様

ヒジ、ヒザを安定させる

A

ヒジとヒザを安定させ、肩と腰はフリーにする。トップ、フォローでヒジがみぞおちに近い

[A1]
ヒジがお腹側

[A2]
ヒジがカラダの真横にいきたがる

肩、腰を
安定させる

B

肩、腰を安定させて、ヒジ、ヒザをフリーにする

[B1]

完全にヒジを背中側に抜きたくなる

[B2]

ヒジの位置はお腹側寄りだがヒジを使うためヒジが抜ける場合も多い

ヒジが
みぞおちに近づく

A

Aタイプには2の安定があるため、
ヒジがみぞおち付近にきたときに
すべてのパフォーマンスが上がる

3 テークバックの大きさ

得意なテークバックの大きさを知る

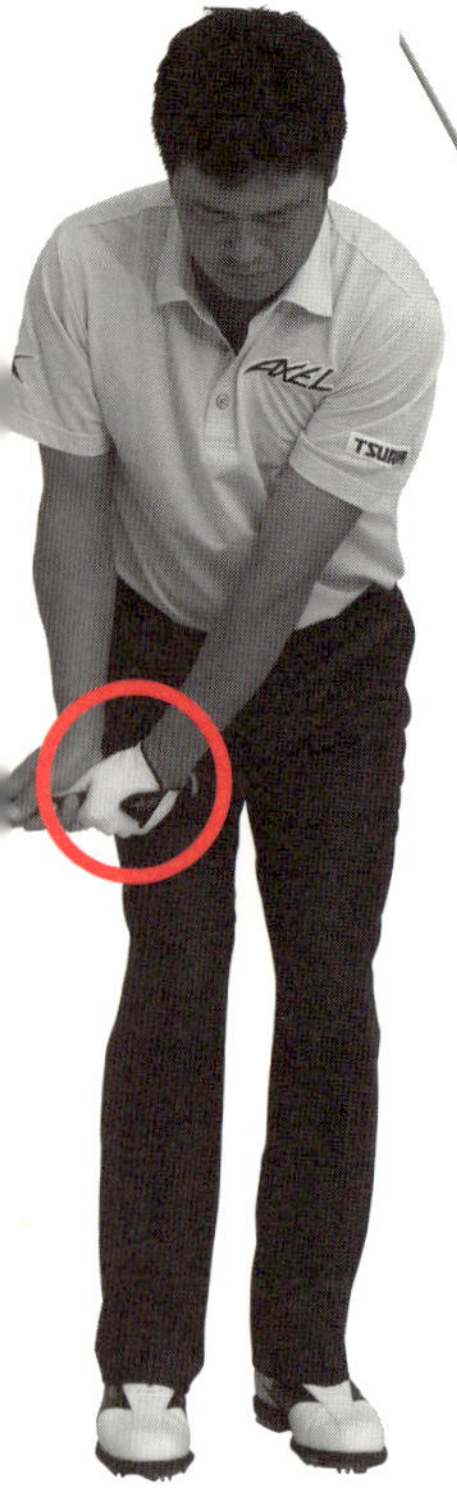

[A2]

Aタイプなのでヒジ(P2サブ）がP2（みぞおち）にきたときも安定するが、特にA2はコッキングありき。手首の背屈のコックで距離感を出す

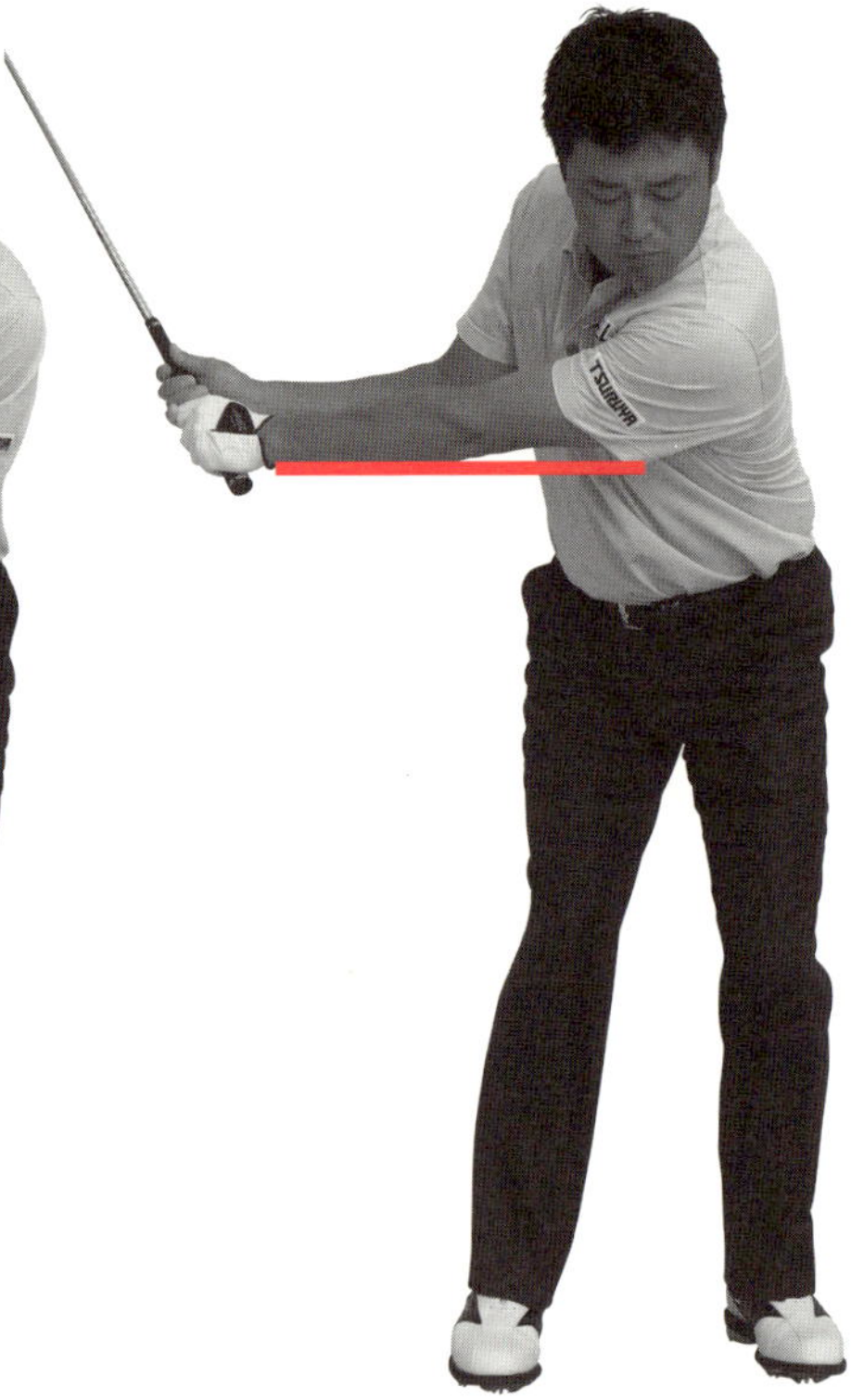

[A1]

特にA1はヒジがみぞおちの高さで距離感を出す（P2の安定）

それぞれに得意なテークバックの大きさがあるので、10ヤードは7時、30ヤードは9時というように、バックスイングの大きさで距離感を出すものではない。できる範囲で、それぞれのトップからのスピードや強さを距離に応じて変え、距離をコントロールする。

手首が肩や腰に
きたい

B

Bタイプには1、3の安定がある
ため、肩や腰に手首がきたときに
すべてのパフォーマンスが上がる

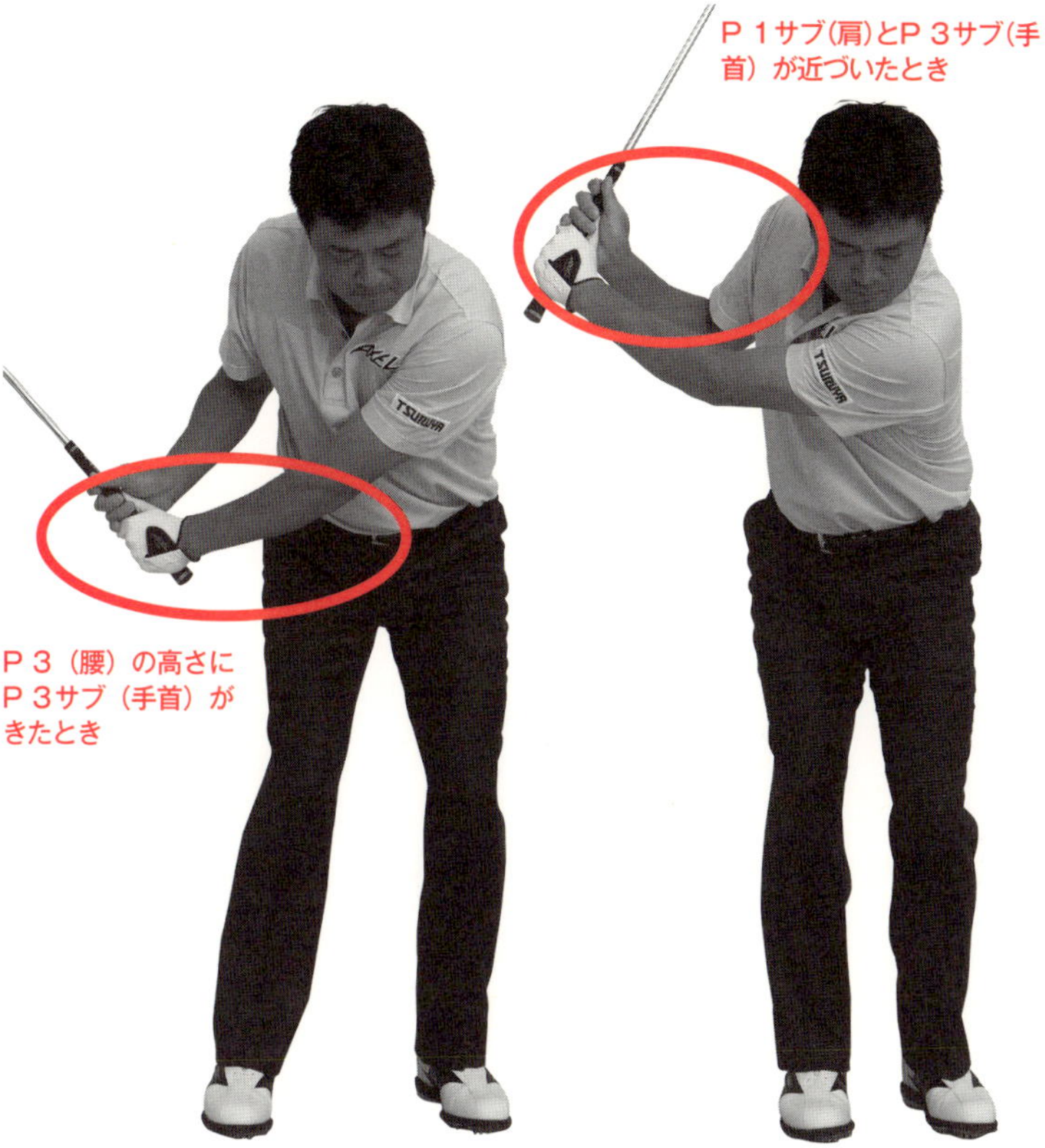
P 1サブ(肩)とP 3サブ(手
首)が近づいたとき
P 3(腰)の高さに
P 3サブ(手首)が
きたとき

[B2]

特にB2は腰に手がくるとしっくりくる(P3の安定)

[B1]

特にB1は肩のところに手がくるとしっくりくる(P1の安定)

まあるくヨコに
体重移動

クロス

4 体重移動

クロスは前後左右に移動

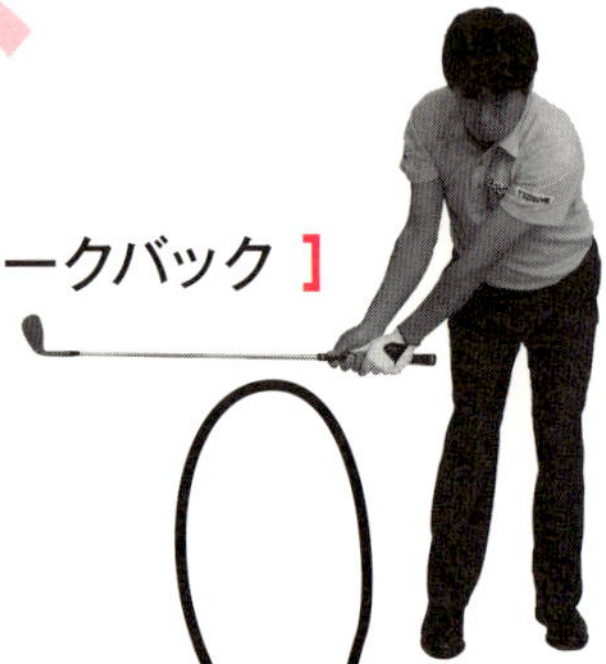

［テークバック］

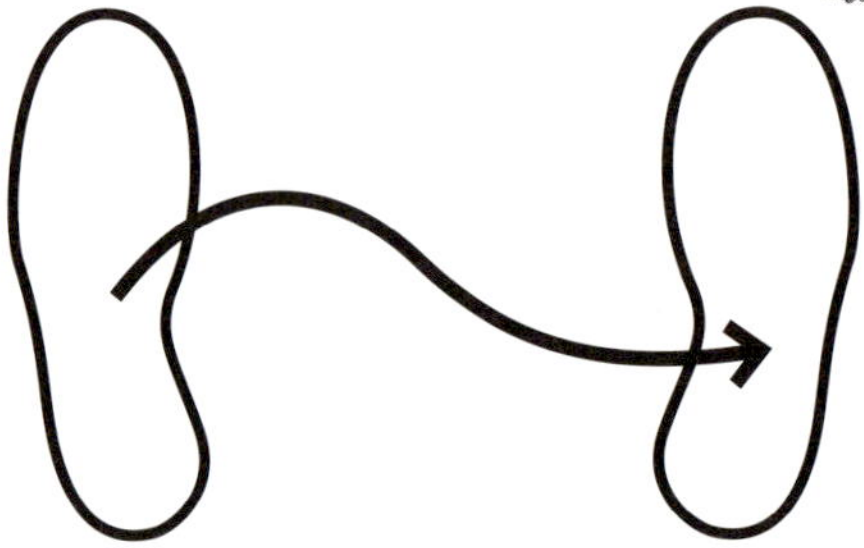

［フィニッシュ］

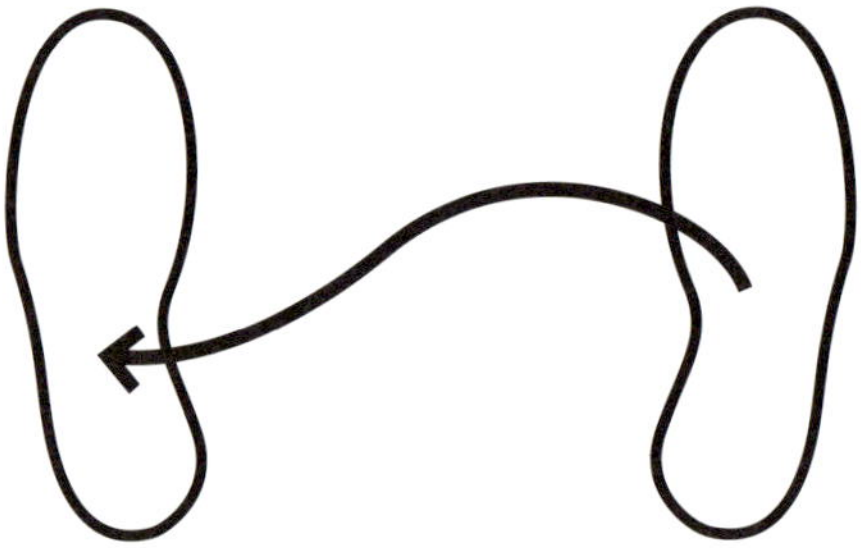

上の図のように、テークバックは、右にまあるく揺すりながら開始し、フォローもまあるく乗っていく。クロスは反作用を使うため、テークバックは右ではなく逆に左に体重を乗せ、フィニッシュにかけて逆に右足を引っぱり戻す方法もある。足の体重移動はヨコとタテ（前後）のミックスになる

前後に
体重移動

パラレル

パラレルは前後に移動

[テークバック]

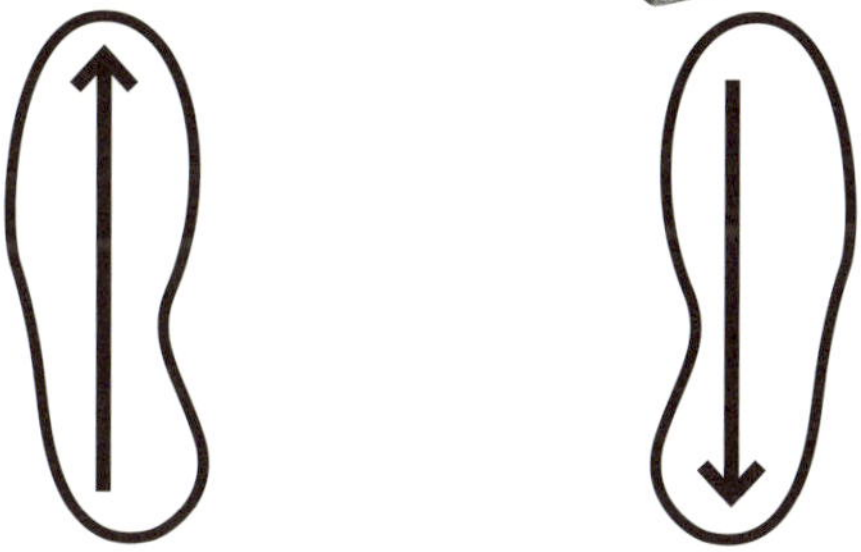

[フィニッシュ]

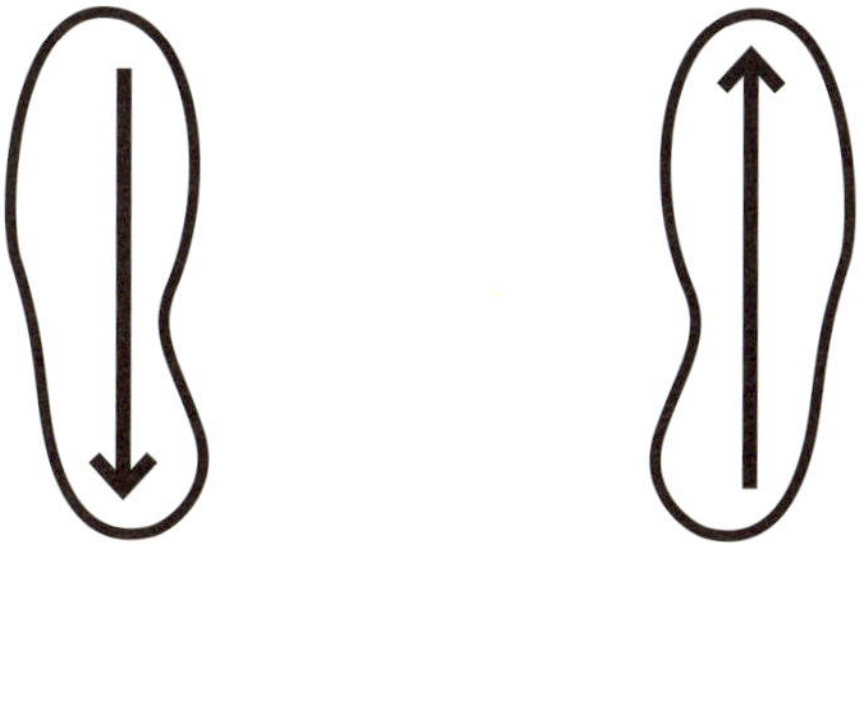

背中の１本の軸の中で前後に入れ替えるだけで足の体重移動はタテ（前後）に行なう

5 スイングイメージ

Aはフォロー重視

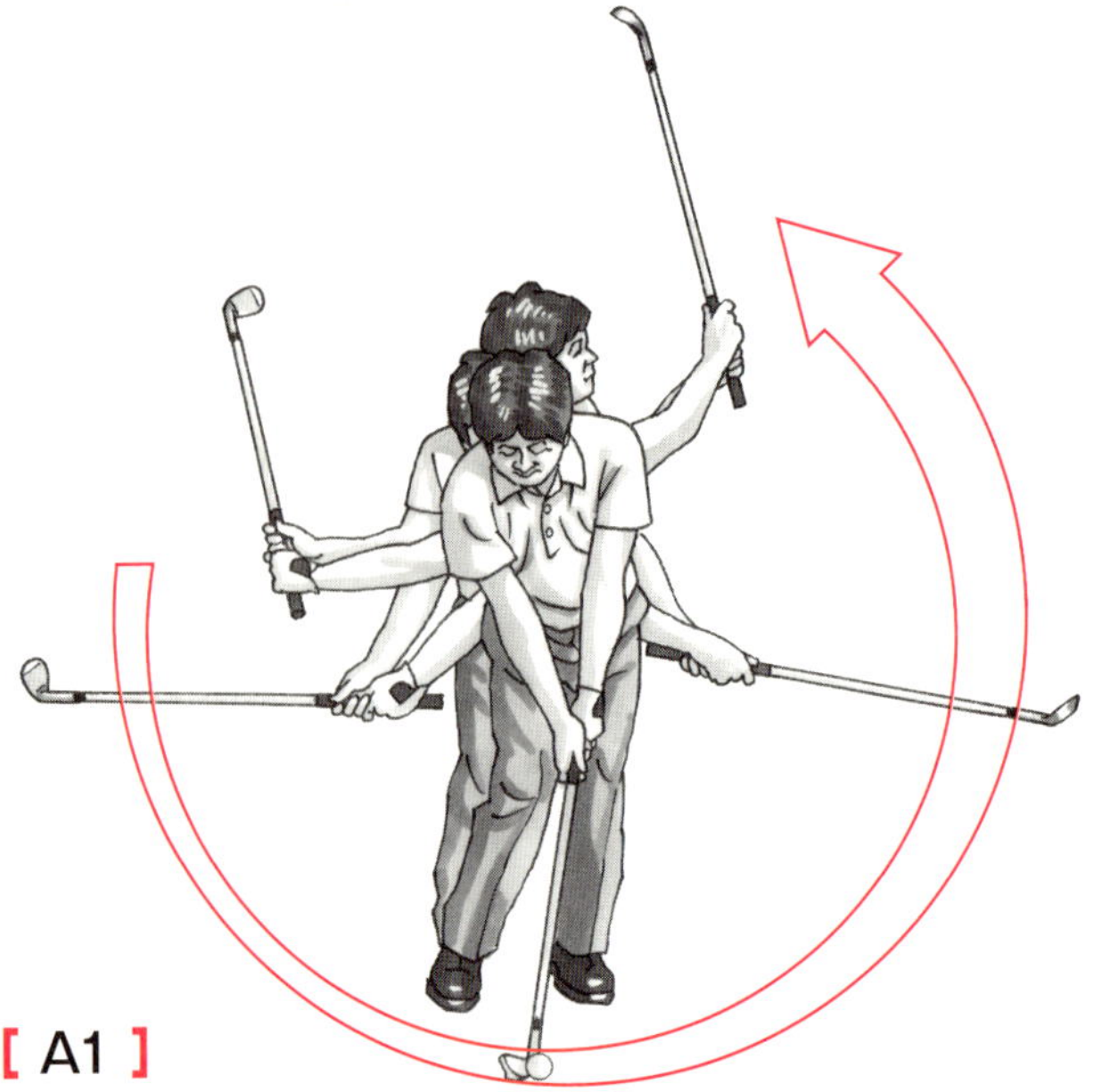

[A1]

Aタイプはフォロー重視。A１はもっとも球持ちが長いためインパクトゾーンが長くなる。みぞおちからみぞおちがゾーンだ

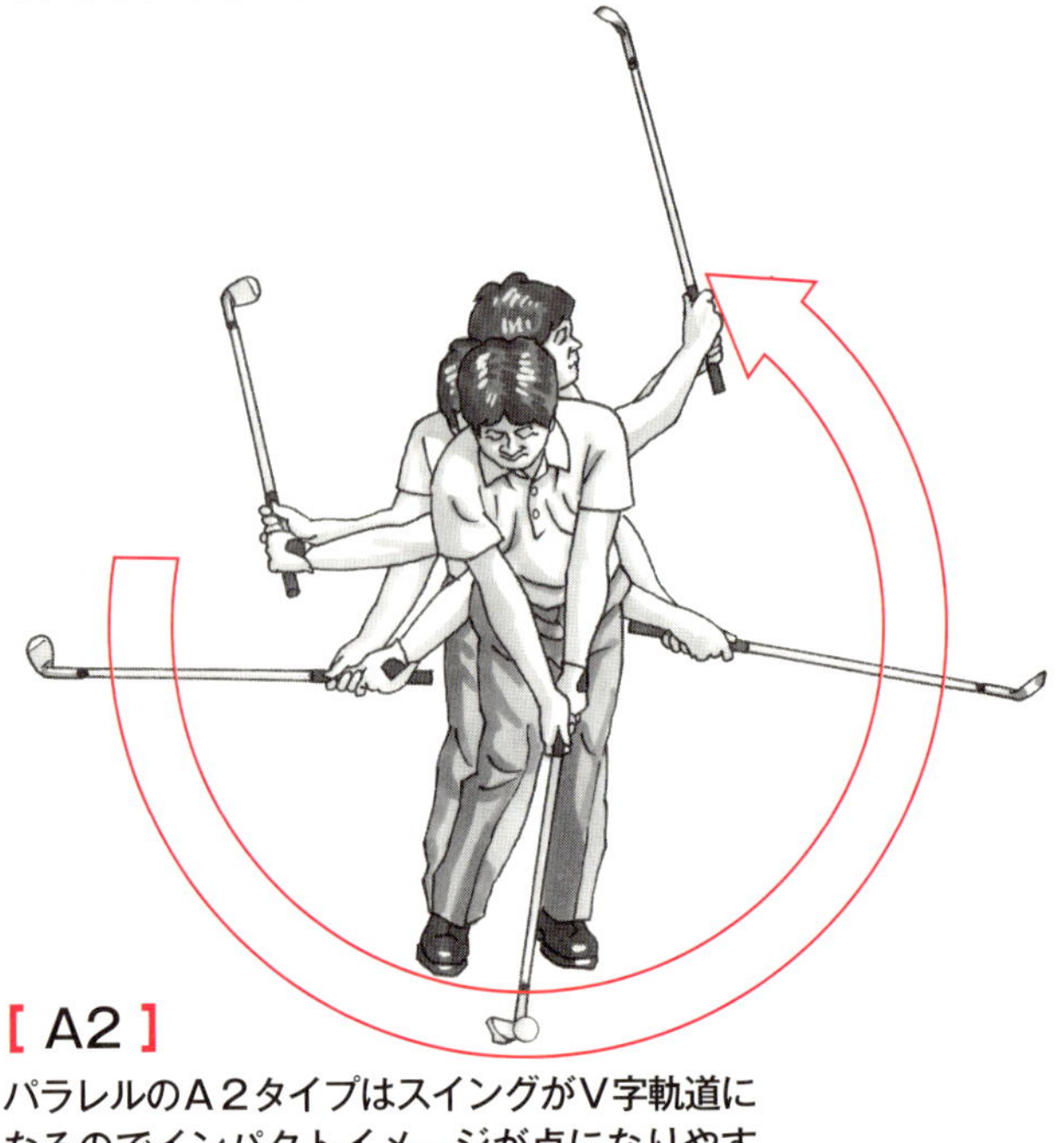

[A2]

パラレルのA２タイプはスイングがV字軌道になるのでインパクトイメージが点になりやすい。よって基本的にはフォロー重視ながらもサッと打ったらおしまい、という感じになる

Bは打ったらおしまい

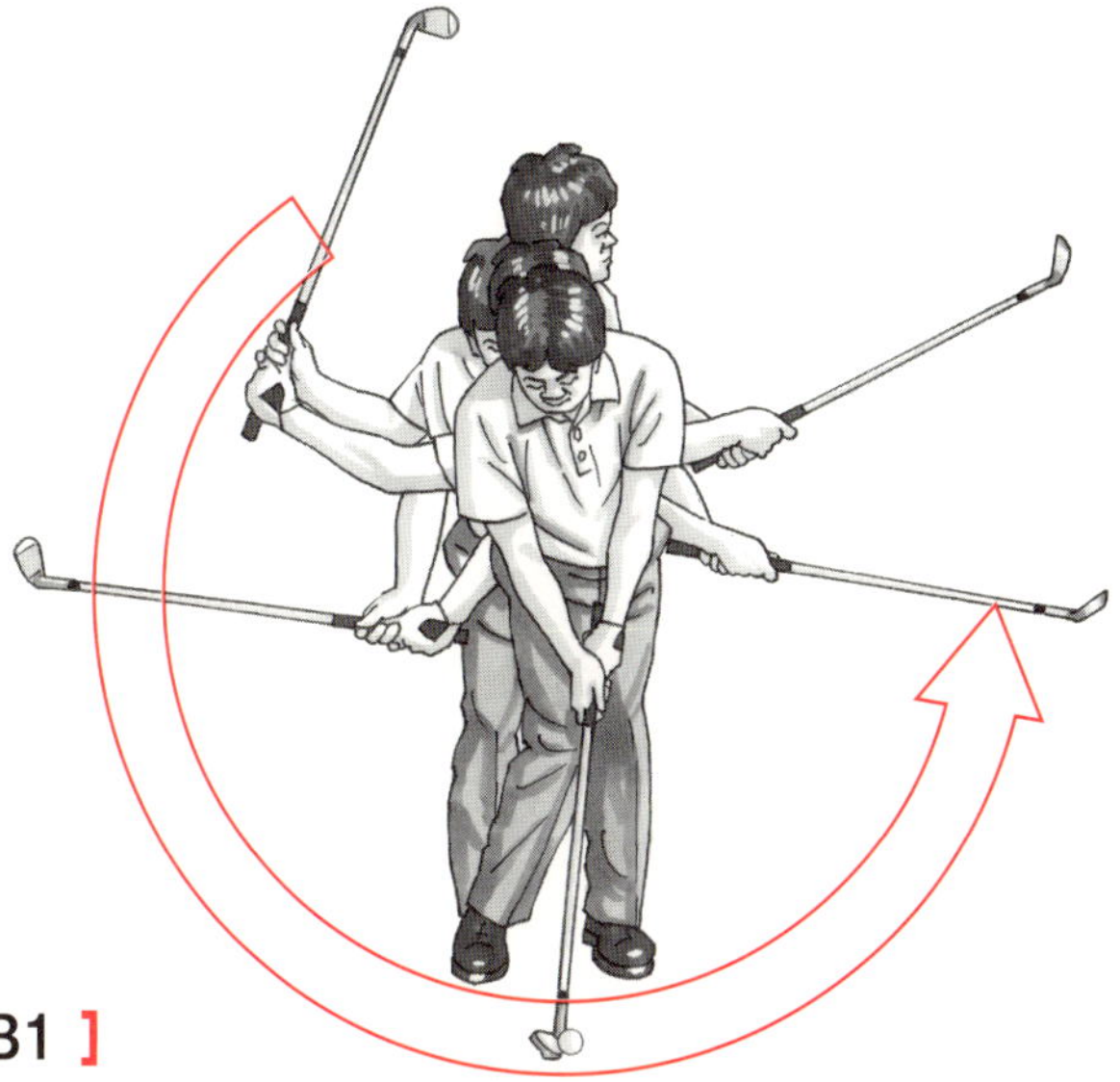

［B1］

Bタイプはフォローが小さい。極端に言えば打っておしまい、という感じ。特にB１ではこの傾向が強いが、もちろん惰性で肩に手がくるまで振っていい

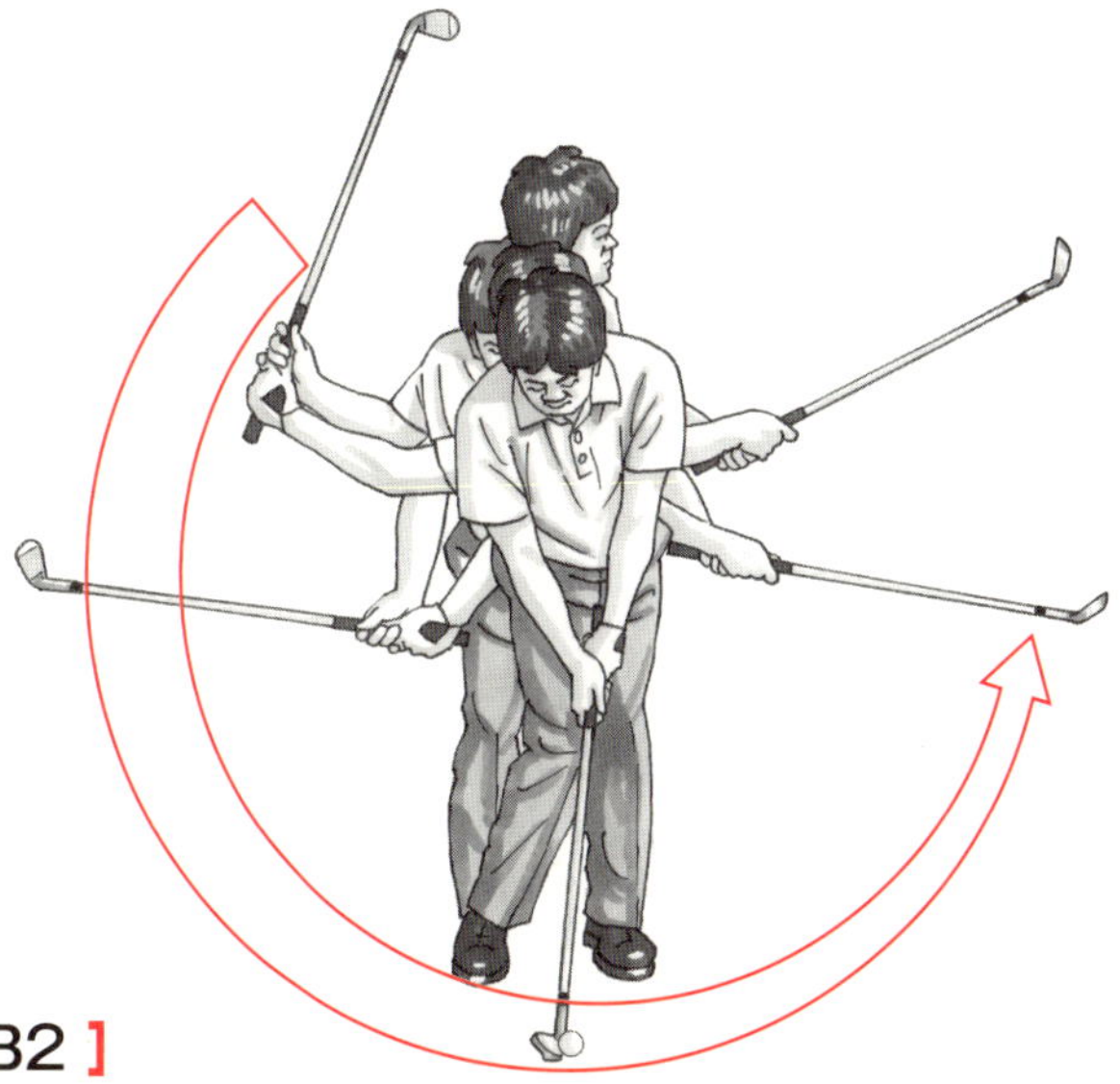

［B2］

クロスのB２はゾーンでとらえるためボールを打ち抜いたところでおしまい、という感じになるが、ともに球を長く持つ気持ちだけはもっていたい。腰から腰がゾーンだ

6 高低の打ち分け

クロスは目線と手の位置で打ち分け

［ 高い球 ］
目線を上げていく

［ 低い球 ］
ハンドファーストで打つ

高低を打ち分ける場合、クロス（A1、B2）とパラレル（A2、B1）で適した打ち方が違ってくる。対側の伸び縮みを使って打つクロスは、目線を上げるだけでカラダのラインが左上がりになる。高い球はこれでOK。低い球は手を前に出してハンドファーストに構える。同側の上げ下げで打つパラレルは、高い球、低い球ともにカラダを傾けて打ち分ける。低い球に関してはオープンに構えて打つ方法もある。

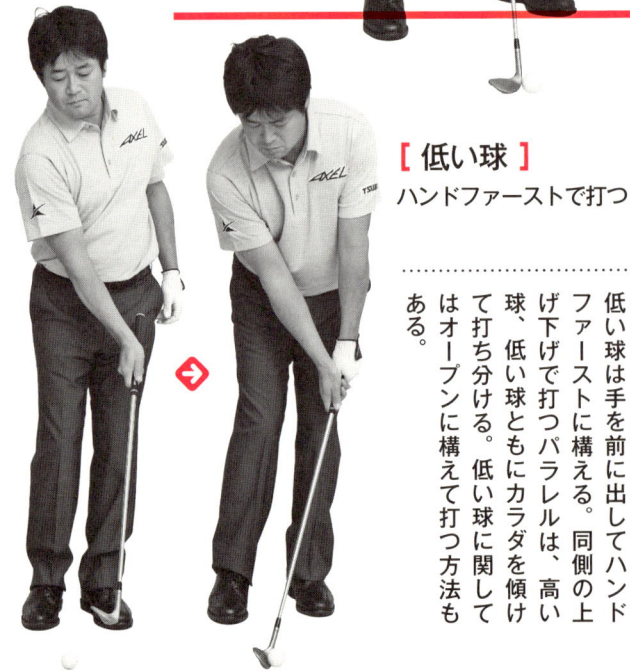

カラダの
傾きを使う

パラレル

パラレルはカラダの傾きを使う

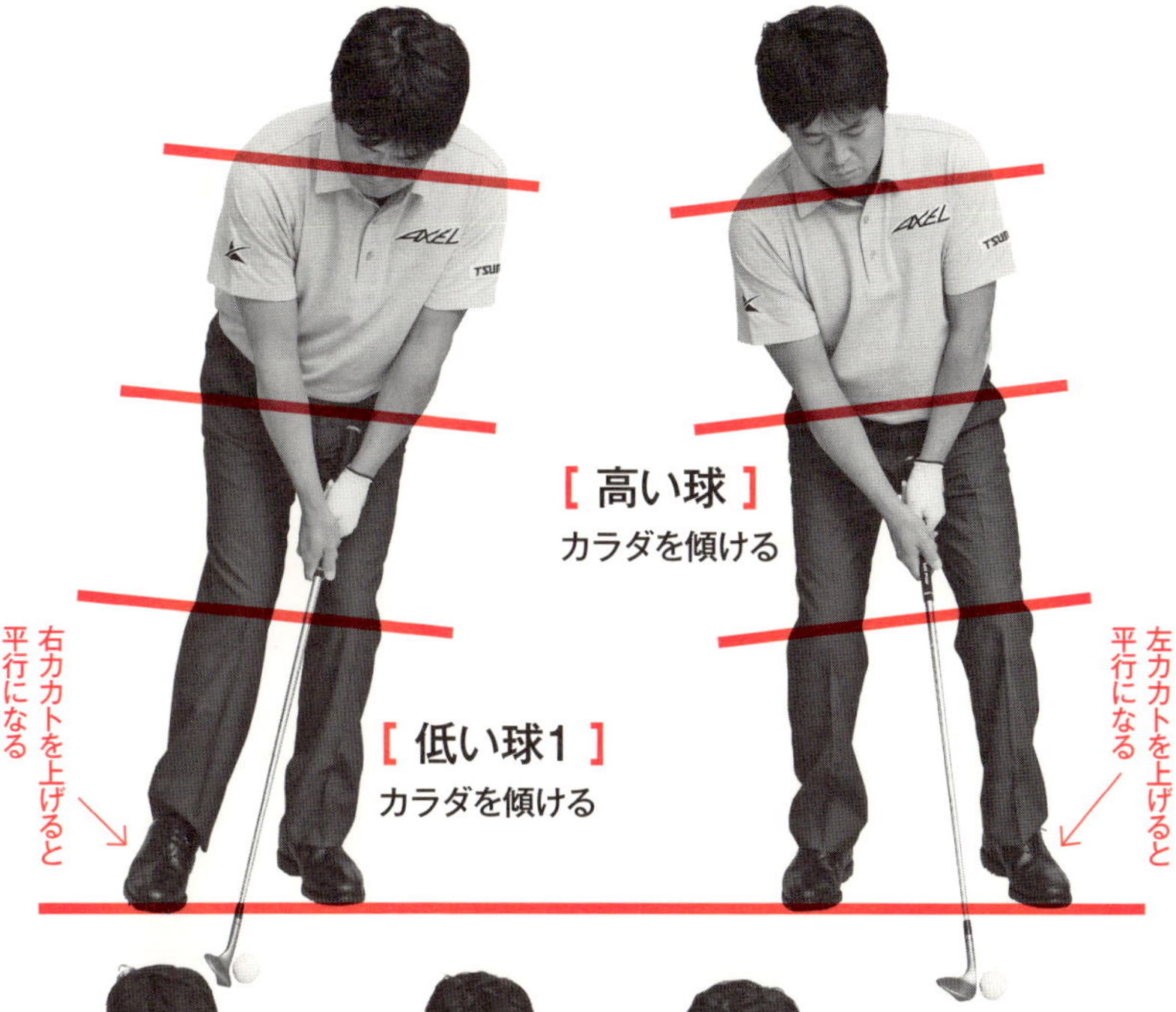
[高い球]
カラダを傾ける
[低い球1]
カラダを傾ける
右カカトを上げると
平行になる
左カカトを上げると
平行になる

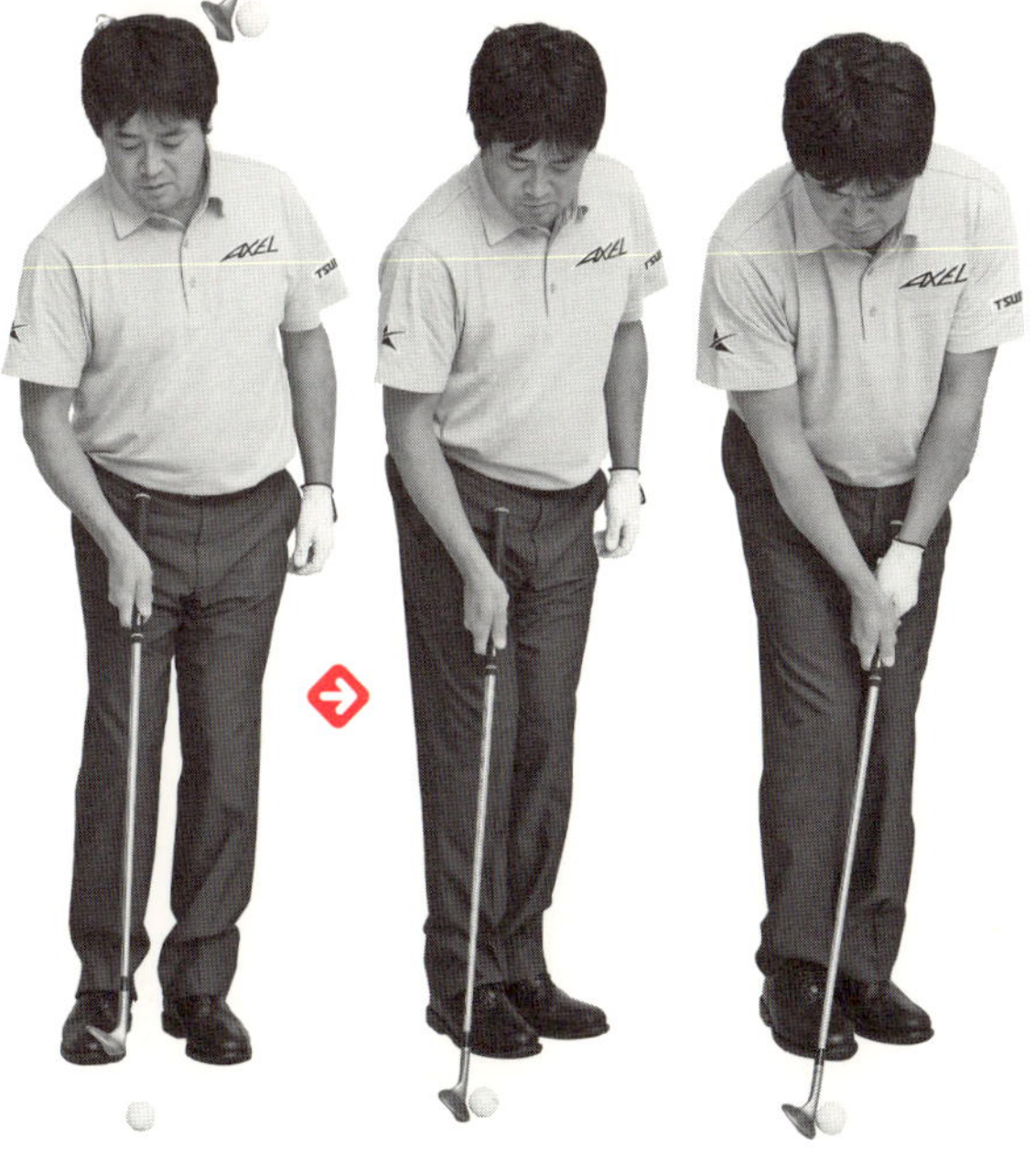

[低い球2]

ラインは保ったままオープンスタンスにしてハンドファーストのカタチを作る。クラブを右足寄りに置いてオープンに立つと、ハンドファーストのカタチが勝手にできる。手を前に出してハンドファーストのカタチを作ってしまうと、ヒジがお腹側に乗ってしまうのと体幹がクロスするので気持ちが悪い

7 アプローチのスイング［A1のクォータースイング］

フォローでクラブを目標方向に真っすぐ放り出す

A1
みぞおちにヒジが下がるまで我慢しながらゆっくり下ろす
フェースがオープンになりやすい
手首のコックは少ない。ヒジでコックする感じ
ダウンスイングで左に乗り込み、ヒジがみぞおちの高さに揃ったらスピード（距離感）をコントロールする
クラブを真っすぐ放り出すフォローから逆C字型のフィニッシュへ

人さし指で
つまむように
構える

ヒジが
お腹側にくる
三角形の
アドレス

テークバックでは、みぞ
おちの前からヒジを離さ
ず、ヒジ先のローリング
でトップまでいく、その
ためオープンフェースの
プレーヤーが多い

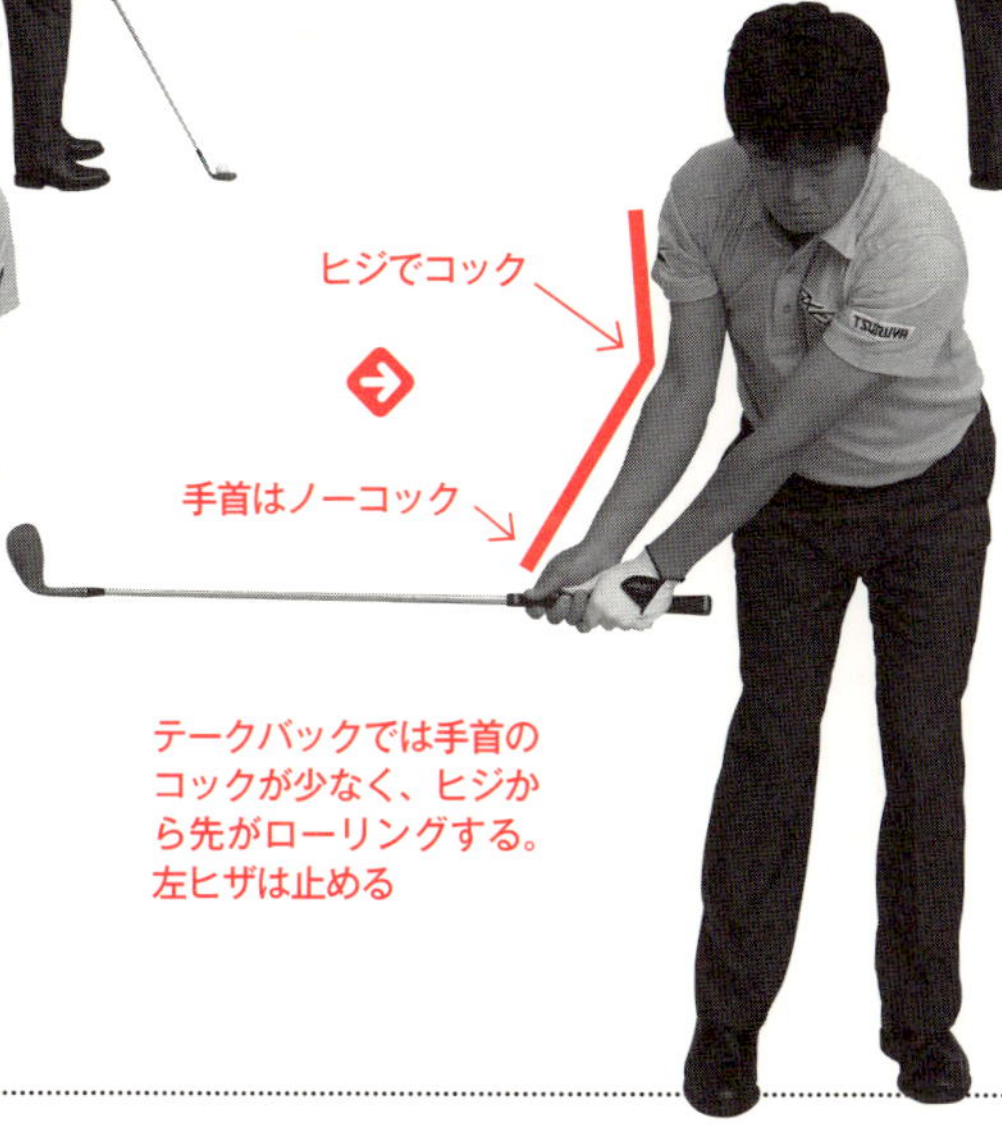
ヒジでコック
手首はノーコック

テークバックでは手首の
コックが少なく、ヒジか
ら先がローリングする。
左ヒザは止める

ヒザが前に
出ないように
我慢

この先を
長く大切に

フォローでシャフ
トが真っすぐ目標
をさすように振り
抜く

フォローで左ヒジがみ
ぞおちから離れない

A2

8 アプローチのスイング［A2のクォータースイング］

コックを使って上げ、間を作らない

スーッと上げたら、間は少なくシンプル。ヒジ位置は体側に

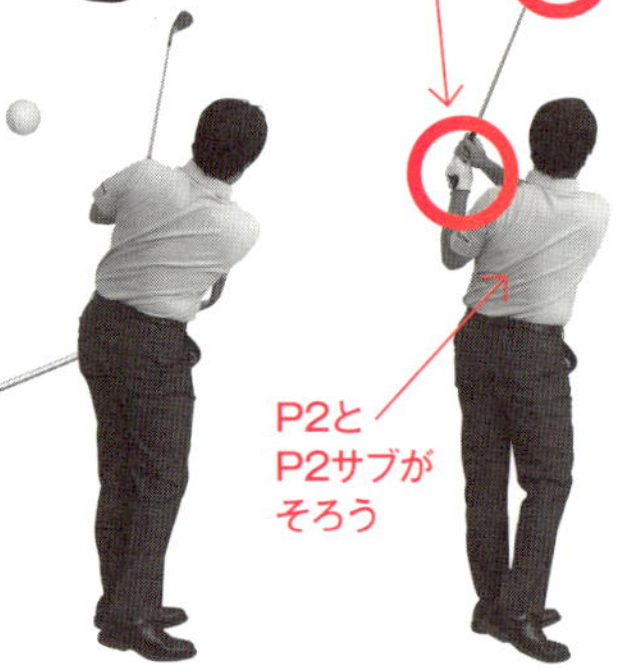

背屈するのでオープンフェース

P2とP2サブがそろう

フォローでも左手が甲側に折れて背屈がかかるため、ややオープンフェースになる

カラダの真横の体側にヒジがいく。A1よりヒザが入ったフィニッシュになるが、ヒザは止める意識をもつ。とはいえ、パラレルタイプのため、実際にはインパクト後ヒザが動く。左手首が甲側に折れる

スッと立ったアドレス。コックと同時にテークバック。お腹側のみぞおちから体側側にややヒジが引ける

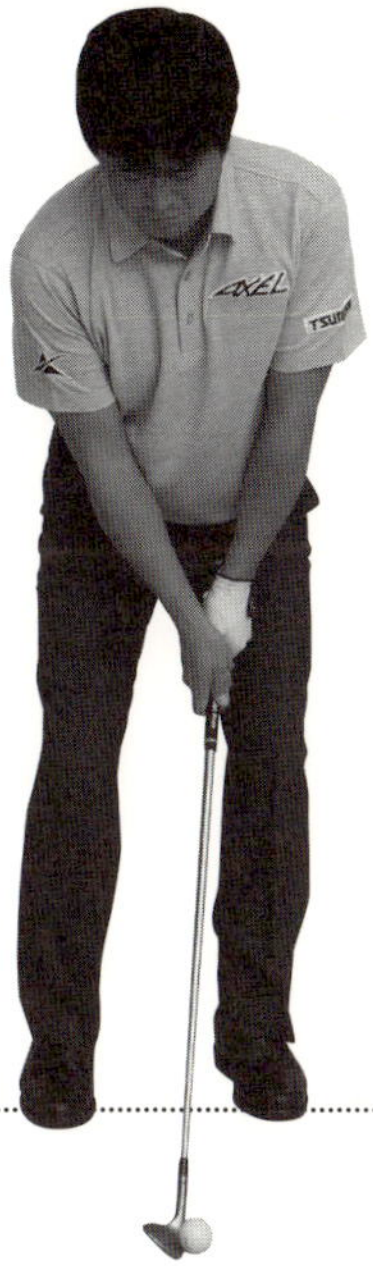

右手首が甲側に折れる

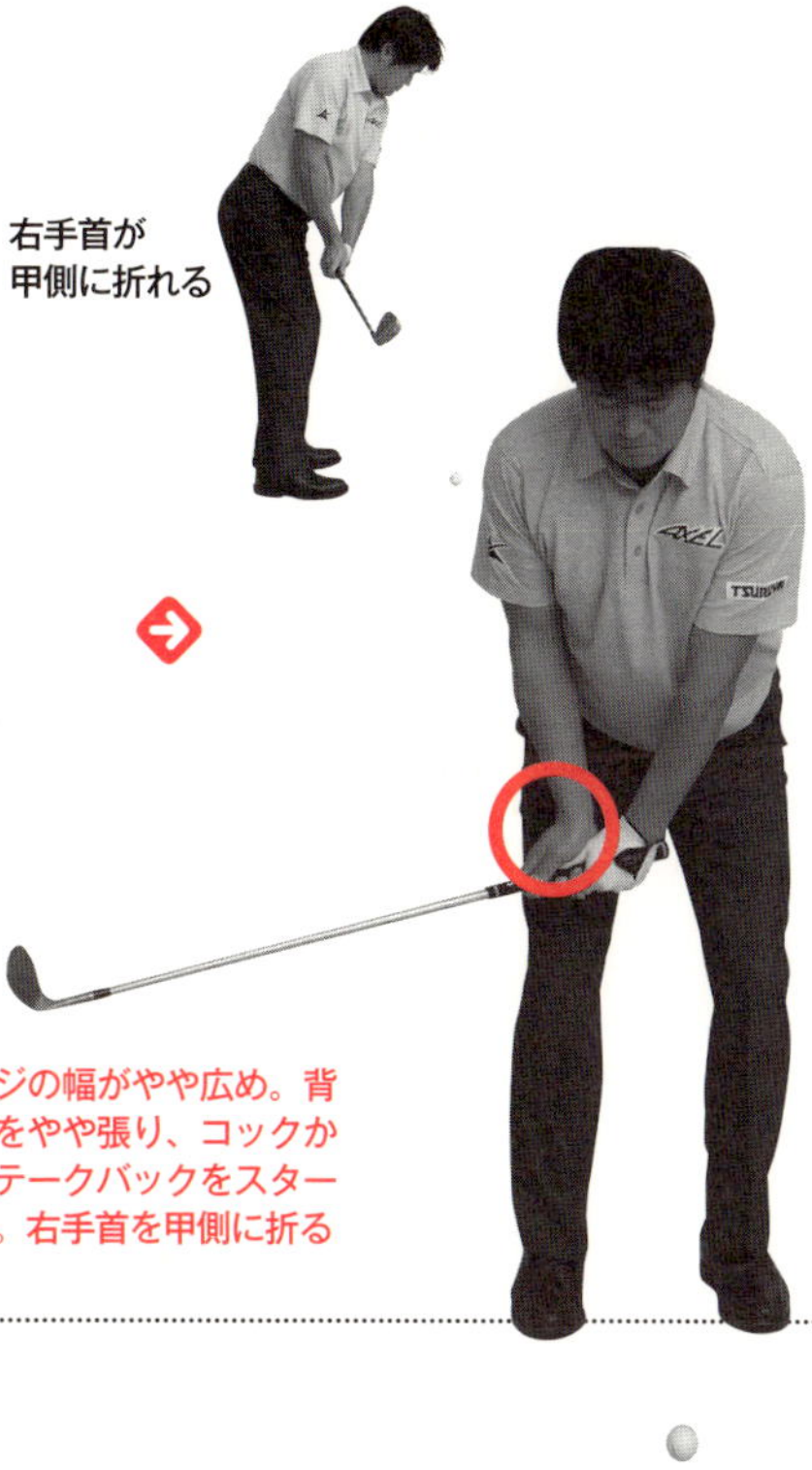

ヒジの幅がやや広め。背中をやや張り、コックからテークバックをスタート。右手首を甲側に折る

背中にピンとピアノ線が入ったイメージを崩さない

B1

9 アプローチのスイング［B1のクォータースイング］

ヘッドとヒザの動きが同調する

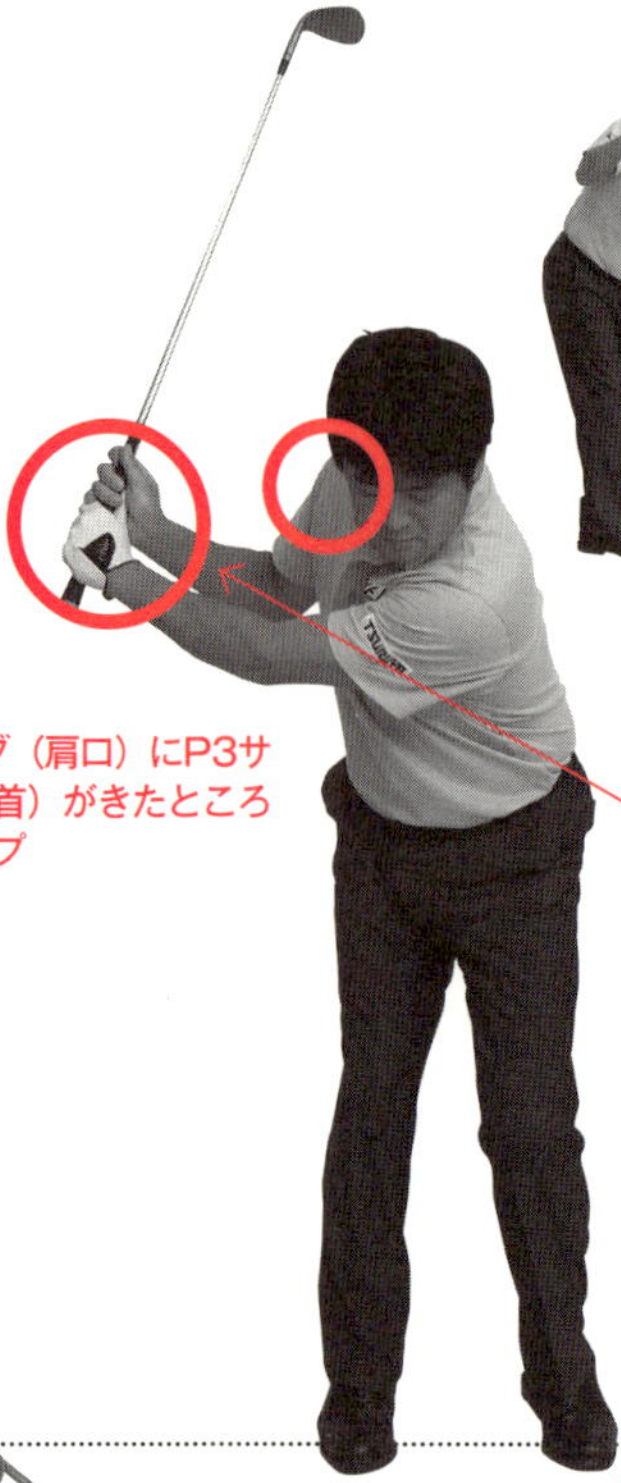

手首が親指側に折れるコックからはじまり、アップライトに上がる。ライが悪いときなどは、カット打ちのイメージがよい

P1サブ（肩口）にP3サブ（手首）がきたところがトップ

手首が肩から肩

背中側にヒジが抜ける

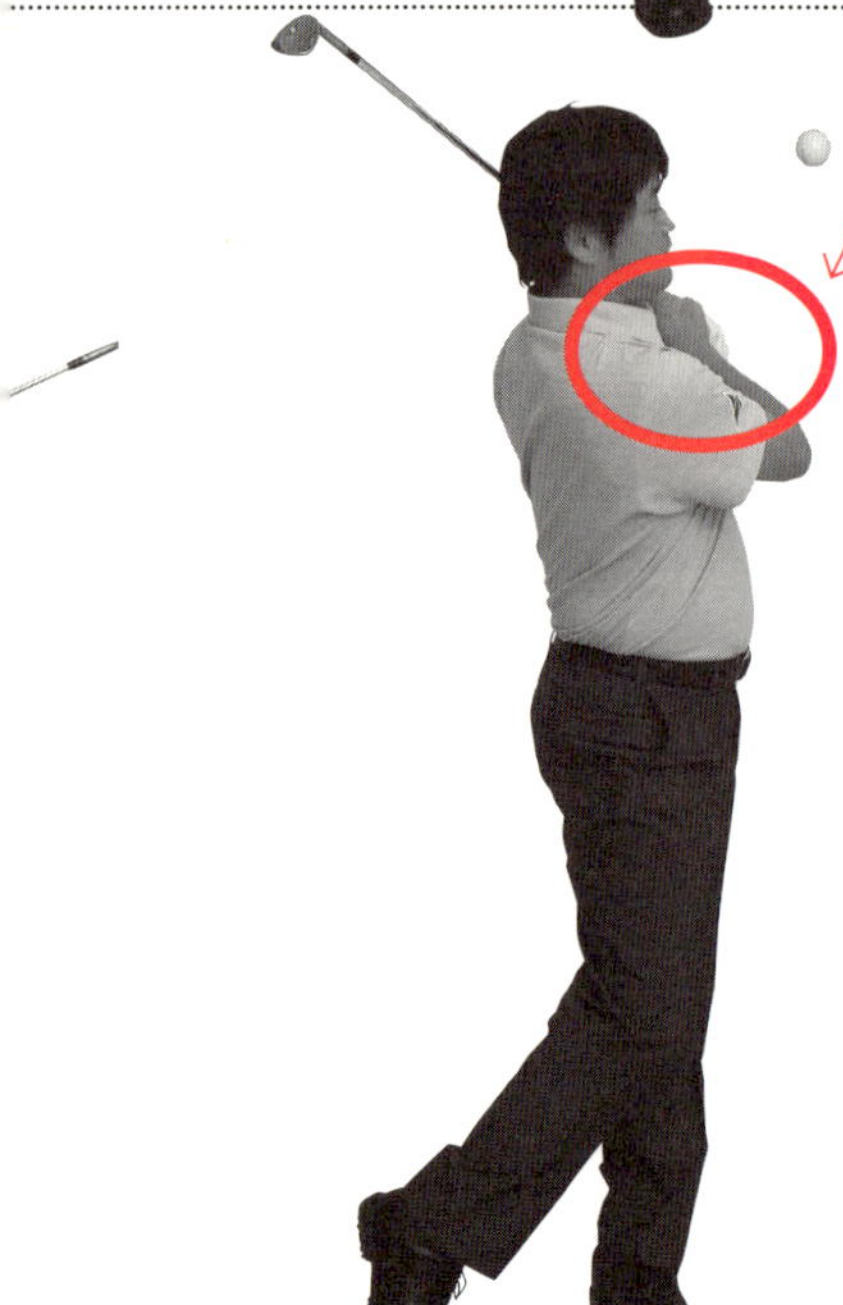

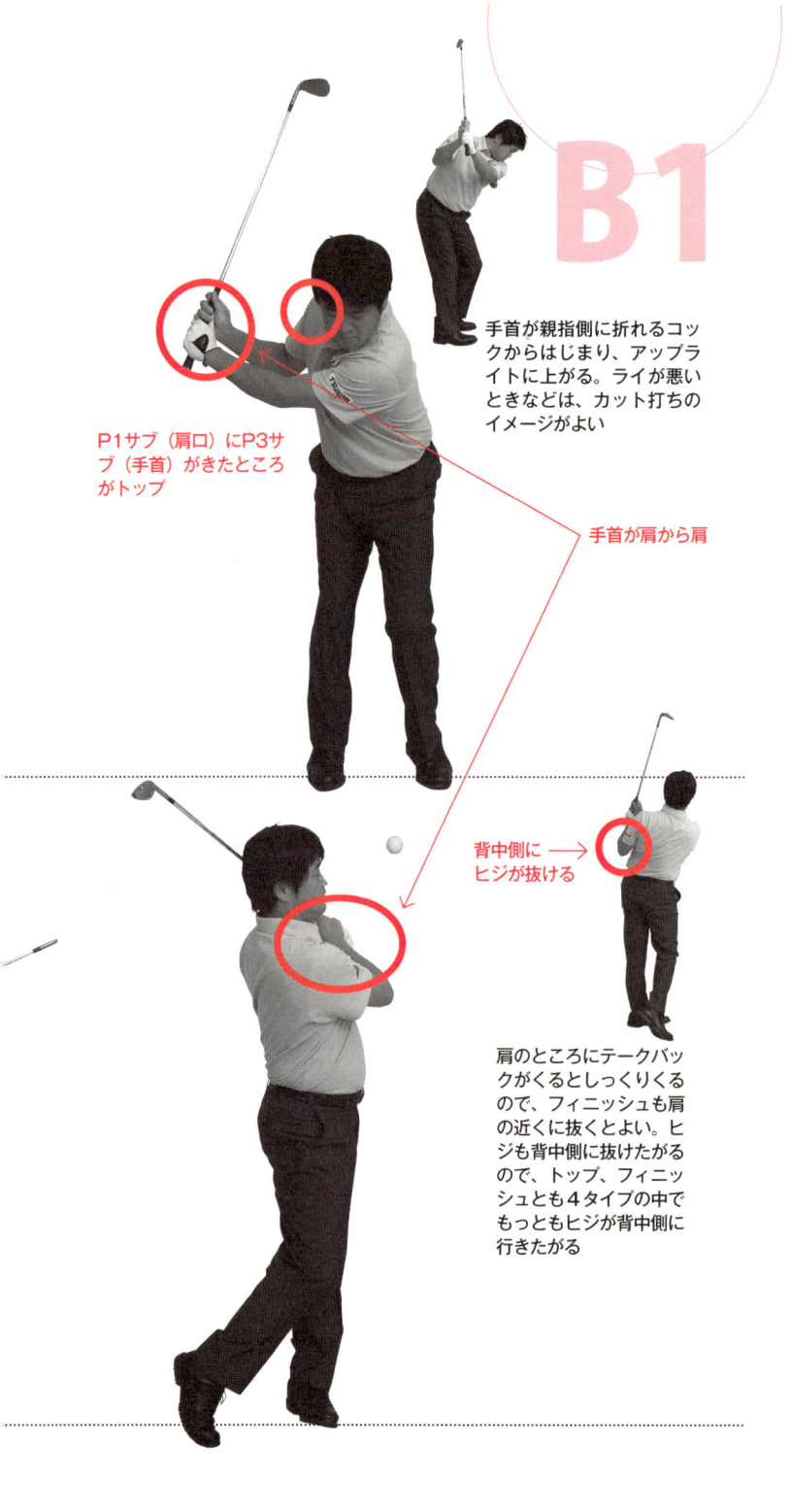

肩のところにテークバックがくるとしっくりくるので、フィニッシュも肩の近くに抜くとよい。ヒジも背中側に抜けたがるので、トップ、フィニッシュとも４タイプの中でもっともヒジが背中側に行きたがる

ハンドダウンの
アドレス

左ヒザは
テークバックと
同時に動き出す

テークバックと同時に左ヒザが動く。ヘッドと左ヒザが同調。親指方向へ手首を折るコックからトップへ

背中にピンと
ピアノ線が入った
イメージを保つ

ダウンで右ヒザが中に入りインパクトへ

カラダ全体でターンするイメージ。肩のところに手首がくる

10 アプローチのスイング［B2のクォータースイング］

テークバックでダウンスイングをイメージ

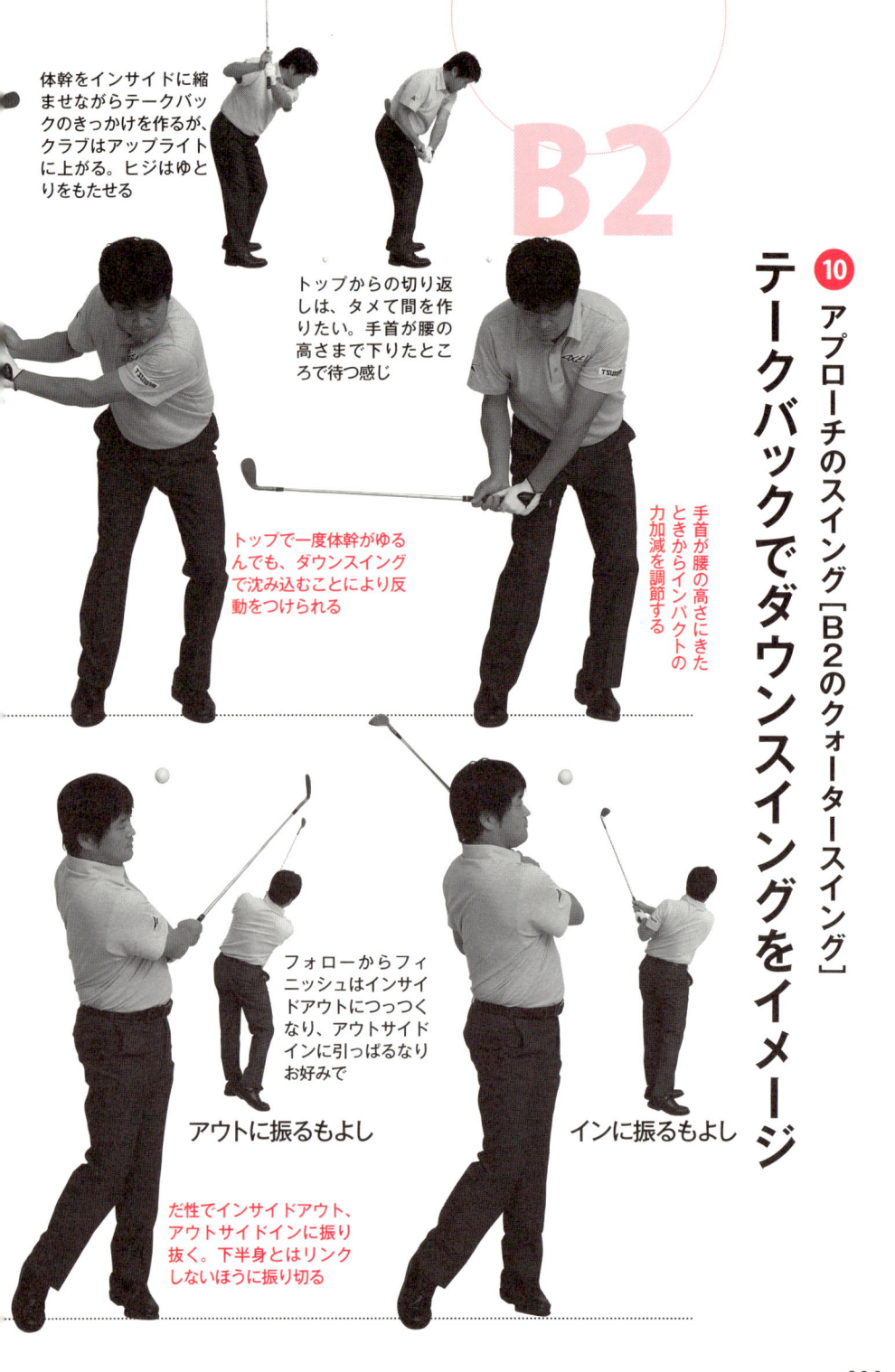

B2

体幹をインサイドに縮ませながらテークバックのきっかけを作るが、クラブはアップライトに上がる。ヒジはゆとりをもたせる

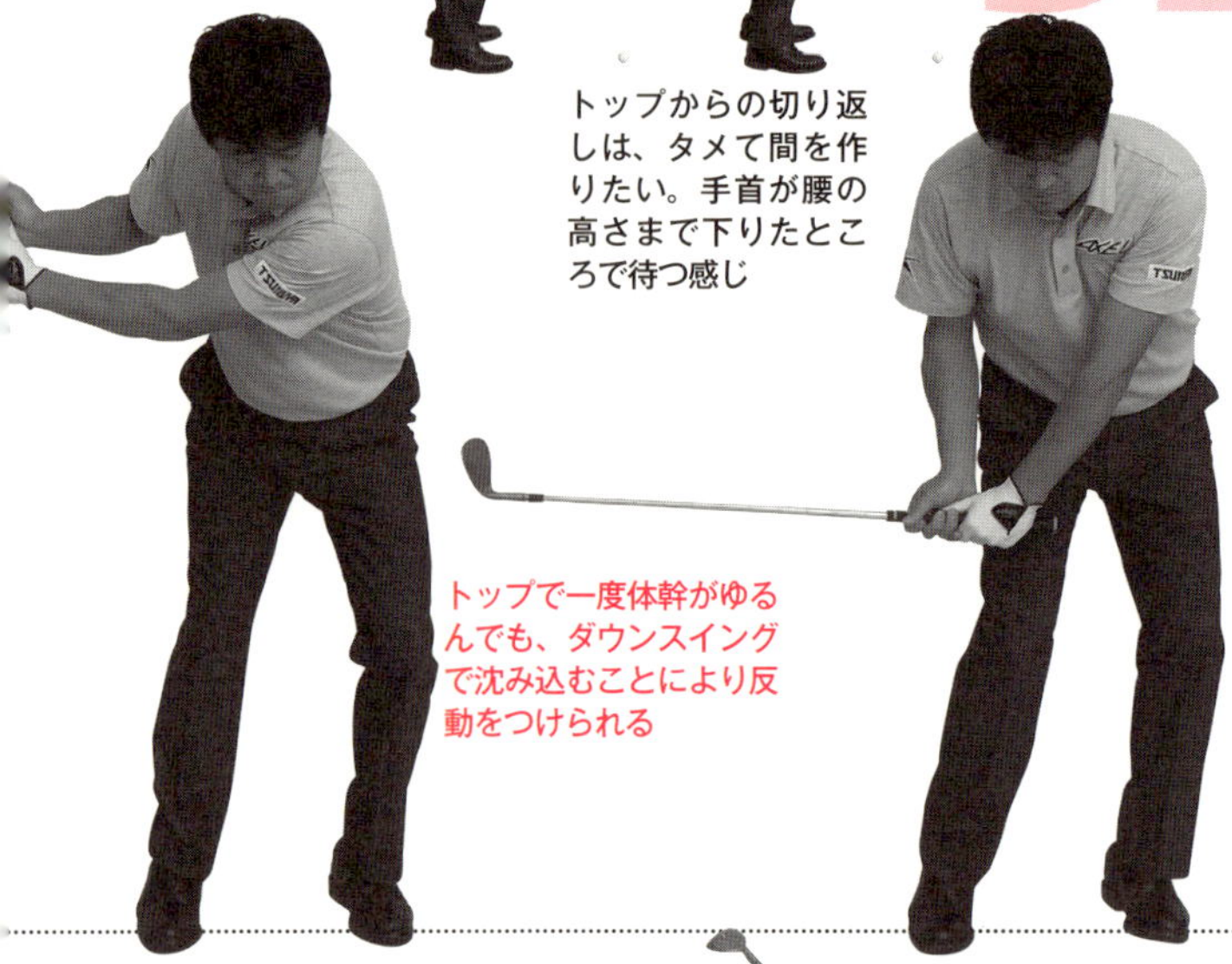

トップからの切り返しは、タメて間を作りたい。手首が腰の高さまで下りたところで待つ感じ

トップで一度体幹がゆるんでも、ダウンスイングで沈み込むことにより反動をつけられる

手首が腰の高さにきたときからインパクトの力加減を調節する

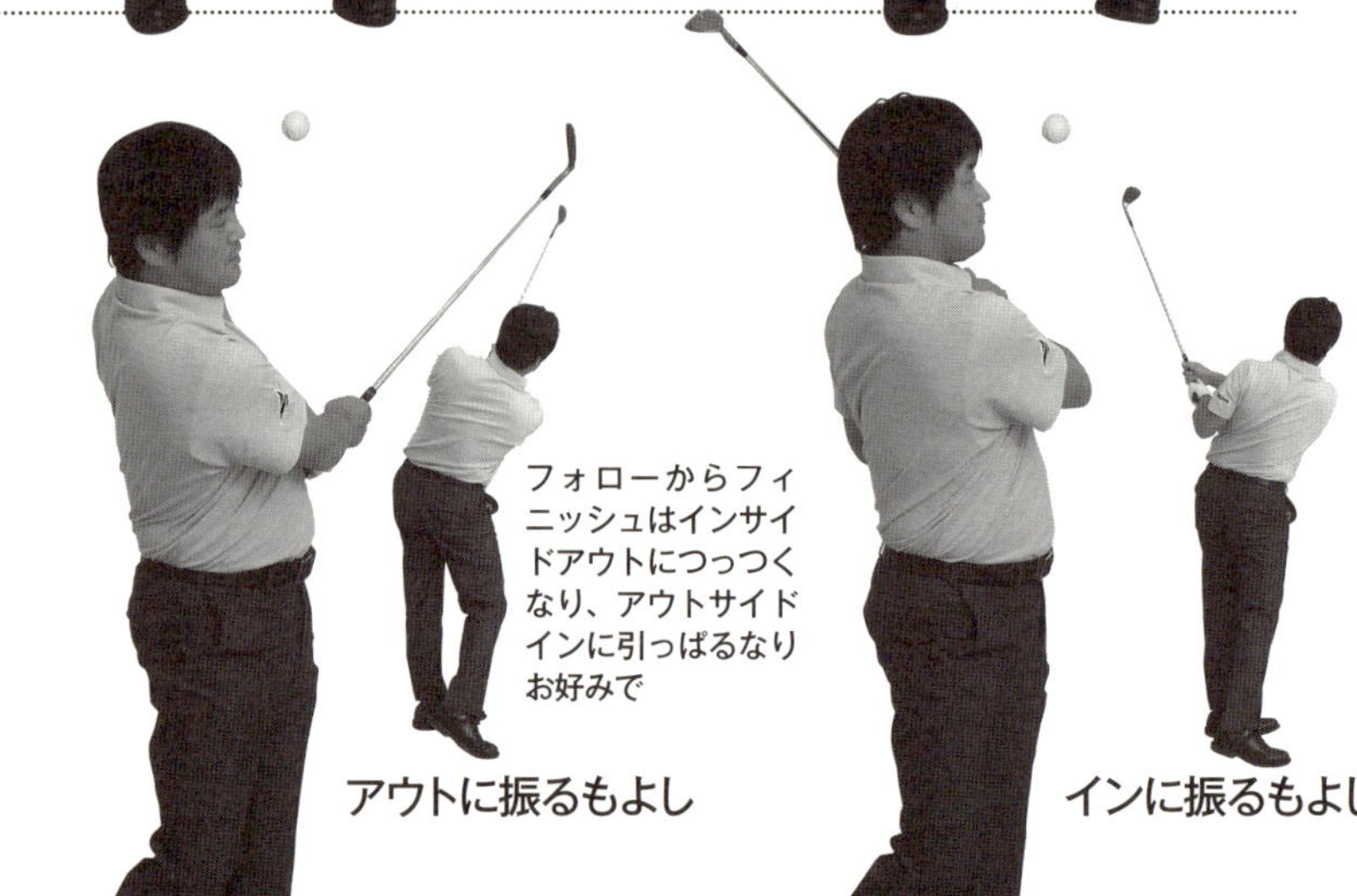

フォローからフィニッシュはインサイドアウトにつっつくなり、アウトサイドインに引っぱるなりお好みで

アウトに振るもよし

インに振るもよし

だ性でインサイドアウト、アウトサイドインに振り抜く。下半身とはリンクしないほうに振り切る

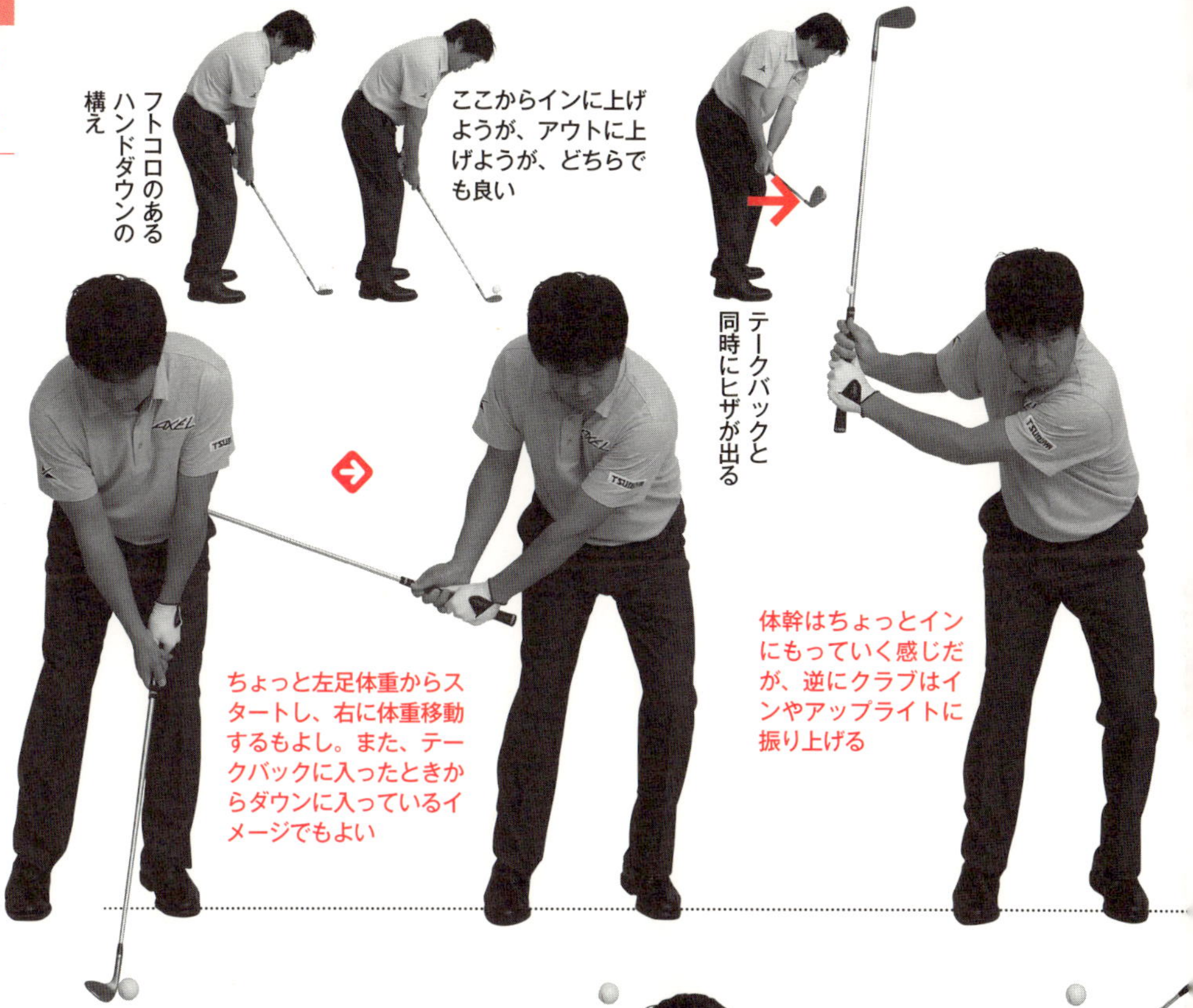

フトコロのある
ハンドダウンの
構え

ここからインに上げようが、アウトに上げようが、どちらでも良い

テークバックと
同時にヒザが出る

ちょっと左足体重からスタートし、右に体重移動するもよし。また、テークバックに入ったときからダウンに入っているイメージでもよい

体幹はちょっとインにもっていく感じだが、逆にクラブはインやアップライトに振り上げる

右軸だが
ここから
押し込みたい

インサイドアウトに
つっつくイメージもよし

11 アプローチのフィニッシュ
ヒジや手の収まる位置に注目

A

みぞおちの高さに
ヒジがおさまる

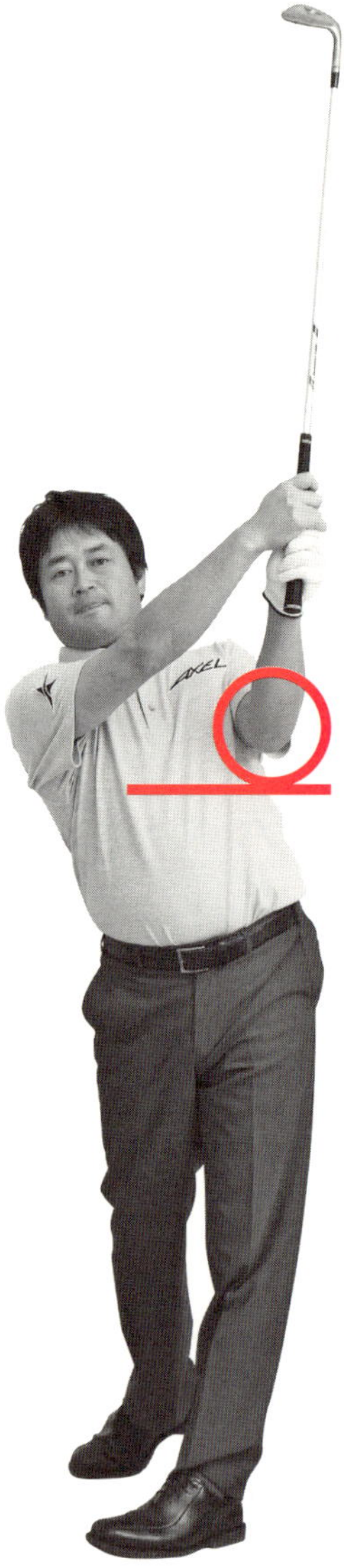

[A1]

Ｐ２（みぞおち）にＰ２サブ（ヒジ）を近づけることで安定するＡ１タイプ。ノーコックのイメージのまま振り抜き、フィニッシュではヒジがお腹側にくる

[A2]

Ａ２の特徴は体側にヒジが抜けていくところ。左ヒジがお腹から離れたところにくる。左手が背屈し、甲側に折れるのも特徴だ

肩の高さに
手首がおさまる

B

[B2]

インサイドアウトにくっつくように抜いたほうがフトコロ側に手が収まる（右）。また、極端にインサイドに振り抜き、体幹をクロスさせるフィニッシュもあり（左）

[B1]

手が肩にくっつきたがるのがＢ１タイプ。フィニッシュでも手が左肩に近づき、クラブを担ぐようなカタチになる

第8章

パッティング

パッティングのアドレスはショットとまったく同じ。
アドレスにいたる過程のルーティンもまたしかり。
パットにカタチなしと言われるが、
基本的には4スタンス理論が
応用できるであろうと考えられる。

ヒジがお腹側か
体側側かの

A

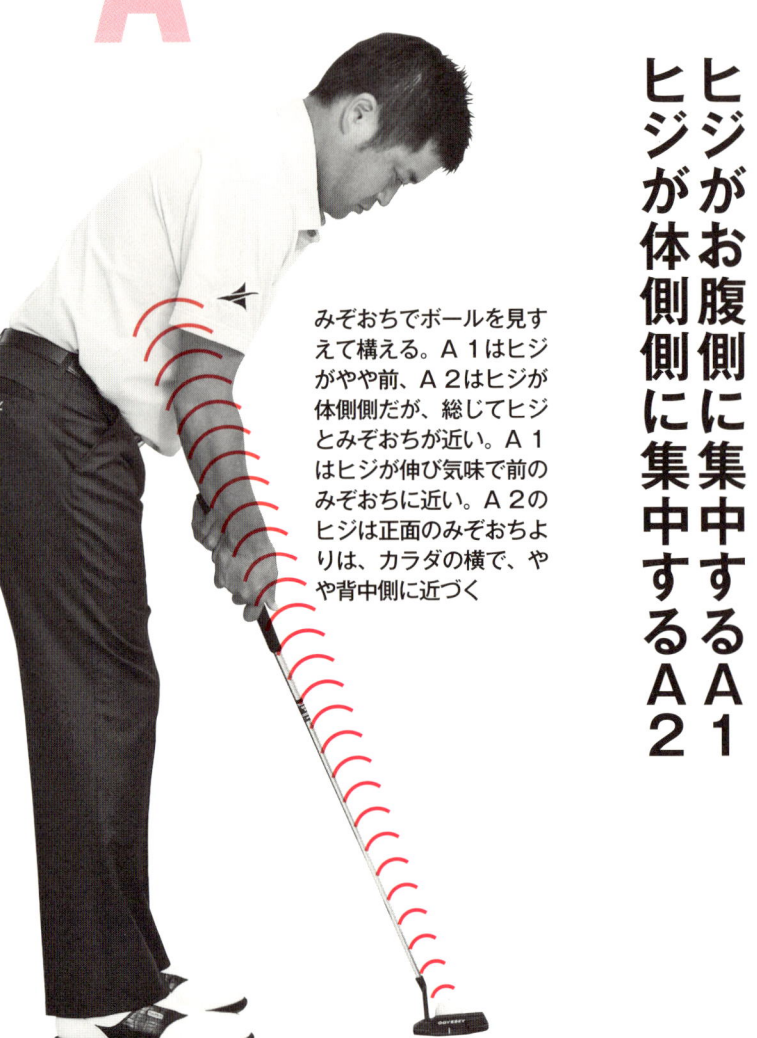

① Aタイプのアドレス

ヒジがお腹側に集中するＡ１
ヒジが体側側に集中するＡ２

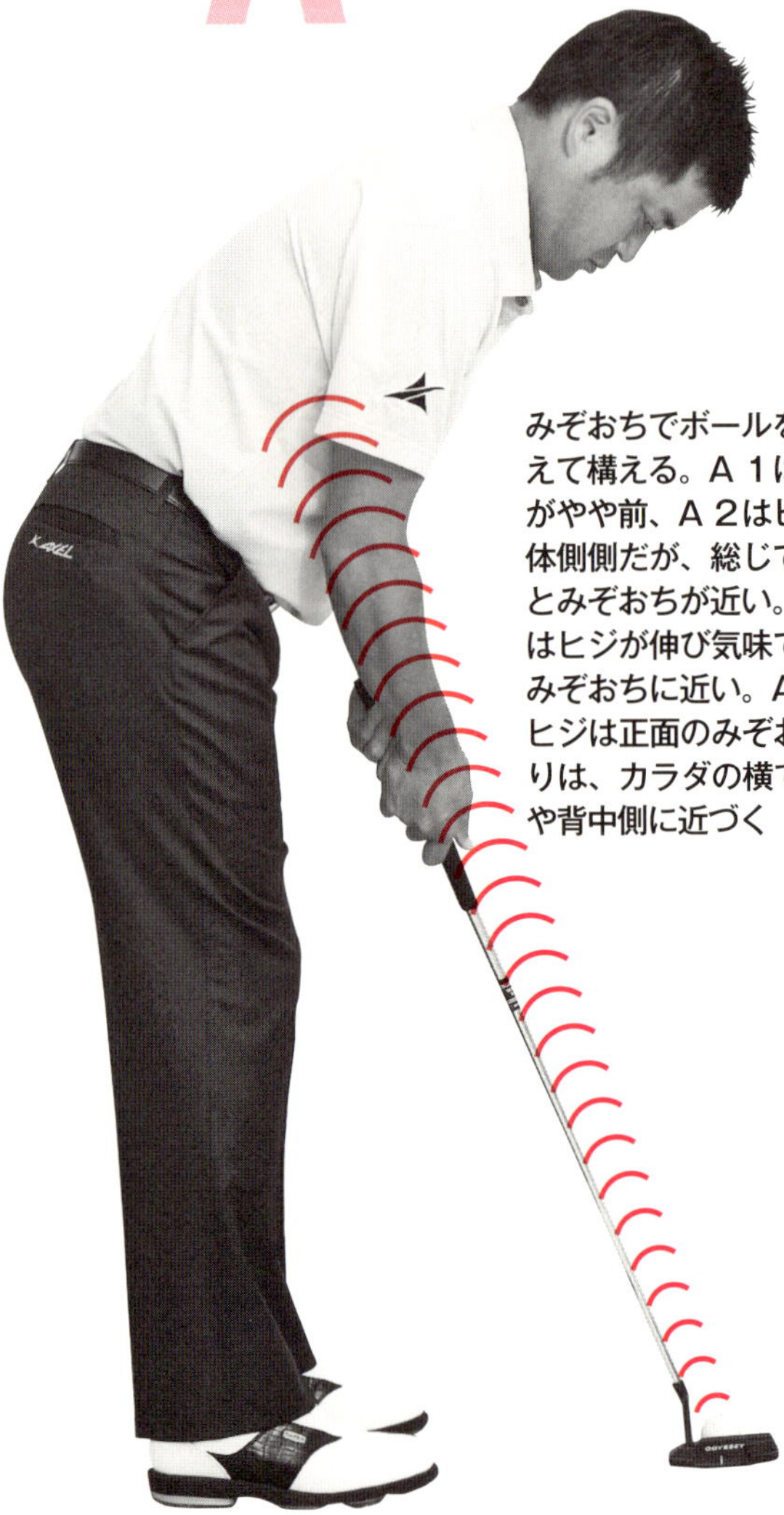

みぞおちでボールを見すえて構える。Ａ１はヒジがやや前、Ａ２はヒジが体側側だが、総じてヒジとみぞおちが近い。Ａ１はヒジが伸び気味で前のみぞおちに近い。Ａ２のヒジは正面のみぞおちよりは、カラダの横で、やや背中側に近づく

[ヒジがお腹側に集まる]

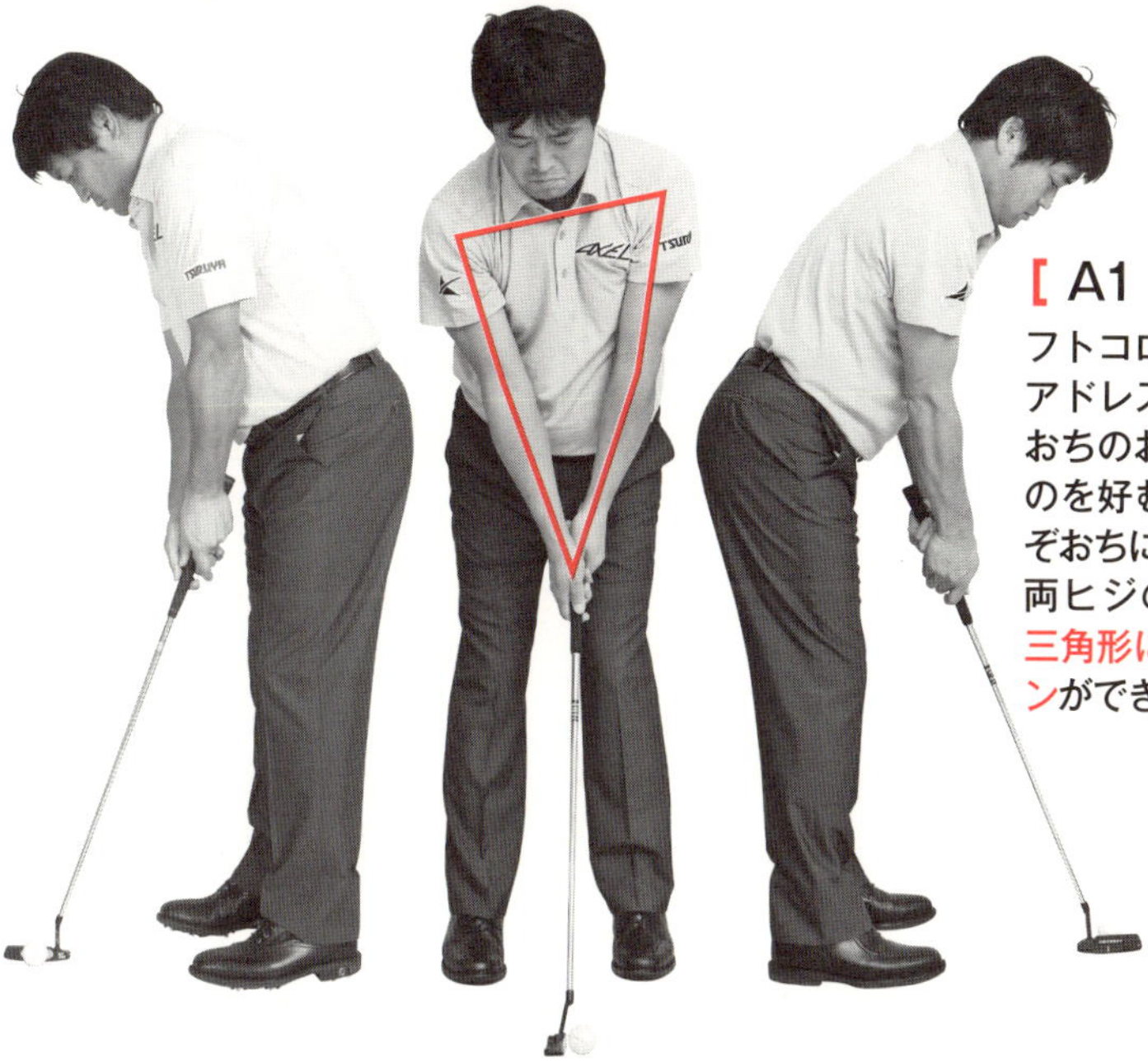

[A1]

フトコロを大切にしたアドレス。ヒジがみぞおちのお腹側に集まるのを好む。お腹側のみぞおちに軸を感じたい。両ヒジの間隔が狭く、三角形に近い腕のラインができる

[ヒジが体側側に集まる]

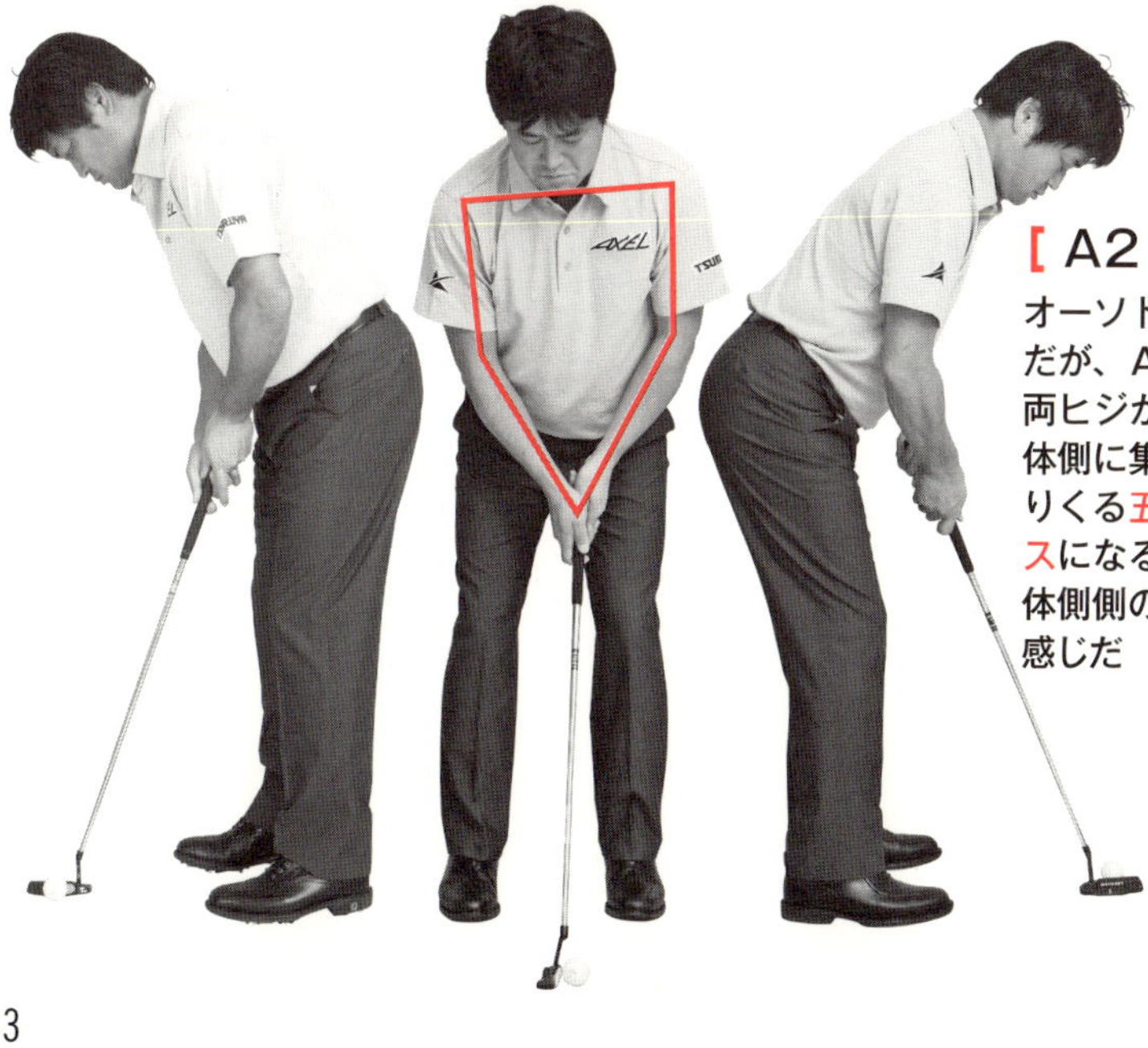

[A2]

オーソドックスな構えだが、Ａ１に比べると両ヒジが開き、ヒジが体側に集まるとしっくりくる五角形のアドレスになる。Ｐ２サブが体側側のＰ２に近づく感じだ

② タイプ別ストロークイメージ［A1］

ノーコックで低く押しコロがす感じ

ノーコックで
低く打ち出す

A1

＊ストロークイメージで紹介するのはあくまでイメージなので「あ、そう動いてもいいんだ」という感じで見てもらいたい。ここでのストロークは、カラダに対し自然に動かしたときをイメージしているので、物理的には不合理なこともあるが、あくまでカラダありきと考えてほしい。

［ A1のストロークイメージ ］

コックを使わずフォローを大きめにストローク

フォロー重視のストレート・トゥ・ストレートだが、フォローサイドの引き腕（左腕）を主体に左サイドでストロークするためか、スクエアから、後ろから見たら足だけがクローズドスタンス（左ツマ先を開くので自分から見ればスクエア）でストロークするタイプも多く見られる。アドレスがクローズドの場合は、当然クローズドフェースで構えることになる。コックを使わないのでタップ式でパンチを入れると打ちづらい。これもフォローが大きめになる理由のひとつだ

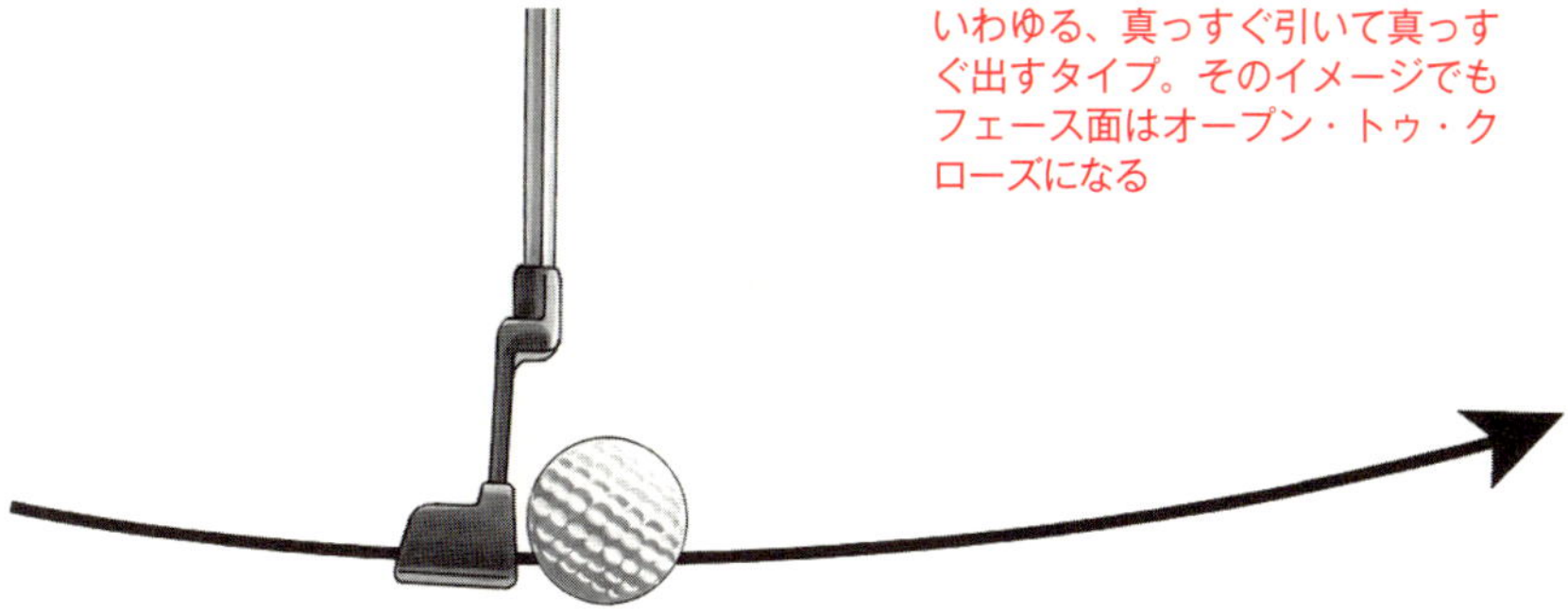

いわゆる、真っすぐ引いて真っすぐ出すタイプ。そのイメージでもフェース面はオープン・トゥ・クローズになる

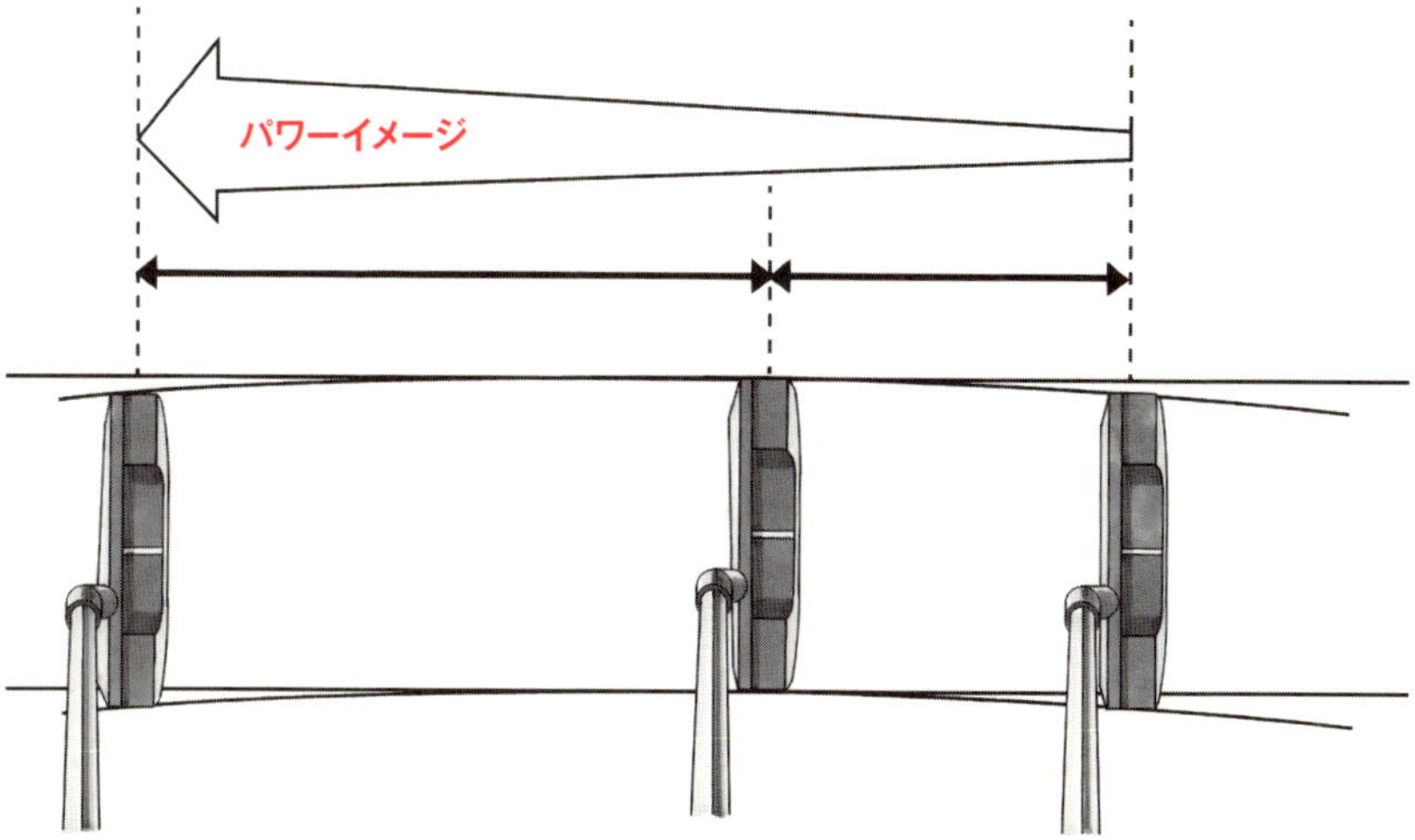

[A1タイプのヘッド軌道]

目から見た軌道も、後方から見た軌道も、ほぼストレート・トゥ・ストレート（弱インサイドイン）

基本的にフェース面は弱オープン・トゥ・クローズ。軌道は弱イン・トゥ・インのほぼストレート・トゥ・ストレート。イメージ的には真っすぐ長くという感じでヘッドが動くのが正解。タップ式ではないのでインパクト感が出ないのが特徴

フォロー
重視の

A2

② タイプ別ストロークイメージ［A２］

コックを使ったフォロー重視型

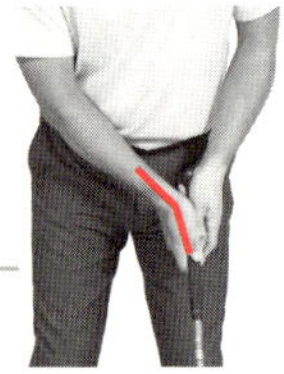

フォローで左手の背屈を使わず、右手の背屈を保って打つのもオススメ

［ A2のストロークイメージ ］

テークバックはシャットに上げるイメージをもってもOK

シンプルに真っすぐストロークすればOK。右手の背屈が入るのでテークバックはシャットに上げるイメージをもってもよい。フォローについては、テークバック時の右手の背屈を保つパターンと、左手の背屈に切り替えるパターンがあり、後者ではイメージがシャット・トゥ・オープンになる。基本的にフォロー重視だが、目標方向にカラダが流れてはいけないのと、少し背中側にヒジがいきたがるために、インパクト後少し早めにヘッドの上昇が見られる

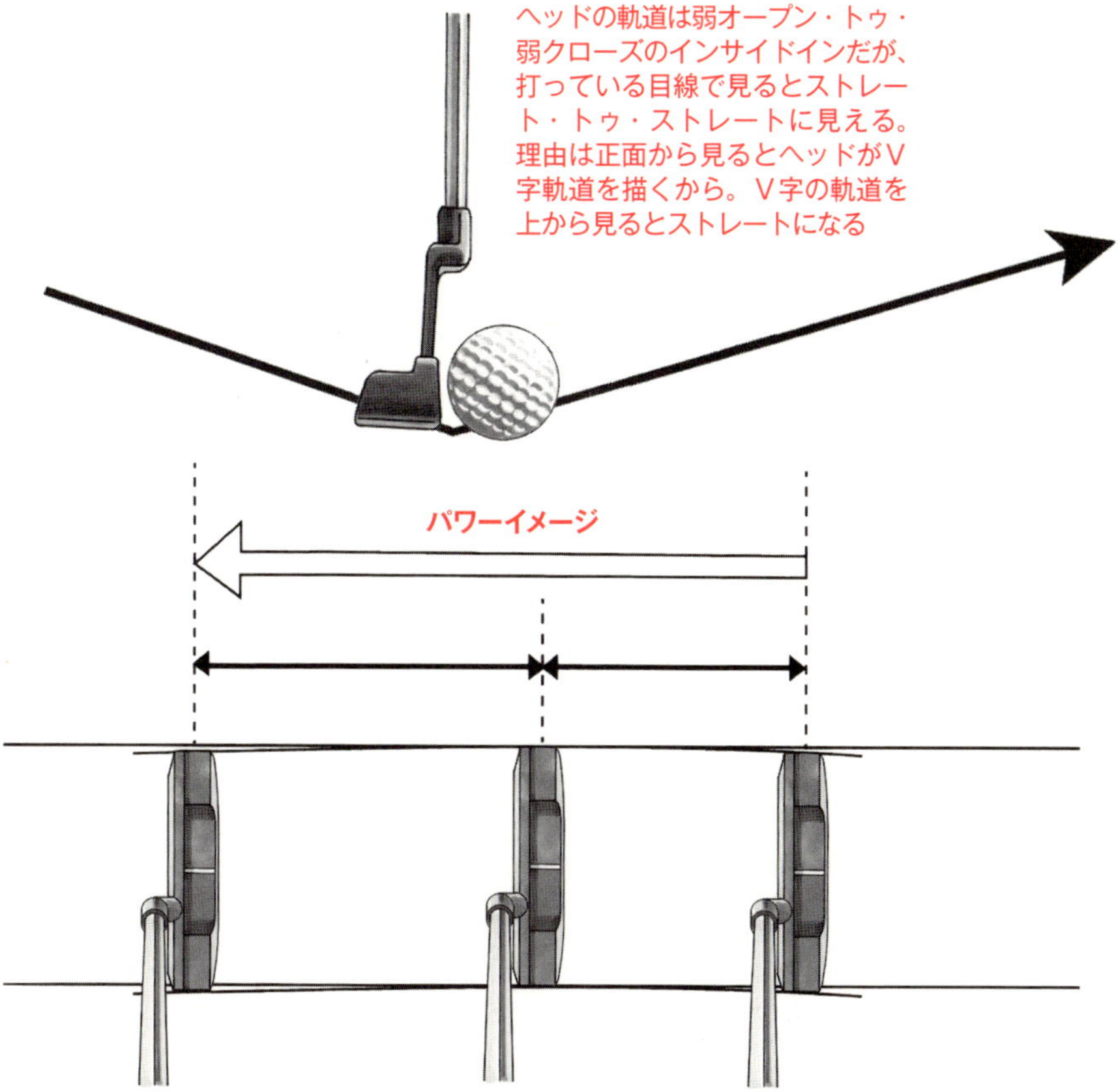
ヘッドの軌道は弱オープン・トゥ・弱クローズのインサイドインだが、打っている目線で見るとストレート・トゥ・ストレートに見える。理由は正面から見るとヘッドがV字軌道を描くから。V字の軌道を上から見るとストレートになる
パワーイメージ

[A2タイプのヘッド軌道]

飛球線後方から見ると弱イン・トゥ・インだが視覚的にはストレート・トゥ・ストレート

A1よりヒジがやや背中側のため、飛球線後方からの軌道は弱イン・トゥ・インになりやすい。ところが、自分の目からの景色はストレート・トゥ・ストレートに見える。なぜなら、上図のようにヘッド軌道がややV字になることで目の錯覚が起きるから。実際、ヘッドはインに上がっていても、テークバックでヘッドが高い位置に上がるとストレートやアウトに上がっているように見える。また、右手の背屈でテークバックし、左手の背屈でフォローをとりやすいため、イメージ的にはシャット・トゥ・オープンのフェース使いになりやすい（実際には弱オープン・トゥ・弱クローズ）。このようにコックを使うので、タップ式になりやすいが、フォロー重視のため打って終わり、にはならない

3

Bタイプのアドレス

ハンドダウンや極端なハンドアップが多い

ハンドダウンや
ハンドアップの

B

腰元か肩に手を近づけたいので、Aタイプのようにオーソドックスではないケースが多い。ハンドダウンかハンドアップのどちらかになる

[B2に見られるスタイル]

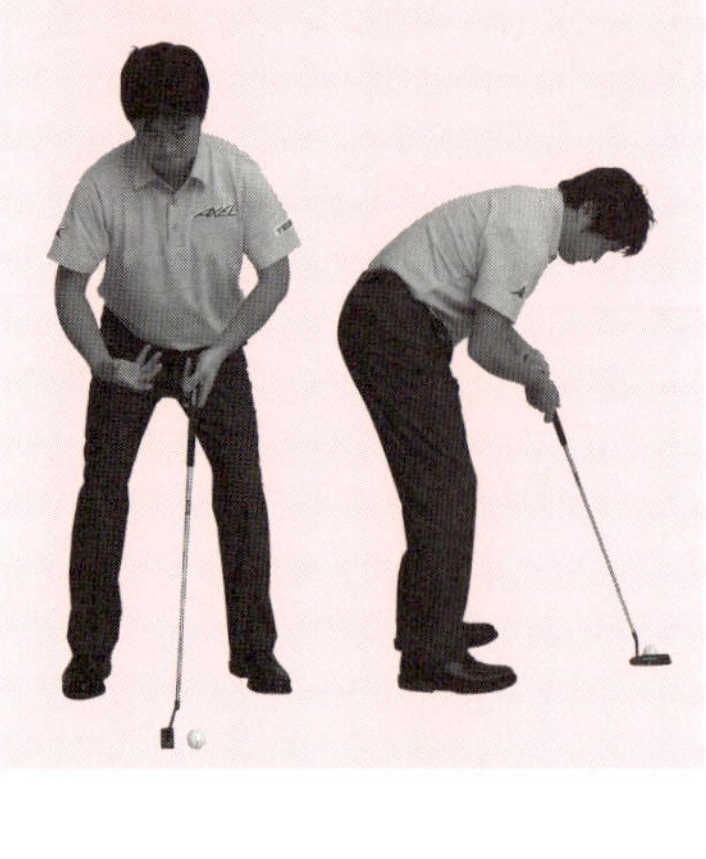

[B1に見られるスタイル]

[ヒジが背中側に近づく]

[B1]

腰元（P3）に手（P3サブ）をもっていきたいためハンドダウンしやすいのと、ヒジを背中側にもっていきたいために前傾角度が深くなりやすいのが特徴。両足の間隔を狭めてくっつけるようにしてもいい

[ヒジがややお腹側にくる]

[B2]

スタンスはやや広めが主流。腰元に手をもっていきたいのでハンドダウンしやすい。ヒジの位置はややお腹側にあるのでアドレスでは両ヒジの間隔が狭まってもよい（A１ほどではない）。インサイドアウトに振りたいのと右サイドへのスエーを防ぐため、外旋の右足をあえて絞り内股気味に構えることも

フェースを
真っすぐ出す

B1

＊ストロークイメージで紹介するのはあくまでイメージなので「あ、そう動いてもいいんだ」という感じで見てもらいたい。ここでのストロークは、カラダに対し自然に動かしたときをイメージしているので、物理的には不合理なこともあるが、あくまでカラダありきと考えてほしい。

4 タイプ別ストロークイメージ［B1のストローク］

インパクト重視のタップ式

手首が親指側にコックする分アウトに上がる
打ったあともカットに入るが、すぐさま手首が親指側にコックするのでアウトに抜ける

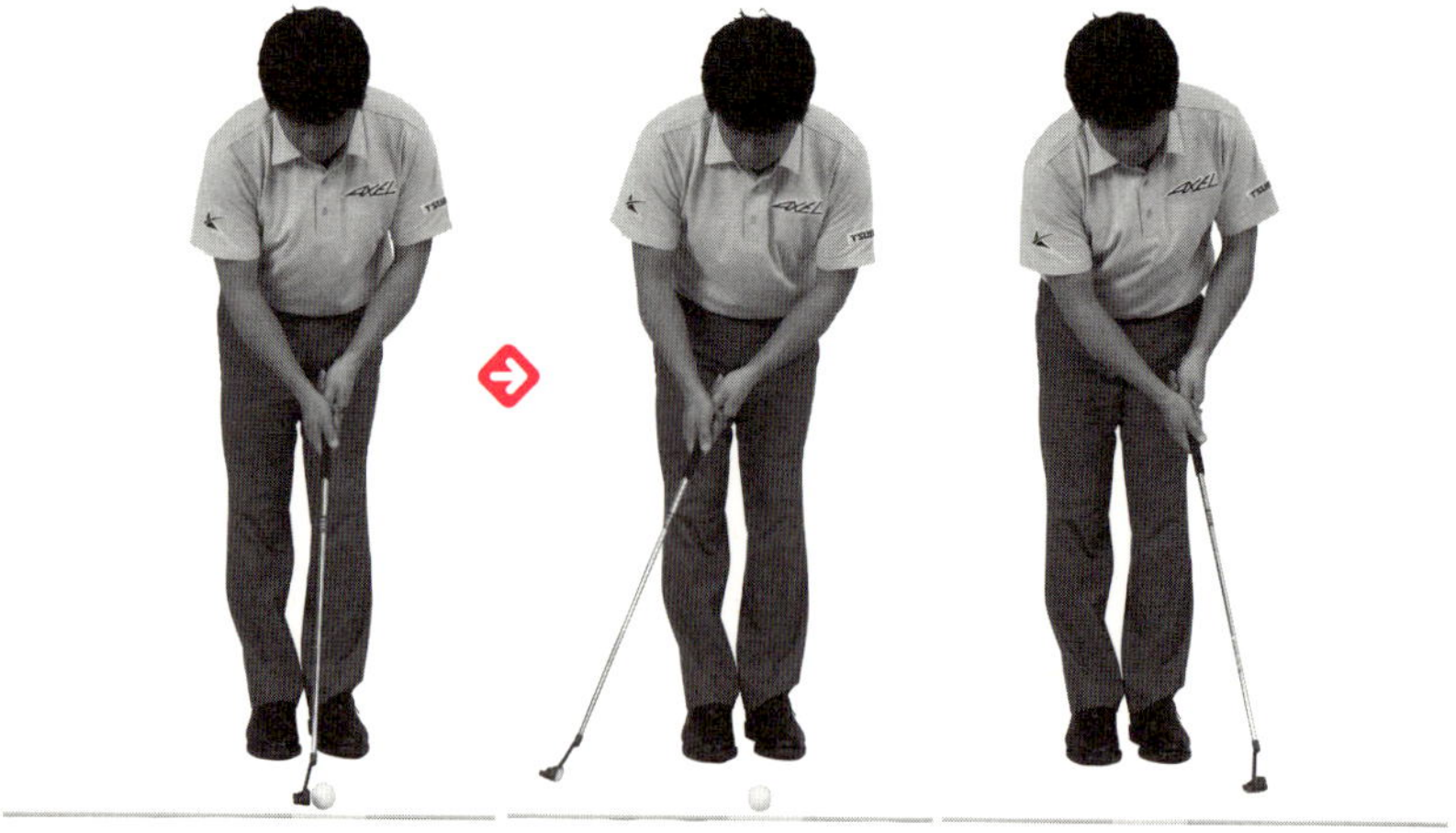

［ B1のストロークイメージ ］

アウトに上がってアウトに抜けるタップ式ストローク

はじめは真っすぐテークバックに入るが、アウトサイドに上がりやすくカット打ちになりやすい。打ったあとは親指側に手が折れるためアウトに抜ける。インパクト重視のタップ式でフォローは短い

※パッティングストロークに対して球の出る方向は「10度のカット軌道に対して17％（1.7度）左に飛ぶが、10度のクローズドフェースは83％（8.3度）左に飛ぶ」（デーブ・ペルツ氏調べ）ため軌道よりフェース向きが重要になる

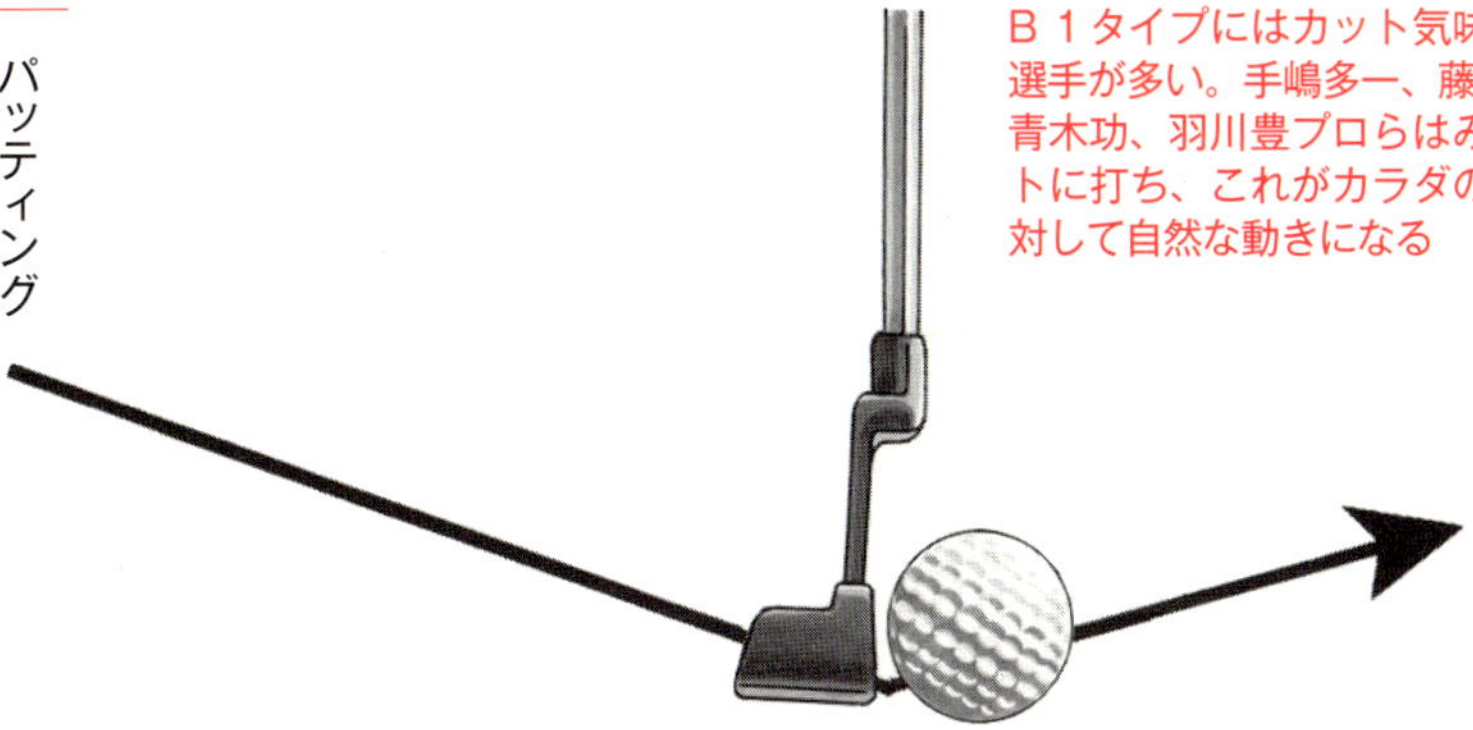

B１タイプにはカット気味に打つ選手が多い。手嶋多一、藤田寛之、青木功、羽川豊プロらはみなカットに打ち、これがカラダの動きに対して自然な動きになる

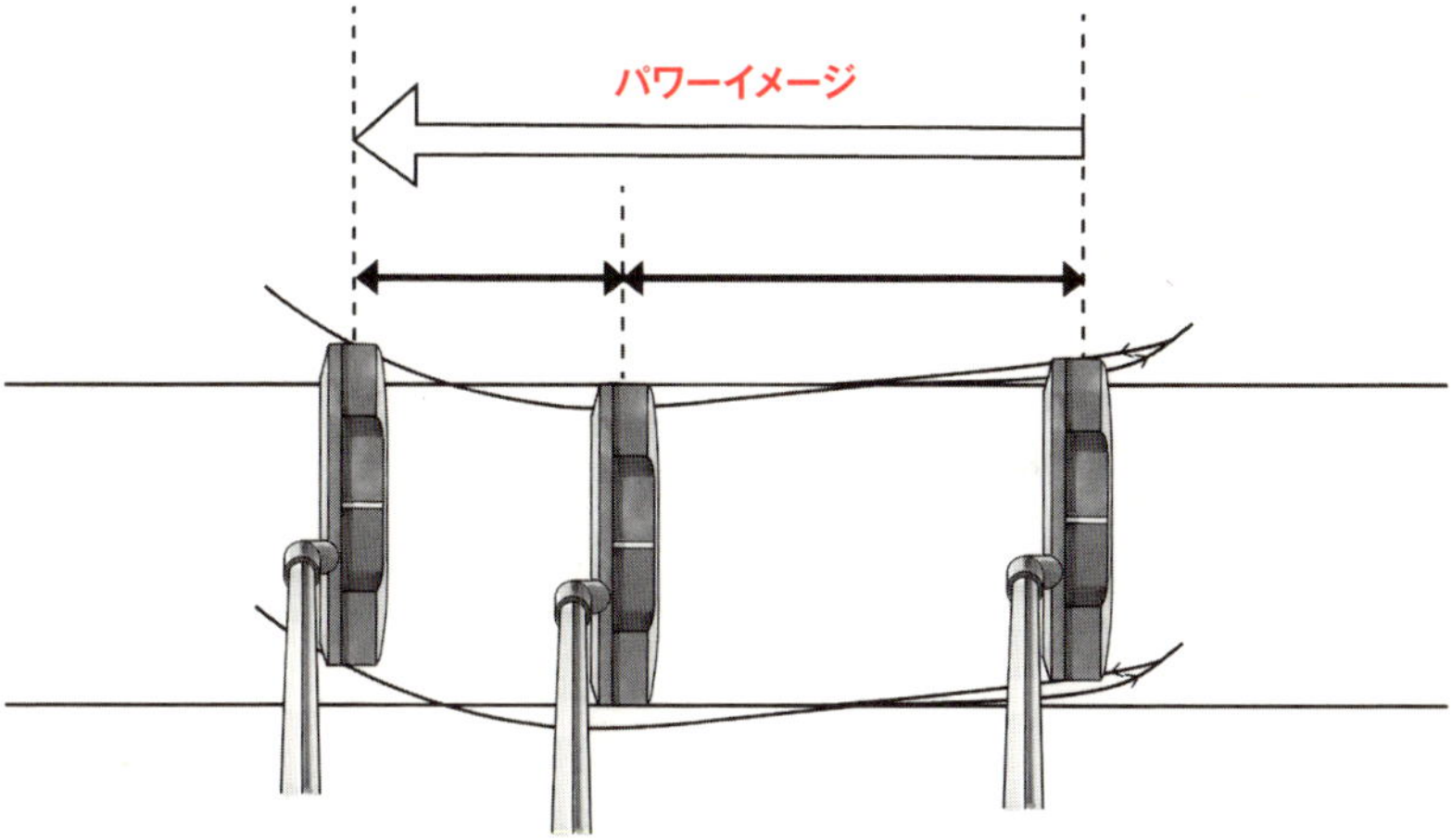

[B1タイプのヘッド軌道]

カット打ちになりやすいがフェースさえ真っすぐ戻せばOK

はじめは真っすぐテークバックが上がるが、手首が親指側に折れる（とう屈）と同時にアウトに上がる。とう屈が抜けるとフェース面が崩れるので、ややハンドダウンの緊張感をもったままダウンへ。そのとき、左ヒジが背中側に抜けたがるので一緒にヘッドがインに抜け、打ち終わるともう一度とう屈がかかってアウトに抜ける。軌道はアウトサイドインでフェース面はスクエア・トゥ・スクエア。テークバックはやや右手を絞り込むこともあるため、ややシャット目に上がることもある

8の字に
振る

B2

4 タイプ別ストロークイメージ［B2のストローク］

フェース面、ストロークとも8の字を描く

［ B2のストロークイメージ ］

フォローは長くないものの打ち抜く感じは必要

はじめは対側の縮みを使ってインサイドにテークバックするためシャット気味に上がるが、すぐアウトに上がりだす。下ろすときに再びインサイドに落ちてくる。そしてアウトに抜ける。この逆でもよい。すなわち8の字。右腰が軸になるのでフォローは長くないが、クロスタイプなので多少は打ち抜く感じになる。また、そのままフォローサイドの対側を縮めてカットになることもある。フォローはある程度まで押し込むように低く出し、その後やや上がる

［ インサイドアウトやカット打ちになるBタイプの注意事項 ］

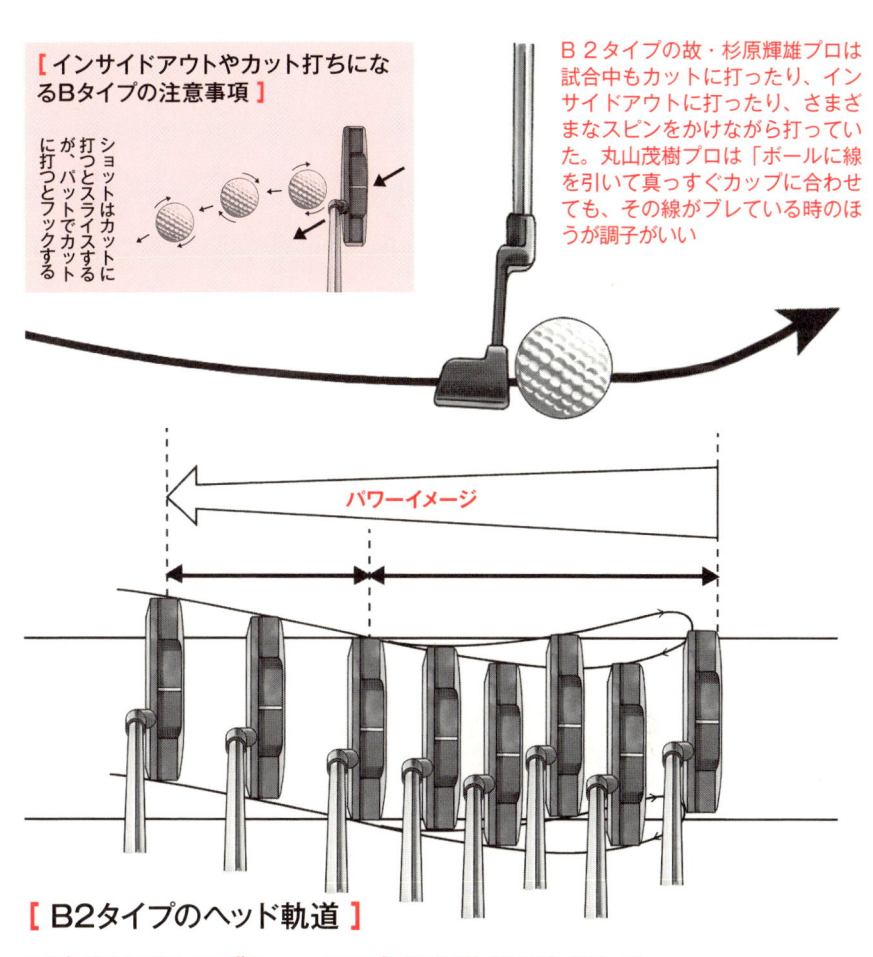

ショットはカットに打つとスライスするが、パットでカットに打つとフックする

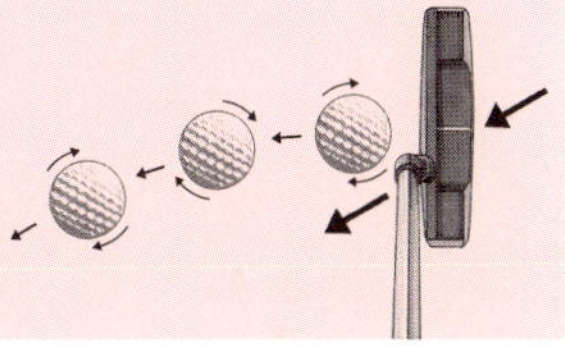

Ｂ２タイプの故・杉原輝雄プロは試合中もカットに打ったり、インサイドアウトに打ったり、さまざまなスピンをかけながら打っていた。丸山茂樹プロは「ボールに線を引いて真っすぐカップに合わせても、その線がブレている時のほうが調子がいい

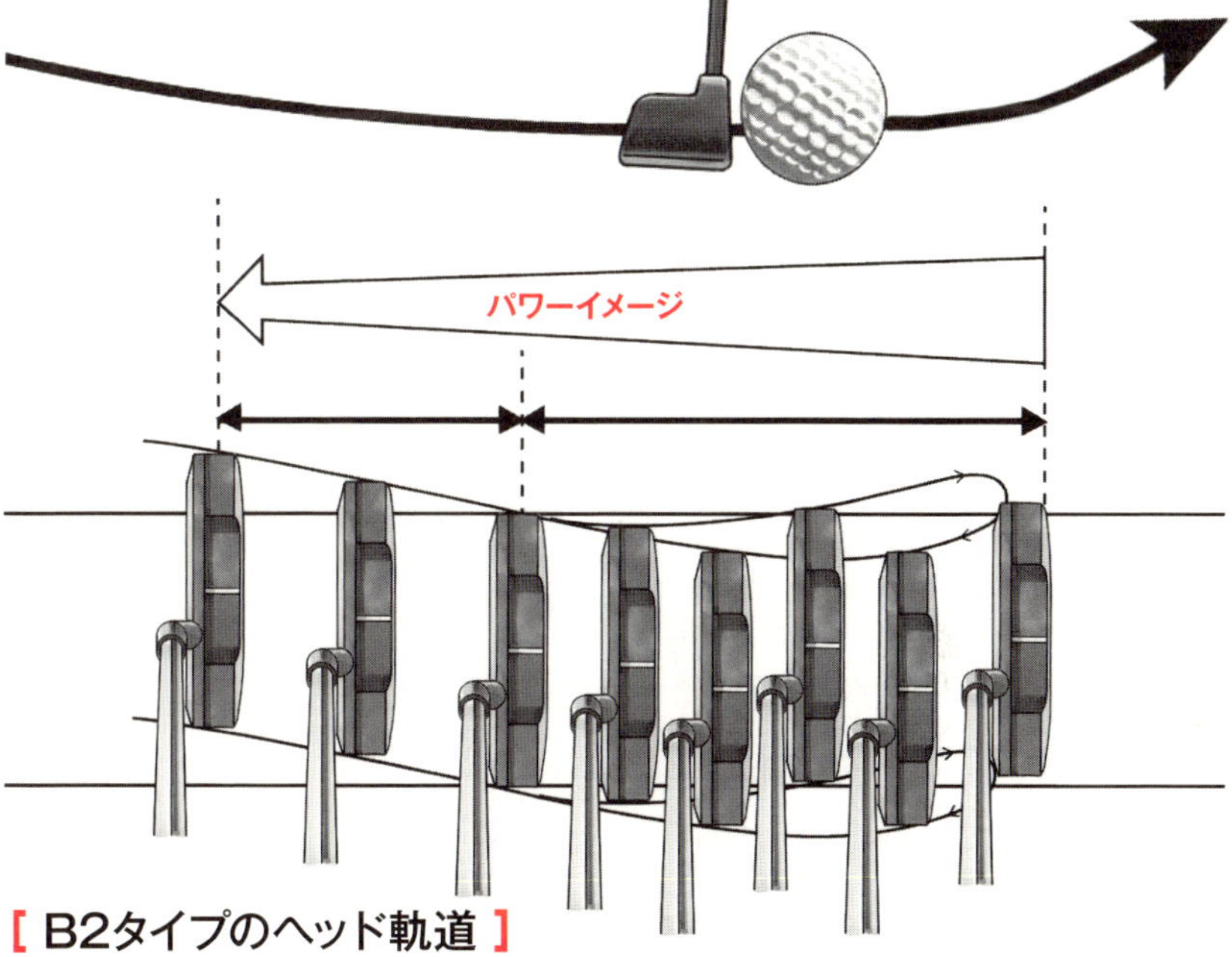

［ B2タイプのヘッド軌道 ］

通念を捨てカラダとヘッドの自然な動きにゆだねる

B２タイプは８の字を描きながらストロークする。ボールに対し真っすぐ上げて真っすぐ出すとカラダが動きづらく、カラダに対してシンプルに振るとボールに不要な回転がかかったりする。いずれも不自然な動きになるので通念を捨てることからスタートしたい。カラダを自然に動かすとテークバックの初動は、対側の縮みのため体幹を使ってややインに上がるイメージでスタートするが、ヘッド自体は、アウトサイドに上がるケースが多い。それを矯正することなくフェース面、ストロークとも波打ちながら丸く８の字を描いていい。フォローは打ち抜くところまで意識したいが右軸のためフォローは短い。気にならなければタップ式で打ってもいいだろう。右足（後足）軸なのでタップ式のようにインパクトは少し入るものの、クロスタイプなのである程度のフォロー（打ち抜き）は必要

あとがき

　廣戸聡一先生が主催されたレッシュ理論のセミナーに参加して以来、ボクのゴルフとプロ生活は劇的な変化を遂げました。

　まず、スイングに対するもやもやが解消しました。シード権を失い、心身ともに疲弊していた頃、ボクは世界の強豪のスイングを真似しようと悪戦苦闘し、自分を見失っていました。そんな時「スイングタイプは４つ。自分のタイプに合ったスイングがある」という４スタンス理論と出会ったのです。それで真似することの無意味さに気づいただけでなく、自分に合った動き（＝スイング）もわかりました。

　この面白さに取り憑かれたボクは、まるで少年時代に戻ったかのように夢中になって４スタンス理論を吸収し、自分のスイングに当てはめていきました。２０１０年の「キヤノンオープン」で13年ぶりにツアー優勝できたのは、まぎれもなくその成果でした。楽しく学び続けていたら、結果が伴ってきたというわけです。

　その後も４スタンス理論の研究は続きました。知れば知るほど、知恵の輪を解くようにスイングが見えてくる。かつてのボクのように、自分のタイプに合っていないスイングをしている人がプロの中にもいました。そんな人たちにアドバイスし、感謝されたこともたくさんあります。逆に、世界のトップで活躍している人たちは「なるほど」と思う動き方をしていることもわかりました。自分のタイプを知らなくても効率のいい動きができているのです。

プロでさえそうなのですから、アマチュアはいわずもがな。ほとんどの人が、自分のタイプとは違ったスイングをしています。ですから、なかなか上達できなくて当たり前。無理をするとケガにつながることさえあります。

そうなる前に４スタンス理論で自分のタイプを認識してほしい。それが廣戸先生の願いであり、ボクの願いです。

４スタンス理論にボク自身の経験と考え方を融合した４スタンスゴルフは、ゴルフ界に革命をもたらすものと信じて疑いません。その証拠に、すでにたくさんのゴルファーが、この理論によって開眼し、充実したゴルフライフを送っているのです。

ボクが廣戸先生に出会って味わうことができた、ゴルフをすることの喜びと楽しさを、ひとりでも多くの人と共有したい。そう願ってやみません。

横田真一

横田真一　よこたしんいち

1972年、東京生まれ。専修大学時代に参加した日本オープンでローアマを獲得し、一躍注目を浴びる。卒業してプロ入りすると、翌年にはシード権を獲得。それ以降、常に安定したプレーを展開し、97年の「全日空オープン」でツアー初優勝。2005年まで11シーズン連続でシードをキープ、その間JGTOの選手会長も務めるなど、トッププロの地位を不動のものにした。2006年にシード権を失ったものの廣戸聡一氏との出会いを機に見事復活。2010年キヤノンオープンで13年ぶりのツアー2勝目を果たした。現役のツアー選手として活躍する傍ら、指導理論や運動生理学にも強い関心を抱き、廣戸聡一氏が考案した「4スタンス理論」をいち早くゴルフに応用して体系化。主宰する「YOKOTA GOLF BASE」でアマチュアの指導にも心血を注ぐ。また現在順天堂大学大学院医学研究科（医科学専攻）で、自律神経についての研究も進めている。妻はタレントの穴井夕子。著書／ヨコシンの自己感覚ゴルフ（PHP研究所）、ヨコシンのゴルフ五輪書（実業之日本社）、自己感覚ゴルフで90を切る(PHP研究所)、アプローチ開眼でスコア革命(学研)、アマチュアは“てきとーゴルフ”が一番いい!(実業之日本社)、あ・うんのゴルフ（ゴルフダイジェスト社・共著）http://www.yokotamethod.com/

監修者略歴　**廣戸聡一**　ひろとそういち

1961年、東京生まれ。独自の身体分析・調整法「レッシュ理論」の提唱者。自身のスポーツ経験と長年にわたる整体学の研究から「4スタンス理論」を導き出す。現在は格闘技から球技にいたるまでジャンルを問わず一流アスリートの肉体管理を担うとともに、介護やリハビリもサポートするコンディショニングスーパーバイザーとして活躍する。「レッシュ・プロジェクト」代表。スポーツ整体「廣戸道場」主宰。平成22年度からJOC(日本オリンピック委員会)強化スタッフも務めている。

横田真一　4スタンスゴルフ

4スタンス理論～これがゴルフレッスンの常識になる

2013年4月2日　初版 第1刷発行
2015年5月31日　第12刷発行

［著者］　横田真一

［監修者］　廣戸聡一

［発行人］　増田義和

［発行所］　実業之日本社
〒104-8233　東京都中央区京橋3-7-5　京橋スクエア
［編集］　電話　03-3562-1021（代）
［販売］　電話　03-3535-4441
実業之日本社URL http://www.j-n.co.jp/

［印刷所］　大日本印刷株式会社

［製本所］　ブックアート

ISBN 978-4-408-33104-1（編集企画第1）